帝国・国民・言語

辺境という視点から

平田雅博＋原聖＝編

三元社

帝国・国民・言語――辺境という視点から ❖ 目次

第二部　国民国家の「辺境」と言語

序　論

帝国・国民・言語
――辺境という視点から

平田雅博／割田聖史

一節　多言語状況が生じる領域

歴史研究において、言語はしばしば研究対象となる。本書は、おもに西洋史の分野を扱い、そこにおける言語の事例をとりあげている。

歴史研究は、帝国や国家や地域といった場を研究の対象とする。帝国・国家・地域は常に複数存在するものであり、相互の間には言語を含め様々な相違があった。また、帝国・国家・地域それぞれの内部にも、複数の政治体やネイション（国民・民族）が存在し、多言語が話されていた。つまり、帝国・国家・地域の内外において、常に多言語状況が存在したのである。

まず、それぞれの領域では、どのように多言語状況が生じるか、その一端を確認しておきたい。

二節　帝国と言語

二―一　国民国家と言語・帝国と言語

本書には、近代とくに一九世紀における「国民国家」の内部の支配者の言語と被支配者の少数言語との関係を扱った論文が多く寄せられた。一国家には一言語しかあってはならないという国民国家の強烈なイデオロギーを前にして、被支配者の少数言語が抑圧されたり翻弄されたりしたことは確かなこととして、「帝国」における帝国内部の支配者が持つ支配言語と被支配者の少数言語との関係はどうであろうか。広大な帝国内では、被支配者も税金を払ってくれさえすれば、大幅な自治を認められ、言語の存続にも寛容であったとしばしば言われる。本書の原論文が示すように、前近代のローマ帝国において、被支配者が支配者の言語を使うのではなく、その言語を使うプレステージやメリットがないと、支配者が被支配者の言語を使った。

前近代の帝国でそうであったとしても、近代の帝国ではどうであろうか。南北アメリカ大陸のスペイン植民地においてネブリッハの『カスティーリャ語文法』は「言語は帝国の伴侶」「言語は帝国の完全な道具」の役割を果たしたとばかり考えられてきたが、安村論文が論じるとおり、カスティーリャ語化は単純だったわけではない。近代の帝国においても「帝国と言語」は支配者と被支配者、被支配者間の関係など重層的で複雑な要因を考察する必要がある。

二―二　アンダーソンの『想像の共同体』

近代における帝国と言語を考えるヒントとなるのは、一つはベネディクト・アンダーソンの『想像の共同体』であり、もう一つはロバート・フィリプソンの「英語帝国主義論」である。いずれの議論も英語以外にも触れているが、ここでは英語に限るとして、まず、アンダーソンの『想像の共同体』から見ていこう。

この本はナショナリズムの古典としての定評が高く、帝国と言語の問題として読まれることは少ない。言語とくに英語に関しては、水村美苗が、その著書『日本語が亡びるとき』で、アンダーソンのこの著書を「英語にかんする考察がまったく欠落している」と批判している。その主たる原因は、英語を母語とする人間だからとしか考えられないからであり、アンダーソンのような英語を母語とする人間は自分が母語で書いているとき、実は自分が普遍語でも書いていることに、しばしば気がつかないものである、という[1]。

英語を母語とする人間が普遍語でも書いていることに気づかないのはおうおうにしてあり得る。しかしながら、アンダーソンは、英語に関する考察がまったくないどころか、その正反対に、アイルランドにとどまらずスコットランドでの英語、さらには英語の帝国や世界での広がりに触れている。英語が「世界に冠たる帝国の言語」となった過程を述べているばかりか、今日英語が達成した「特別でグローバルな優位性」の認識もあるのである[2]。

とりわけ、アンダーソンが重視しているのがインドへの英語教育とそれを推進した政治家・官僚・歴史家のトマス・マコーリーである。一八三四年にマコーリーはインドに悪名高き『教育覚書』をひっさげて登場してきた。彼はこの中にインドで英語教育を推進して「血と肌色はインド人でも、嗜好、見解、道徳、知性においてはイングランド人である階級」を創設すると書き付けた。アンダーソンはこの言葉を「口にするのもおぞましい言葉」と表現して、以下のように述べている。マコーリーには、向こう三〇年間で、インド人をキリスト教徒というより文化的にイングランド人にしてしまおうという意識的に立案され実行される長期的政策があった。これは、一九世紀初めコロンビアの自由主義者フェルミンが述べた「肉体的雑婚」すなわちインディオと白人の雑婚を進めてインディオの絶滅をはかるという見解と比較すると、一種の「精神的雑婚」が意図されていた。ヴィクトリア朝時代の帝国主義は、肉体的雑婚から精神的雑婚へとその趣味において非常な進歩を遂げていた。

これに基づいた彼の英語教育の提言は、インドですぐ実行に移され、完全にイングランド式の教育制度が導入された。アンダーソンのいう「マコーリー主義」には、英語教育のようなイングランドの教育制度の移植の他に、官僚制度もあり、アンダーソンの議論にとって、またインドに限らず帝国全体にとって、こちらがより重要である。一九世紀末のブリテン帝国は、一握りの本国人による統治では、あまりに大きく、あまりにも世界に拡散していたので、植民地に学校制度を設けて、帝国支配を支える下級幹部の育成が要請された。植民地の優秀な子供は、「マコーリー主義」に沿って、地元の学校から各植民地の首都の上級学校へと進学して、英語を身につけ、官僚になった。教育と行政は相携えて、こういった人々、すなわち、身体はインド人のままで、精神はイングランド人となりきったまったくマコーリー的な人々を帝国中に生み出した。

一九世紀半ば以降から二〇世紀に入ると、この時期のグローバルなヨーロッパ諸帝国の規模とその支配下におかれた巨大な人口によって、純粋に本国人だけの、あるいはせいぜいクレオールを含めただけの官僚機構では人員補充も服務の提供も不可能となった。植民地を持つ国家は「事務員」の大部隊を必要とし、これら事務員は、本国の国民と植民地住民を「言語的に」媒介できなければ役に立たなかったのである[3]。

二—三　フィリプソンの「英語帝国主義論」

「帝国と言語」の問題を考えるためのもう一つの議論はフィリプソンの「英語帝国主義論」である。フィリプソンによると、「英語帝国主義（English linguistic imperialism）」は「言語差別主義（linguicism）」の一例である。言語差別主義は、「言語をもとに定義される諸集団間の権力と（物質的、非物質的な）資源の不均等な分配を正当化、効率化、再生産するのに使われるイデオロギー、構造、実践」と定義される。ここから「英語帝国主義」を以下のように定義している。英語帝国主義とは、英語の支配が英語と他の言語間の構造的文化的不平等の構築と継続的な再構成によって主張され維持されることである。ここで「構造的」というのは物質的な財、「文化的」というのは非物質的ないしイデオロギー的財を指す。

構造的文化的不平等があると他の言語よりも英語により多くの物質的資源が配分され続け、英語に熟達した者への利益が確保される。言語差別主義が起こるのは、たとえば、教員の訓練、カリキュラム開発、授業の時間割において、一つの言語に優先権が与えられる場合である。これは「中核英語使用諸国」でよく見られたパターンであり、「周辺英語使用諸国」に輸出されたパターンでもある。

フィリプソンの何よりのメリットは、単なる技術問題として政治的経済的構造と切り離されて論じられてきた英語教育がけっして中立的で非政治的な活動ではなく、帝国主義的で政治的な活動であることを強調したこと、英語帝国主義論を、豊かな国と貧しい国の間の構造的関係、両者の不平等が維持されるメカニズムに関心を持つグローバルな理論としての帝国主義論の一つとして理論的に構築しようとしたことであろう[4]。

ところでフィリプソンの「英語帝国主義論」は、現代日本の英語公用語論者によって名指しで批判されている。それによると「英語帝国主義論」の最大の弱点とは「英語を志向するのが、強者で「支配する中央」の英米側というより、むしろ強者に「支配される周辺」の少数民族や少数言語の人々であるという事実である」とのことである[5]。

たしかに、英語を志向したのは「少数民族や少数言語の人々」だったのは世界中どこにも見られた「事実」ではあるが、これは大きな世界システムの構造を踏まえ、いかにして彼らがそうせざるを得なかったかを考えないと木を見て森を見ない議論となる。まずは「支配する中央」が「支配される周辺」の支配層を洗脳して、彼らを「英語かぶれ」＝英米崇拝者に仕立てる。ついで、この両者は結託して「周辺」の被支配層である少数民族や少数言語の人々にも自分たちの価値観を押しつける。少数民族の親たちは子供の出世のためには英語が不可欠とさんざん説得され「飛んで火に入る夏の虫」さながらに英語を志向するようになるのである。彼らが飛んで「火」に入ったことはたしかであるが、この「火」となる材料を揃えて仕掛けを作り燃やしたのは世界システムの中核と周辺の支配者に他ならなかった。

二―四 「帝国と言語」と教育

周辺の被支配層を英語に駆りたてたのは「教育」である。教育は教える側の強制の面と学ぶ側の受け入れの両面があり、どちらもないと成立しない。「帝国と言語」の問題は教育の視点を入れると見えてくる部分もある。普仏戦争のあとにプロイセンに併合されるアルザス地方の前夜を描いたアルフォンス・ドーデの『最後の授業』が国語の教科書に掲載されていたことを知る世代の者には、これが「国民国家と言語」の問題であったことをただちに想起する。「帝国」と「国民国家」では成立した歴史過程も存立基盤も異にするが、教育を通じた周辺の言語の抑圧という点では共通する側面を持つ。今日でも帝国を「グローバル化」、国民国家を「ナショナリズム」に言い換えると、この二つは「不仲の双子」でありながら、地域共同体の言語の存続などの「ローカリズム」を共通の敵とする点で帝国と国民国家の問題と類似している[6]。

これを踏まえると、「大日本帝国」の台湾総督府や朝鮮総督府がドイツ「国民国家」の辺境であるアルザス・ロレーヌの言語問題やドイツ「帝国」の最果ての植民地の言語問題に関心を持ったことを記す西山論文は、帝国と国民国家の接点の一つを示す。また平田論文が扱うアイルランドは一九世紀初頭にイングランドと正式に「合同」したブリテン「国民国家」の一部であるが、非公式には一二世紀からイングランドに従属した「最初の植民地」でもあるし、その時、ノルマン人の従者となったイングランド人が話した英語は「最初の植民地英語」ともいわれたりする。アイルランドは「国民国家」と「帝国」のいずれとしても論じられる。

ドーデの『最後の授業』に類似する教育の要因が入った「帝国と言語」の問題を示唆するのはダニエル・デフォーの『ロビンソン・クルーソー』であろう。孤島に流れ着いたロビンソン・クルーソーは、島に処刑のために連れてこられた現地民のフライディを助けた。ロビンソンはまもなくフライディに言葉を教えはじめた。最初に彼を金曜日（フライディ）と命名し、旦那様（マスター）を自分の呼び名であることを教えて、「はい（イエス）」と「いいえ（ノー）」という言葉とその意味も教えてやった[7]。ついで、裸から身を衣に包むこと、住としてのテントを与えること、しかるべき食をあたえることといった衣食住の基本を整えることをたたき込んだ。

実は、こういった場面は、ロビンソン・クルーソーの物語を好んで持ち出してきたこれまでの経済史研究でもそれほど注目されてきた訳ではない。たとえば、大塚久雄はロビンソンを「近代的人間類型」の例証としてきたが、そのさい従僕フライディの役割をほぼ完全に無視していた。その結果、ブリテン人が海外植民地の支配者として活動する側面を削りとったかたちで近代的人間類型を描き出すことになった。石井寛治は、このような見解が「大塚史学の基本命題」として固定化され学界で一人歩きした結果、ブリテン人が国内市場を踏まえて海外に進出し、強大な軍事力と経済力をもって植民地支配を広げつつ近代世界市場を作り出した歴史を、人間類型論の深みから把握することを困難にした、と述べる[8]。

そこでロビンソン物語をフライディも入れて読み直すと、フライディにもおそらく自身の名前があったにもかかわらず、もとの名前を聞くこともなく、「フライディ」と命名したこと、救出の記念日としていつまでも記憶させようとして、恩を着せたこと、最初に教えた英語の一般名詞である「旦那様」は、ただちにその対照語である「召使い」とか「奴隷」が浮かび上がるし、現に、フライディ救出の目的も召使い（サーヴァント）が欲しかったと書かれていることが、重要な意味を帯びてくる。

もちろんこの背後には権力関係がある。すでに確固とした基盤を築いていた一七〜一八世紀のブリテンによるカリブ海諸島の軍事的征服とその結果としての黒人奴隷制が存在していたので、この二人の勝負はあらかじめついていたし、二人の関係はすでに決まっていた権力関係の延長にすぎないともいえる。

言語に限っても、「改名」や「旦那様」という最初に教えた英単語などはブラジ・カチュルの「円を使った世界諸英語のモデル化」における「外郭の円」における英語の押しつけの原形といったところである。カチュルのいう「外郭の円」は、多くはインド、アフリカなど異民族支配型のブリテンの植民地からなり、ロビンソンとフライディとの関係を原形とする英語の母語話者が非母語話者に英語を教えた国々からなる。[9] 二人の出会いの後に叙述されているフライディの英語上達の段階や英語による教育課程や教育内容（衣食住、狩猟、料理、耕作、聖書をテキストとした英語教育、改宗、ロビンソンの故国ブリテンの話）も、一フィクションに限らず歴史的な現実面での植民地での英語教育の原形を提供している。

教師としてのロビンソンは、優位に立つ言語の話者＝権力者の言語を押しつけ、その言語の話者の価値観を内面化させる仕事をする。「怠けることをしらない勉強家」フライディは教師の教える言語やそれが体現する価値観を当座の生活をしのいでいくために、あるいは、孤島での恒久的な地位を確保するために唯々諾々と受け入れる。以来、こういった教師としてのロビンソンたちと、生徒としてのフライディたちの存在は、歴史上面々と引き継がれ、今日まで引きも切らない。

今日の日本も例外ではない。それどころか二一世紀初頭の日本は、明治初期、第二次世界大戦後、高度経済成長期をはるかにしのぐグローバル化の最中にあるとされ、官民挙げて「英語熱」に浮かされている。ロビンソンとフライディはわれわれの周辺にもよく見られるようになった光景である。日本は、カチュルの「円を使った世界諸英語のモデル化」でいう「膨張する円」に入る。「外郭の円」では、英語がある程度権力と同等視され、政治・経済・教育・医学における諸権力を入手するためには英語の熟達が要求される。これに対して、「外郭の円」よりもはるかに大きくなった「膨張する円」の人々の英語の知識は（とくに経済的部門での）利益を提供するが、英語に熟達していなくとも権力を行使する妨げともならない。ただし、今後は「外郭の円」のようにならないとも限らない。こういった中で「帝国と言語」、それに絡む教育の問題が重要になっているといえよう。

三節　言語が問題となる場

「帝国」は、広大な領域を念頭においているが、そのような広大な領域でなくても、多言語状況は常に生じる。歴史研究において最もとりあげられるのは、国民国家という場であろう。

三―一　国民国家

現在の時代は、国民国家の時代と呼ばれる。国民国家という言葉は一つの単語として認識されているが、本来は、国民と国家は別のものである。

まず、国家とは、境界などで他の国家と区切られた政治体である。そして、政治体は、領域、人民、権力もしくは主権を持つとされる。ただし、このような国家像は近代的なものであり、中世の封建国家などとは異なっている。

次に、国民についてである。この言葉はネイション（Nation）という言葉の訳語である。国民という語感から、国に属する人、というイメージが強いが、それだけではなく、共通属性を持つ人間集団、として考えられる。この共通属性というものは、言語、宗教、歴史、政治（参政権）といったものであり、これらから共通のアイデンティティが作り出され、一つの集団として認識されることとなる。しかし、この共通属性やアイデンティティは、人間が生まれながらに持っているものではない。その人が生きる社会の中で、歴史的に成立してきたものである。

そして、国民国家（ネイション・ステイト）は、国家と国民の概念が合成されたものであり、「国境線に区切られた一定の領域からなる、主権を備えた国家で、その中に住む人々（ネイション＝国民）が国民的一体性の意識（ナショナル・アイデンティティ＝国民的アイデンティティ）を共有している国家」[10]と定義される。

ナショナリズムとは、それぞれの国民国家において、共通属性がその国民に共通しており、それを基に国民を統合していく、というイデオロギーである。また、ナショナリズムという用語は、あるネイションがすでに存在するが、国家を持っていない場合、そのネイションに国家を一致させようとする思想にも使われる[11]。

言語に関してみていくと、それぞれの国民国家は、先に述べたように「一国家には一言語しかあってはならないという国民国家の強烈なイデオロギー」を持ち、また、国家を持たない国民の場合であっても、その言語は一つであることが要求される。そのため、理念的には、国民や国民国家の中には一つの言語しか存在することはない。

しかし、このようなことは実際にはありえない。その内部には、さまざまな言語が存在し、また標準語に対する「方言」も多様に存在する。ナショナリズムは、このような他の言語や言葉のバリエーションを排除しようとするため、激しく攻撃することとなる。

また、標準語とされたものは、新聞、ラジオ、テレビなどのメディアを通じて流布し、そのプレステージを一層高める。そして、ネイションは、同じ言葉で、同じ感覚を共有する人々であると、ネイション内部の構成員によって想像される。そのため、アンダーソンは、国民を「想像の共同体（想像された共同体）」と呼ぶのである。

三―二　歴史的地域

多言語状況は、国民国家よりも、もっと小さな地域という場で、具体的に生じる。「地域」という言葉は、きわめて多義的である。基本的には、領域を伴った一定の空間を示しているが、その空間は、最小では個人、近隣社会・街区、村、都市から国家の中の一地域・地方・県、国家、いくつもの国家や大陸・大洋を含みこんだ領域などさまざまなレベルを含んでいる。

歴史研究は、時間軸を意識してその思考を展開する学問であるが、具体的な「場」を必要とする。通常、その「場」は、一定の領域を伴う「空間」、すなわち「地域」として認識される。「地域」は変化するものであり、ある時期に存在した空間的なまとまりが、現在存在する場合もしない場合もともにある。そのため、あらゆる地域は、歴史の中である時期に存在する歴史的な存在と考えることができるので、「歴史的地域」と呼ぶこととする。

このように考えていくと、歴史的地域という語で示す空間は融通無碍であるといえよう。空間をまとまりとしてとらえるという営みは、それをまとまりとしてとらえる側の主観に強く影響される。それは、当時の人々だけでなく、後世の人々（研究者も含む）によって、「設定される」ことによって、空間的なまとまりは認識されるのである。

このようなまとまりは、国家よりも大きなものも想定できるし、国家の中の小地域としても考えることができる。本書では、国家の中の一地域と考える事例が多い。そしてその地域は、国家の中でも「辺境」とされる地域を扱っている。「辺境」は言語が入り混じっており、多言語状況が色濃く現出する。

国民国家や地域における言語を問題とする場合、帝国と同様に、教育の場は問題となる。

第二章の佐々木論文は、一九世紀のトリエステにおける学校の授業の問題を取り上げている。トリエステは、現在ではイタリア共和国の一部であるが、当時はハプスブルク君主国の一部であった。その点では、「帝国」の問題であるが、同時に、言語をめぐる力学が一都市の学校という場で現れた。トリエステには、イタリア語、スロヴェニア語、ドイツ語の話者がおり、どの言葉で学校の授業が行われるのかが大きな問題であったのである。

第五章の川﨑論文は、フランスとドイツの境界地域にあるアルザス地方を扱っている。アルザス地方には、ユダヤ人も居住しており、アルザス・ユダヤ人特有の「アルザス・イディッシュ語」を使用していた。一九世紀前半にフランス公教育が整えられていく中で、「アルザス・イディッシュ語」の存在が問題となっていく。

また、国民国家の内部の地域は、ナショナリズムが具体的に発現し、アイデンティティ・ポリティクスが発動する場でもある。

川手論文と割田論文は、プロイセン=ドイツ領ポーランドという地域を扱っている。この地域は、一九世紀はドイツの一部であったが、現在はポーランドという地域であり、ドイツ人とポーランド人が居住していたため、ドイツ語とポーランド語が問題となった。

第六章の割田論文は、ポーゼン州のドイツ語を取り上げる。ポーゼン州は、ドイツ人とポーランド人の対立がもっとも激しいとされるところであり、ドイツ語とポーランド語の対立も激しかったとされる。しかし、ポーゼン州で実際に話されていたことばについてはほとんど記録がない。割田論文は、ポーゼン州で実際に話されていたドイツ語について書かれた著作から、「ポーゼン州のドイツ語」を探っていく。

第七章の川手論文は、ドイツ人とポーランド人ではなく、その「狭間」に生きたマズール人を取り上げる。マズール人は、ポーランド語に近い「マズール語」を話すが、ドイツ当局からポーランド語とは区別され、ポーランドナショナリズムの分断のために利用された。しかし、区別されたことによって、独自のアイデンティティを生んでいくこととなる。

おわりに

以上のように「帝国と言語」と「国民国家と言語」のそれぞれの問題の出方には相違点があるが教育をめぐる言語問題などに類似点や共通点もある。とくに注目すべき共通点は、両者の「辺境」において「多言語状況」が強く現れる点である。これが本書において帝国と国民国家の二つの領域における言語問題を合わせて考察する意図となる。

注

1 水村美苗『日本語が亡びるとき——英語の世紀の中で』筑摩書房、二〇〇八年、一一四—一二一頁。
2 ベネディクト・アンダーソン『定本　想像の共同体——ナショナリズムの起源と流行』白石隆、白石さや訳、書籍工房早山、二〇〇七年。
3 同上書、一五三—一五四頁、一九〇—一九二頁。
4 ロバート・フィリプソン『言語帝国主義——英語支配と英語教育』、平田雅博・信澤淳・原聖・浜井祐三子・細川道久・石部尚登訳、三元社、二〇一三年、五一—五三、六九—七〇頁。
5 船橋洋一『あえて英語公用語論』、文春文庫、二〇〇〇年、一一四頁。
6 「グローバル化の正体、小熊英二さんへのインタビュー」、『朝日新聞』、二〇〇八年三月一七日。
7 ダニエル・デフォー『ロビンソン・クルーソー』、平井正穂訳、岩波文庫、上、二七五—二七六頁。
8 石井寛治「戦後歴史学と世界史——基本法則論から世界システム論へ」、歴史学研究会『戦後歴史学再考——国民史を超えて』青木書店、二〇〇〇年、三二頁。
9 Braj B. Kachru, 'Teaching World Englishes', in Braj B. Kachru ed., *The Other Tongue: English across Cultures*, Urbana: University of Illinois Press,1982, second ed.,1992, p. 356; トム・マッカーサー『英語系諸言語』牧野武彦監訳、三省堂、二〇〇九年、一八三頁。
10 木畑洋一「世界史の構造と国民国家」歴史学研究会編『国民国家を問う』青木書店、一九九四年、五頁。
11 国民（ネイション）、国民国家、ナショナリズムについては、伊藤定良、伊集院立『国民国家と市民社会』(21世紀歴史学の創造1)(有志舎、二〇一二年）参照。

第一部　帝国と言語

第一章

スペイン帝国における言語をめぐる政治
——ネブリッハの夢と現実

安村直己

はじめに

スペイン語を母語とする人口は現在、約四億二〇〇〇万人に達している。スペインの人口は四〇〇〇万人程度であるから、スペイン語話者の大半がスペインの外部に暮らしていることになる。アメリカ大陸に集中しているのは、コロンブスがアメリカ大陸を「発見」して以降、彼を支援したスペイン王室がアメリカ大陸に広大な植民地を獲得した事実と関係がある。スペイン語はいかなる過程を経てスペイン領アメリカ植民地で普及したのだろうか。

言語が普及するとはどういうことなのかは、厄介な問いである。言語の普及は自然現象ではない。だから、フラスコの中に一定の環境を作り出し、そこに二つの言語を加え、どのような作用が起こるのかを観察するわけにはいかないのだ。実験するのであれば、異なる言語を話す集団を閉鎖的空間に置き、彼らの間でどのような交渉が持たれ、それぞれの言語がどう変化するかを観察するほかはない。自然科学的な厳密さをもって行うには、言語以外のすべての条件を統御し、外部からの影響を遮断するための無菌室が必要となるが、この実験が倫理的にみて間違っており、現実には実行不可能なことは明らかだろう。

そこで私たちとしては、特定の歴史的文脈において異なる言語を話す人間集団が出会い、日常的に接触するようになって以降、各言語の使用状況がどう変化したのかを、過去に遡って確認するほかはない。AとBという二つの言語集団が出会い、結果として集団BのメンバーがＡを話すようになるとき、その現象を言語Aの普及と呼ぶことにしよう。

この現象に関し、言語Aが言語学的にみて言語Bよりも優れているから、集団Bのメンバーが言語Aを選んだと説明するのは無理がある。たとえば、現在、非日本語話者が日本語を学び、話す事例が急速に増えているが、三〇年前、その数は圧倒的に少なかった。日本語は急速に普及しつつあるのだ。この変化を言語内在的に説明しようとすれば、日本語そのものが質的に変化したと仮定せざるをえず、いまの日本語を三〇年前の日本語と同一言語と見なしうるかという新たな問題すら発生させてしまう。

つまり、言語の普及という社会現象を、言語の内在的な特質で説明するのは間違っているのである。言語の普及は、複数の言語集団が出会う際の歴史的文脈、集団間の関係によって規定されているのだ。関係がしばしば非対称的である点も見逃せない。非対称性は政治、経済、社会、文化といった諸次元に関わり、言語の普及のあり方を左右する。ただし、普及する言語が非対称性によって自動的に決まるわけではない。言語集団Aが言語集団Bに対して政治的に優位だとしても、言語Aが普及するとは限らない。ローマ帝国や清でそうだったように、前近代を通じ、支配者が被支配者の言語を選択する事例は少なくない。

近代に入ると事情は変わるのではないかという反論が聞こえてきそうだ。日本における社会言語学の先駆者の一人、田中克彦は、反論の急先鋒を務めるにちがいない。田中は、その著書『ことばと国家』において言語の普及について考察する中で、一六世紀以降、西ヨーロッパの諸国家が国内および国外で支配者集団の言語を被支配者集団に強制していく点を強調する。これは同時に、国家が特定の目的を達成するために被支配者集団の言語使用状況を変化させるべく、言語政策を構想し、実施に移す過程でもあったとする[1]。

この過程の起点となったのは、スペインの人文主義者アントニオ・デ・ネブリッハ（一四四一—一五二二）の『カスティーリャ語文法』（一四九二年）であった。ネブリッハは序文で、ローマ帝国の伴侶としてラテン語が普及したように、イサベル（在位：一四七四—一五〇四）とフェルナンド（在位：一四七九—一五一六）の帝国が拡大するにつれてカスティーリャ語も普及するが、この文法書は普及に貢献するはずだと述べている。田中はこれを文字通りに解釈し、スペイン王室はネブリッハに従ってアメリカ植民地でカスティーリャ語化政策を推進し、先住民の多くをカスティーリャ語話者にしたと推定したのである。

現時点から振り返れば、四億人ほどのスペイン語話者がアメリカ大陸に暮らしており、米国に限っても五〇〇〇万人ものスペイン語話者が生活しているわけで、ネブリッハの夢が実現したといえなくはない。スペイン帝国の拡大がそのための条件を整えたことになる。

けれども、帝国支配を生きた人々の視点と経験を重視するならば、話は変わってくる。ネブリッハの夢は、植民地時代を通じ、本国政府と植民地に暮らすスペイン人エリート層のあいだでの思惑のずれや、現地のスペイン人エリート層内部での利害対立、スペイン人と被支配者集団の関係、被支配者集団内部での多様な選択を前にして、しばしば挫折を強いられる。カスティーリャ語の普及は右肩上がりではなくジグザグの軌跡を描いたのだ。田中は、言語をめぐる政治を言語政策に還元すると同時に、植民地に暮らす人々、とくに被支配者集団に残された主体性の余地を無視することで、実態を単純化したといえる。

そこで本章では、スペイン領アメリカ植民地の一つ、メキシコを対象とし、統治のあり方をめぐる政治、その中での言語をめぐる政治というより大きな文脈に位置付けながら、言語政策を再検討してみたい。征服から独立までの三世紀を通じ、言語政策はどのような紆余曲折を経験し、その結果、カスティーリャ語化はいかなる展開を見せたのか。

一節では、カスティーリャ語とスペイン語という二つの名称の関係を、一五、一六世紀の歴史的文脈のなかで明らかにする。これは、スペインが帝国化するにつれ、カスティーリャ語がスペイン語と呼ばれるようになり、スペイン語が世界各地に普及したとする、スペイン本国中心主義的な前提を突き崩すために不可欠な作業である。

二節では、一六世紀および一八世紀のメキシコをめぐる言語政策の展開を概観する。二つの世紀では、先住民インディオのカスティーリャ語化が目指されながらも、カスティーリャ語化政策が様々な困難に直面した点を浮き彫りにする。三節では、カスティーリャ語化が実現不可能であると判断された一七世紀初頭以降、植民地当局がいかなる措置をとり、現地の人々がどう対応したのかを、最新の研究動向を参照しつつ検討していく。

一節　カスティーリャ語とスペイン語

読者は、同じ言語を二つの名称で表記するのは混乱を招くと考えるかもしれない。しかし、私は意図的に、現代についてはスペイン語を、スペイン帝国に関してはカスティーリャ語を使い分けている。この使い分けの背景には、次のような歴史的経緯がある。

一―一　俗語からカスティーリャ語へ

中世のイベリア半島には、キリスト教徒の支配する複数の王国と、イスラム教徒の支配する複数の王国とが競合しつつ存在していた。半島西部のポルトガル、中央部のカスティーリャ、東部のアラゴンなどがキリスト教の諸王国であり、それぞれ南へと勢力範囲を拡大し、イスラム教徒を半島南部に追い詰める。国土回復運動＝レコンキスタである。

ここでは、このカスティーリャで使用されていた言語をカスティーリャ語と呼んでいる。カスティーリャでは一三世紀以降、世俗の公的文書でのカスティーリャ語使用が義務付けられる。一部の言語学者は、これ以後、カスティーリャ語という名称が普及すると主張するのだが、当時の知識人の著作ではなく行政文書、司法文書をみるかぎり、カスティーリャ語という名称が一般化したとは考えにくい。普通の人々は、話し言葉にことさら名称を付けなかったのだ。聖書の言語であるラテン語との違いを意識したときにのみ、聖なる言語ではないという意味で「俗語」と呼んでいたにすぎない。

一四六九年に結婚したカスティーリャの王女イサベルとアラゴンの王子フェルナンドが王位に就き、カスティーリャ・アラゴンの同君連合が成立して以後、状況が変化し始めたと思われる。同君連合は両王国間の住民の交流を促進する。これは、「俗語」という呼称の不十分さを露わにする。アラゴンではカスティーリャ語も使用されていたが、住民の多くはカタルーニャ語を使用していた。カタルーニャ語もラテン語との関係では俗語であり、連合王国では最低二つの俗語が使用されている状況が生まれる。俗語という名称は普通名詞と化し、カスティーリャ語を指し示せない。二つの「俗語」を使用する集団が交流する機会の増大が、カスティーリャ語という名称の普及を促したと見るべきではなかろうか。

ネブリッハの『カスティーリャ語文法』は、古典ギリシャ語、ラテン語、ヘブライ語を除くヨーロッパ諸語のなかで最初に刊行された文法書として知られている。しかし、俗語に固有の名称を与え、その名称を印刷物の形で普及させた点においても画期的なのだ。

ネブリッハが『カスティーリャ語文法』を公刊した一四九二年はレコンキスタが完了し、コロンブスがアメリカ大陸に到達した年でもあった点は注目に値する。一月、イサベルとフェルナンドは最後のイスラム教国であるグラナダ王国を陥落させた。ネブリッハはその直後、イサベルに謁見し、原稿を示してその意義を説明しようとしたのだが、序文の前掲箇所はその際の様子を記したものなのだ。この流れからすると、彼がカスティーリャ語化の対象として想定していたのは、旧グラナダ王国と両王がこれから征服する北アフリカのアラビア語話者だったにちがいない。一〇月のアメリカ大陸の「発見」を契機としてカスティーリャ・アラゴン連合王国がスペイン帝国へと転換する直前、言語政策はアラビア語話者のカスティーリャ語化を軸に構想されたわけである[2]。

一五世紀以降、アラゴンの住民の間で、カスティーリャ語も使用するバイリンガルが増加し、さらにはカタルーニャ語を捨ててカスティーリャ語話者となる事例も見られたのは事実である。しかしそれを、田中のように言語政策の結果と見なすのは、無理がある。アラゴンにおいて言語政策らしきものが実施されたのは一五六七年であり、異端審問における手続きはすべてカスティーリャ語でおこなうことという、異端審問官の命令が下されたにすぎない[3]。カタルーニャ語話者が異端審問対策としてカスティーリャ語を習得したとは考えにくい。

一―二　カスティーリャ語からスペイン語へ？

カスティーリャとアラゴン間の交流の増大と旧グラナダ王国のアラビア語話者の存在がカスティーリャ語という名称の普及を促したとすれば、スペイン語という名称が公的文書に姿を現したのはアメリカ大陸のインディオとの遭遇という文脈においてであった[4]。

一四九二年以降、まずカリブ海のアンティル諸島、続いて大陸部へと渡った者たちは、カスティーリャだけでなく、南部のアンダルシア、エストゥレマドゥーラ、北部のバスクといったイベリア半島内の様々な地域の出身者であった。彼らはそれぞれ、カスティーリャ出身者、アンダルシア出身者といった集団的アイデンティティを有していたが、地域を越えた共通のアイデンティティは存在しなかった。それは、スペイン王室がアメリカ植民地統治のために下す命令や法の文面からも伺える。そこでは「キリスト教徒」や「市民」といった表現が用いられていたのだ。

管見のかぎり、一五一二年、スペイン本国の公的文書中、「われわれスペイン人」という名称が初めて用いられる。アメリカ植民地統治関連の法を集成したブルゴス法が発布され、その前文に「スペイン人」という用語が出てくるのだ。これをスペイン王室による一方通行的な決定と見るべきではない。むしろ、アメリカ大陸に渡った人々の間で、「彼らインディオ」とは異なり、かつ本国での出身地域を越えた集団的アイデンティティを立ち上げる必要が生じた結果、「われわれスペイン人」という自称が創り出され、その事態を受けて本国の政策立案者がこの自称を使うにいたったと考えるのが自然だろう。

スペイン人という自称がアメリカ大陸で生まれると、それは速やかに普及した。ところが、スペイン語という名称はなかなか普及しない。そもそも、カスティーリャ語という名称の普及もそれほど速やかではなかった。アンティル諸島のインディオに対する言語政策は一四九三年に遡るが、カトリック両王はコロンブスへの訓令のなかで、「われわれの言語」で島々の住民に教育するようにとしか命じていない。ネブリッハと謁見した翌年だというのに、二人はカスティーリャ語と表記する必要を感じなかったらしい。本国からの命令中、カスティーリャ語を教えるようにという文言が出てくるのは、ようやく一五一六年のことであった。それまでは、読み書きを教えるようにとしか記されていなかったのである。

スペイン人は一五二〇年以降、大陸部のアステカ王国やインカ帝国を征服し、インディオに対するキリスト教の布教、教育に本格的に取り組んだ。統治の一環としての言語政策もその輪郭を次第に明確にしていくが、「スペイン語」がインディオに教えられていた痕跡は皆無に近い。史料上、インディオに教えられていたのはカスティーリャ語であった。

「スペイン語」が言語政策関連文書に初めて姿を現すのは一五五〇年前後のことである。メキシコ西部ヌエバ・ガリシア司教区に赴任したペドロ・ゴメス・マラベル司教は、布教方針をめぐり、同司教区ですでに布教に従事していた修道会と対立し、ヌエバ・エスパーニャ（当時のメキシコの名称）副王（国王の任命した植民地統治の最高責任者）、アントニオ・デ・メンドーサ（在職：一五三五―五〇）や国王カール五世までをも巻き込んだ。その際、司教は、自分がスペイン語教育に着手した最初の人間であると記しているが、これが「スペイン語」の初出なのだ。

しかし、「スペイン語」が公的文書の中で定着することはなかった。一六世紀後半を通じ、言語政策関連文書に「スペイン語」が出てくるのは、管見のかぎり、五例しかない。この対立に介入したカール五世ですら、同一文書中、「スペイン語」と「われらがカスティーリャ語」を併用している。司教や副王と同様、カール五世が「スペイン語」を用いるとき、それは帝国の全住民が使用すべき共通語を指している。つまり、「スペイン語」は、スペイン人と円滑に意思疎通するためにインディオが習得すべき言語の名称なのである。だからこそ、自分たちの言語を指すときには「われらがカスティーリャ語」を選んだのだ。

なお、スペインの言語学は政治的ナショナリズムの影響を受け、「スペイン語」という名称の起源をなるべく遡らせようとしてきた。そうした言語学者たちは、一部の知識人の著作に依拠しつつ、「スペイン語」という新造語は一六世紀に普及したと主張する。カスティーリャ・アラゴン連合王国がスペイン帝国へと成長を遂げるにつれ、カスティーリャ語はスペイン本国で自然と「スペイン語に変化」したというわけである。[5]

しかし、言語政策関連の公的文書からは別の解釈が導き出せる。「スペイン語」は、アメリカ大陸でスペイン人が非カスティーリャ語話者と接触する状況下、非カスティーリャ語話者が習得すべき共通語に冠された名称、例外的な用語法なのだ。だから、帝国統治を担うエリート層の間でさえこの名称は定着しなかった。一部の知識人は、スペインの外部との交流を通じ、新たな国民的アイデンティティの礎《いしずえ》として「スペイン語」を作り出したかもしれないが、早熟に過ぎたがゆえに追随する者は少数に留まったと考えられる。

ときに例外は一般論を補強してくれる。エルナン・コルテス（一四八五―一五四七）によるアステカ王国征服に従軍し、晩年を中米グアテマラで過ごしたベルナル・ディーアス・デル・カスティーリョは、二〇歳前に大西洋を渡り、残りの人生の大半をアメリカ大陸で過ごした。彼がスペイン人文主義者たちの著作を読んだ形跡はない。ところが、晩年にグアテマラで執筆した『ヌエバ・エスパーニャ征服記』の中で、征服の経緯を回想しつつ、「スペイン語の解る」インディオを通訳として利用していたと記述しているのだ。[6]

日本語版で三巻におよぶ著作の中で「スペイン語」が出てくるのはこの箇所だけだという点を考慮すれば、これは「スペイン語」という名称の普及の証拠というより、インディオとの接触状況の産物だと判断するのが妥当だろう。また、一七世紀以降の言語政策関連文書でごく稀に現れる「スペイン語」も、アメリカ植民地で日々、非カスティーリャ語話者と接する立場の人間が用いていることも、「スペイン語」がスペインで生まれ、アメリカ大陸に広がったとする通説を疑うに足る傍証となろう。

ここまでくれば、私が「スペイン語」とカスティーリャ語を使い分けた理由を、読者も納得してくれたのではないだろうか。スペイン帝国に関し、「スペイン語」を用いるのは時代錯誤なのである。さらにいえば、この名称をめぐる経緯は、言語をめぐる政治力学をスペイン本国中心主義的に理解することの非合理性を露呈してくれる。

二節では、植民地期メキシコにおける言語政策の試行錯誤を一六世紀と一八世紀に分けて検討していこう。

二節　言語政策の試行錯誤

一六世紀を通じ、インディオにカスティーリャ語を教えるべきだというカスティーリャ語化推進派と、カスティーリャ語化は望ましくないとする反対派とが主導権争いを繰り広げた。その結果、一六世紀末には反対派が勝利をおさめ、推進派が盛り返すのは一八世紀半ばのことであった。言語政策はなぜネブリッハの夢で一本化されなかったのだろうか。

二―一　言語政策の第一段階：現地語の優先[7]

前出の一五一六年の訓令は、摂政を務めていたトレド大司教、フランシスコ・ヒメネス・デ・シスネロス（一四三六―一五一七）が下したものである。訓令には「首長および貴族層の児童にはカスティーリャの俗語を話せるように指導すべし」と書かれており、スペイン王室による言語政策がインディオ全員ではなく、その一部を対象とする限定的カスティーリャ語化から始動したことが窺える。アンティル諸島から大陸部へと征服、植民地化の対象が拡大するにつれ、状況は複雑化する。アステカ王国やマヤ文明の栄えたメキシコ中央部、南部の場合、アンティル諸島とは人口の規模が違い、新たに王室の臣下となるインディオ集団とのコミュニケーションをどう図るかが、緊急の課題として浮上する。

スペイン帝国における言語政策というと、政策を立案するのは本国にいる国王とその側近たちというイメージを持ってしまう。しかし、政策を、特定の目的を遂行するために一貫した方針を立て、その実行のために人員と資源を振り向けることと定義した場合、このような意味での政策は、当時の西ヨーロッパ諸国ではまだ緒についたばかりだった。

スペインも例外ではない。しかも、カール五世は神聖ローマ皇帝を兼ね、アメリカ植民地統治に専念できず、たびたびスペインを留守にする。スペインとメキシコは数千キロも離れており、連絡は海路で往復二、三ヶ月を要した。その結果、スペイン王室が一貫した政策を立て、現地の役人に実行させるというのはきわめて困難だったのである。

では、言語政策の実態はどのようなものであったのか。征服直後のメキシコでは、コルテスをはじめとするスペイン人征服者、植民者たちが統治の実権を握ろうとした。王室は当初、彼らの専横が封建領主制の定着およびインディオに対する過度な搾取と人口激減につながることを恐れ、例外的に布教を認めていたフランシスコ修道会、ドミニコ修道会、アウグスティヌス修道会に目を付け、彼らに対抗させようとする。そのため王室は、三つの修道会に対し、大幅な活動の自由を与えたのである。王室の支援を受けた修道士＝宣教師たちは、征服者、植民者たちの専横を抑制することに成功し、一五二〇、三〇年代を通じ、インディオに対する言語政策の主導権を握ることとなる。王室の関与は、宣教師たちの提案を了承するに留まり、しかも事後承諾である場合も少なくなかった。

宣教師たちは、征服者、植民者による搾取、悪影響からインディオを守るべく、スペイン人と隔離する方針をとった。他方で、一握りの宣教師が、一万人を超えるインディオの改宗と日々の聖務を担当しなければならないという現実が存在した。そこから生まれてきたのが、インディオにカスティーリャ語を教えるのではなく、宣教師が担当教区のインディオ言語を学ぶという方針なのである。彼らはインディオの言語を学ぶため、耳に入ってくる音をアルファベットの綴りに置き換えることから始めていく。インディオは表音文字を持っていなかったからである。そうした努力の末、宣教師たちはインディオ諸語の辞書や文法書を作成する。第二世代の宣教師たちはスペインからメキシコに到着すると、これらの辞書や文法書を頼りにインディオの言語を習得し、任地に派遣されることとなる。

研究者たちは、宣教師がインディオにカスティーリャ語を教えていたのかについて一致していない。宣教師がその著作でカスティーリャ語教育に言及していないため、カスティーリャ語を教えなかったと考える研究者もいる。しかし、宣教師たちは、インディオ首長層、貴族層の児童には読み書きを教えるべきと考え、いくつもの修道院で識字教育を実施した上、一六世紀半ばにはカスティーリャ語で文書を作成するインディオが現れたのだから、一部のインディオにカスティーリャ語を教えていたと見るのが妥当だろう。

ネブリッハとの関係については、宣教師たちがネブリッハの『ラテン語文法』を所持していたのは確認されている。『カスティーリャ語文法』を参照したと推定する言語学者も少なくない。とすれば、ネブリッハの意図とは逆に、彼の著作は、スペイン人がインディオ言語を習得し、その文法書を著すのに役立ったことになる。

宣教師たちはさらに、インディオ首長層、貴族層の子弟から優秀な人材を選び、聖職者に育てようとする。フランシスコ修道会は一五三六年、メキシコ市（アステカ王国の首都テノチティトランの廃墟の上に建設された）トラテロルコに首長層、貴族層子弟専用のサンタ・クルス学院を開設し、科目としてラテン語を教えるにおよんだ。スペイン王室は学院開設を承認しただけでなく、三八年、副王メンドーサに対し、学院の財政支援を命じた。王室は、宣教師による先住民語優先、限定的カスティーリャ語化政策を追認したのである。

二―二　言語政策の第二段階――カスティーリャ語化をめぐるせめぎあい

けれどもスペイン王室は、宣教師たちに植民地統治を委ねるつもりはなく、徐々に統治機構を整備していく。王室が一五二九年、メキシコ市に開設した司法・行政機関である聴訴院は一時期、機能停止に陥るが、三一年の再編を経て軌道に乗る。本国の統制をさらに強化すべく、一五三五年には植民地統治機構の最高責任者として初代副王、メンドーサをメキシコ市に着任させた。また、三つの修道会の影響力を制限するため、在俗教会組織の強化を図る。一五二七年にプエブラ・トラスカラ司教が着任して以降、二八年にメキシコ司教（四六年以降、大司教）、三八年にミチョアカン司教が着任したのである。

なかでもメンドーサの着任は画期となった。最大の政治勢力に転化しつつあった三修道会に対し、スペイン人征服者、植民者は不満を募らせ、在俗教会は宣教師の活動を押さえ込もうとしていた。彼らがスペイン本国に報告書を送り、修道会の横暴を告発したことが、王室による副王の任命につながったのである。こうした政治情勢下、諸勢力は副王メンドーサの取り込みを図るが、メンドーサはそれぞれに小出しの支援を与えつつバランスをとることで修道会の影響力を削ぎ、王室による統制を強化したのである。

たとえば、インディオの子どもがラテン語を習得する機会を与えられているのに、自分の子どもにはそうした機会がないスペイン人たちは不満を抱いていたが、メンドーサはメキシコ大学開設を約束することで彼らの支持をえた。メキシコ大学神学部は後に在俗教会の聖職者を輩出することとなるから、在俗教会も間接的に副王の支援を受けたわけである。他方で、すでに述べたように、メンドーサは着任早々、フランシスコ修道会のサンタ・クルス学院への財政的支援を行った。メキシコに暮らすスペイン人は自らの権利を守ろうとすれば、副王の恩恵を受けねばならない時代が到来したのだ。

政治情勢の変化は、インディオの間にも新たな動きを芽生えさせる。宣教師たちの保護では十分でないと考えたトラスカラ地方のインディオ・エリートは、一五三四年、聴訴院のスペイン人役人とともにスペインに渡り、翌三五年、カール五世から都市社団としての特権をえた。インディオをスペイン人の悪影響から守ろうとしていたフランシスコ修道会にとり、これは非難すべき所業であったはずだが、視点を変えるならば、インディオたちは征服の衝撃を克服し、政治的主体性を回復しつつあったと評価すべきだろう。

一五四〇年以降、言語政策は第二段階に入る。征服地域の拡大にともない、布教対象となる民族集団の数が増加し、宣教師たちはインディオ諸語すべてを習得するのは不可能だと悟る。そこで彼らは旧アステカ王国の主要言語、ナワトル語に目をつけた。先スペイン期を通じ、ナワトル語は共通語として使用されており、宣教師はこの共通語による布教が現実的だと考える。しかし、非ナワトル語話者がみなナワトル語を話せるわけではないので、宣教師たちは彼らにナワトル語を教えていく。『カスティーリャ語文法』は、新たにスペイン国王の臣下となったインディオをナワトル語化するために応用されることとなる。

二三頁で、ヌエバ・ガリシア司教区での「スペイン語」教育計画に触れたが、あの計画は、フランシスコ修道会がナワトル語化を通じて布教を展開している文脈において構想された。司教マラベルによれば、ナワトル語はキリスト教の精髄を正確に伝えることのできない野蛮な言語にすぎず、宣教師はインディオを隔離し、思い通りに支配するためにナワトル語化を進めているという。スペイン語を教えることが、彼らを宣教師の桎梏から解放し、正しい信仰を伝えるだけでなく、スペイン人との交流を通じて文明的な生活様式を身につけさせるための唯一の道なのだ。「スペイン語」化の担い手はマラベルでなければならず、修道会の政治的自律化を阻止したい副王も国王も彼を支持したのである。

かくして、メキシコにおける言語政策の第二段階は、宣教師たちによる非ナワトル語話者のナワトル語化＝ナワトル語の共通語化と、在俗教会が推進し、副王、国王が支援するインディオの「スペイン語」化のあいだでのせめぎあいによって特徴付けられる。宣教師たちが一五五〇年以降、ナワトル語文法や辞書に加え、ナワトル語での説話集や告解マニュアルなどを出版していくのは、マラベルらの主張に反し、ナワトル語がキリストの教えを伝えるのにふさわしい言語であることを証明するためだったと見るべきだろう。

それとは矛盾するようだが、宣教師たちは同じ時期、先スペイン期の歴史や文化、宗教を研究するとともに、布教が不十分なせいで先スペイン期の異教が依然としてインディオのキリスト教に混入していると主張する著作を執筆していく。これもまた、第二段階のせめぎあいを考慮しなければ理解しえない。司教マラベルらは、布教がすでに完了した（野蛮な言語を通じての布教がどうやって完了したのかを、彼らは問わない）以上、宣教師たちは修道院にこもり、修行に専念すべきだと主張する。これに対し、宣教師たちは先スペイン期の異教的要素がインディオのキリスト教信仰を汚染していると指摘する。汚染を防ぐにはインディオの胸中を探る必要があり、そのための最良の手段であるナワトル語に秀でた自分たち（徳と能力を兼ね備えていたのに布教に失敗した理由を、彼らは問わない）がインディオの教化を担い続けるべきだという。

一五七七年、スペイン王室がメキシコにおける先スペイン期の研究を禁止したのは、このせめぎあいへの介入にほかならない。インディオ教区を修道会から在俗教会の管轄下に移そうと考えている王室にとり、改宗したインディオの現在と異教徒時代の連続性を露わにしようとする宣教師の営みは、植民地の秩序を乱す政治的不服従の表れなのだ。

一方、在俗教会は副王や国王の恩恵に頼るだけでは足りないと考えた。インディオの支持がなければ王令は絵に描いた餅にすぎず、宣教師たちは居座り続けるにちがいなかった。だから在俗教会には、インディオを宣教師から引き離し、自らの側に引き寄せる必要がある。インディオの支持をえるための手段の一つが、シンクレティズム、すなわちキリスト教と先スペイン期の宗教の融合を容認するという方針であった。

メキシコ市近郊の丘に建てられた教会堂へのインディオ巡礼は、その典型である。この丘は先スペイン期、ある女神を祀る空間だったのだが、フランシスコ修道会がまずそこに教会堂を建設した。教会堂に置かれた聖母マリアの絵はインディオの崇敬を集め、多くの信者が巡礼に訪れるようになる。一五五〇年以後、フランシスコ修道会はこの信仰を異教の名残であると非難する。ところが、第二代メキシコ大司教はそれを擁護した。インディオ・エリートが大司教支持に回ったのは注目に値する。彼らの中には、サンタ・クルス学院で教育を受け、フランシスコ修道会の協力者だった人物も含まれていた[8]。在俗教会はこの巡礼を擁護することでインディオ・エリートの支持を獲得したのだ。

メキシコにおける言語政策の第二段階は、このような政治情勢によって規定されていたのである。権力や資源の配分をめぐる政治のなかで、諸個人、集団の思惑や利害を反映しつつ言語政策のせめぎあいが展開したのであって、言語政策がスペイン本国の政策立案者の意向に基づいて立案、実施されるといった、同心円的なモデルで言語政策の紆余曲折を説明しきることはできない。言語政策の対象であるインディオたちですら、受身の存在ではなく、選択の幅が限られているなかでも主体的に判断、行動していたのである。

だからといってスペイン王室の意向がまったく無視されたといいたいわけではない。むしろ、第二段階の特徴は、王室がメキシコにおける政策選択を追認する状況を脱した点にある。とくにフェリペ二世は、現地における対立を理解し、どうすれば王室による統制がより実効的になるかを考慮したうえで、言語政策に関する判断を下していた。

第二段階は、フェリペ二世（在位：一五五六―九八）が一五八〇年に下した王令を契機として終焉に向かう。王令は、インディオへの布教および日々の聖務はインディオの言語を通じておこなうべしと定めた。さらに、スペイン人聖職者がインディオ言語を学べるように、メキシコ大学、リマ大学にそれぞれナワトル語、ケチュア語の講座を開設し、インディオ教区の司祭に任命される者は全員、この講座を受講し、能力認定試験で合格していなければならないとしたのである。現地の政治情勢を適切に考慮した玉虫色の決定だった。

この玉虫色に、フェリペ二世の主体的政治判断を見て取れる。メキシコ、ペルーで広く使用されていたナワトル語、ケチュア語の普及を原則とする点で宣教師たちの政策を採用する一方、修道院でのみ教えられていたナワトル語、ケチュア語の講座を両大学に設けることで、在俗教会の聖職者がインディオ教区を管轄する道を開いたのである。一五八五年の第三回メキシコ地方公会議、八三年の第三回リマ地方公会議において在俗教会は、フェリペ二世の王令を受入れ、同じ趣旨の決定を下したが、それはこの王令が備えていた二番目の側面を評価したからにちがいない。フェリペ二世は、インディオ共通語普及派、カスティーリャ語化推進派の双方に対し、王令に反対する口実を与えなかったのである。

カスティーリャ語化推進派は巻き返しを図るが、それは無駄だった。推進派中の最大勢力である在俗教会が王令を支持する機関決定を下したいま、推進派は植民地内で孤立したからである。それでも、孤立した個人が各地から送ってくる請願書を無視できず、アメリカ植民地統治に関する最高の行政・司法機関であるインディアス枢機会議は一五九五年、全面的かつ強制的カスティーリャ語化の実施をフェリペ二世に勧告する。しかし、フェリペは九六年、八〇年の王令を遵守すべしとの王令を下す。カスティーリャ語教育は望ましいかもしれないが、インディオの自発性を前提とすべきだというのがその理由だった。

二―三　カスティーリャ語化の復活

一五九六年の王令により、言語政策はインディオ共通語の普及を原則としつつ、限定的カスティーリャ語化を容認する方向で確定する。一七世紀を通じて言語政策をめぐるせめぎあいは顕在化しない。そこで大半の先行研究者は、全面的カスティーリャ語化が勢いを取り戻す一八世紀半ばへと移動する。ここではとりあえず、通説的理解に従っておく。

では、一八世紀半ばに全面的カスティーリャ語化が勢いを取り戻すのはなぜなのか。一六世紀を通じ、植民地統治のあり方をめぐる政治、その中での言語をめぐる政治という文脈によって言語政策が規定されていたとすれば、一八世紀後半のスペイン帝国、植民地メキシコが置かれていた歴史的文脈は以下のようなものであった[9]。

一七〇〇年、ハプスブルク朝最後の国王カルロス二世（在位：一六六五―一七〇〇）が死去すると、フランス国王ルイ一四世は自分の孫フィリップをスペイン国王の座に就けようとした。フィリップはフェリペ五世（在位：一七〇〇―四六）として即位したが、イギリス、オランダ、オーストリアはフランスの勢力拡大を恐れてこれに反対し、ヨーロッパ、大西洋、南北アメリカを舞台とするスペイン王位継承戦争が起きた。戦争は一七一四年に終結したが、以後、イギリスとフランスはほぼ一世紀、対立を繰り返す。英仏第二次百年戦争である。争点の一つはスペイン領アメリカ植民地で生産される銀であり、ブルボン朝スペイン王室は帝国統治、特に防衛体制の再構築を図る。

帝国統治見直しのための一連の措置をブルボン朝諸改革というが、メキシコの場合、本国による統制の強化、防衛体制の充実、銀生産の増大、歳入一般の増加、在俗教会の弱体化といった形をとった。なかでも統制の強化は、植民地統治機構に占める、アメリカ大陸生まれのスペイン人であるクリオーリョ比率の低下や地方長官制の導入を柱としていたが、その過程でインディオの多くがカスティーリャ語を解さないという実態が問題視される。カスティーリャ語を解さないインディオが多数暮らす地区で、クリオーリョの役人をインディオ言語に無知な本国出身者と交代させても、統治の効率化を望めないからである。

中央集権化を図るには本国出身者を登用すべきであり、この登用がメキシコ各地で実効性を持つにはインディオにカスティーリャ語を教える必要があるという政治的認識こそが、一八世紀半ばに全面的かつ強制的なカスティーリャ語化政策を復活させた。先陣を切ったのは在俗教会であり、メキシコ大司教マヌエル・ルビオは一七五三年、教区司祭に対し、インディオ児童へのカスティーリャ語教育を義務付けたのだ。これを受け、国王フェルナンド六世（在位：一七四六―五九）は翌五四年、アメリカ植民地全域の大司教、司教に対し、各教区にカスティーリャ語教師を置くように命じる。これは一五八〇年の王令とは逆の意味で玉虫色であり、司祭はインディオ言語の習得を怠ってはならないと補足している。

在俗教会と王室の連携は、続く大司教フランシスコ・アントニオ・デ・ロレンサーナと副王カルロス・フランシスコ・デ・クロワ（在職：一七六六―七一）の間でさらに緊密なものとなる。ロレンサーナは一七六八年、六九年の二度、国王カルロス三世（在位：一七五九―八八）に全面的かつ強制的なカスティーリャ語化を命じるよう提言したのだが、六九年、副王クロワはこの提案を支持する旨の書状をロレンサーナに送っている。そしてカルロス三世は一七七〇年、アメリカ植民地全域の大司教、司教に対し、全面的かつ強制的なカスティーリャ語化の推進を命じる王令を下す。王令の特徴は、司祭の選任に際してはインディオ言語の能力を問わず、聖職者としての資質のみを考慮すべきと明記している点に見られる。カルロス三世は前大司教ルビオよりも踏み込んだ。在俗教会で本国出身者を優先的に登用させることで、教会組織を中央集権化のための手段と化そうとしたといえよう。

以後、アメリカ大陸全域から、この王令の非現実性を指摘する反対の声があがったものの、スペイン王室がカスティーリャ語化政策を変えることはなかった。メキシコの現地にせよ、スペイン本国にせよ、インディオ言語を尊重すべきという考え方を支持する個人や団体が政治力を発揮し、抵抗することはほとんどなかった。一方、カスティーリャ語化推進派の中にはさらに踏み込み、民族的出自に関わりなくすべての臣民を平等視し、帝国を擬似国民国家へと再編しようとする、公定ナショナリズムの観点に立つ者もいた。しかし、言語政策に関する違いは見られなかった。では、この王令を契機としてネブリッハの夢が現実のものとなり、インディオのカスティーリャ語化が加速したといえるのだろうか。

初等教育の費用はインディオ村落共同体が負担するとされた。そこで、一七七〇年以降の共同体財政記録に目を通すと、歳出の欄に教師の俸給が記載されている村は全体の半数以上となっている。王令はたしかにメキシコ各地で実施されたのである。これらの記録を分析した研究者たちは、一八世紀後半がインディオのカスティーリャ語化における画期であると結論する。スペイン本国で決定された言語政策が、同心円状にアメリカ植民地各地に影響を及ぼし、インディオ諸言語を抹殺し、かわりにカスティーリャ語話者が増加したというわけで、ネブリッハの夢は刊行から二世紀後に現実と化したというわけだ。

私自身、長い間、このように考えてきたのだが、財政記録を詳細に分析し、かつ訴訟記録などと付き合わせると、カスティーリャ語教育の実態が透けて見える。

たとえば、ある行政区に一三の村落共同体が存在し、すべての村で教師への俸給を支出していると仮定しよう。俸給は五つの村で六〇ペソ、二つの村で三〇ペソ、六つの村で一〇ペソと記録されている。この差は従来、数量史的手法をとる研究者には無視されてきた。しかし、インディオが教師を告発した訴訟の記録を読んでいると、この差が実態を反映していることが見えてくる。俸給の相場はどうやら年六〇ペソなのだが、財政規模の小さい村はこの額を負担しえない。そこでいくつかの村が協力して年六〇ペソを出し、教師は半年間一つの村で教えると、残りの三つの村ではそれぞれ二ヶ月教えるという巡回システムが四つの村のあいだで機能していたと推測できるのだ。この場合、俸給が一〇ペソと記録されている村の子どもたちは、年に二ヶ月しかカスティーリャ語を学べないことになる。

俸給が十分でない場合、教師が副業に精を出し、学校をしばしば留守にすることもあった。俸給を出すのはインディオ村落共同体であるのに、学校には近隣のスペイン人児童も通い、しかも教師がスペイン人児童をひいきし、インディオ児童を相手にしないといった事例もある。場合によっては、スペイン人の役人や司祭が任命した教師が、インディオの保護者から嫌われ、彼らが子どもを学校に通わせないこともあった。ネブリッハの夢が一八世紀後半に現実化し、インディオが急速にカスティーリャ語化したとはいいきれない。

他方で、カスティーリャ語化政策の定着を前にして、インディオたちの反応がさまざまだった点は無視しえない。当時のスペイン人は、インディオは閉鎖的でカスティーリャ語を学ぼうとしないと非難していたが、文書からは彼らの多様な選択が窺える。

当時の通念に反し、カスティーリャ語化政策に対抗しようとしたインディオの大半は、無知な農民ではなく、都会に暮らし、洗練された生活様式を身につけたエリート層の出身であった。彼らはときに大学教育を受け、聖職者として叙任されていたのだが、自分たちがインディオ諸語で福音を伝えることこそがもっとも有効なインディオの魂の救済につながると主張し、インディオ専用の神学校開設を求めて国王への請願を繰り返した。先に、一八世紀後半、カスティーリャ語化政策に反対する勢力はほとんどなかったと記したが、その例外がこれらのインディオ・エリートなのである。彼らは一六世紀の宣教師たちの構想を引き継いだかのようである。二つの言語を媒介することで特権的地位を享受している以上、一般のインディオがカスティーリャ語を使用しない方が望ましかったのだろう。

インディオ・エリートたちの対極には、自ら初等教育の教師となり、インディオ児童にカスティーリャ語を教える用意があるとしながら、学校建設費用を集めるための募金許可を国王に願い出るインディオや、スペイン人教師の怠慢のせいで子どもたちはカスティーリャ語を通じて知識を蓄えることができないと副王に訴えるインディオがいた。一八世紀後半のカスティーリャ語化政策はかくして、メキシコ各地の事情とインディオたちの主体的選択というプリズムを通してのみ、現実に到達することができた。言語政策が同心円的、一方通行的にインディオの言語使用状況を変更したと考えるのは、現実を見ないに等しい。

それにしても、インディオ・エリートから聖職者が出ていた事実をどう理解すべきなのか。フェリペ二世の一五九六年の王令が実施されていれば、インディオを聖職に叙任する必要はなかったはずである。ここに、一七世紀初頭へと戻り、言語政策上、停滞の時代と見なされてきた一五〇年間の経験を再検討する必要が生じるのだ。

三節　インディオ共通語普及政策の実態

インディオが聖職に叙任され始めた事実とナワトル語講座開設のあいだにはどのような関係が存在したのか。そもそも、フェリペ二世の命令はメキシコ現地でいかなる扱いを受けたのだろうか。通説を乗り越えるには、これらの問いへの答えを見出さねばならない。

三―一　インディオ聖職者の登場

一六世紀前半、多くの宣教師たちがインディオを聖職に叙任すべく懸命に努力したのだが、結局、一六世紀後半に入ると、改宗したばかりのインディオは聖職者となる要件を満たしていないという評価が定着する。その結果、三つの修道会がインディオを修道士として入会させることはなくなり、在俗教会は一五八五年のメキシコ地方公会議で、改宗したばかりのインディオを聖職者に叙任してはならないという決定を下したのである。

一五八五年の決定は実施に移されなかったが、一六九七年に下された王令がインディオと混血層の聖職叙任を認めていることから、インディオの聖職叙任は原則禁止されたと考えられてきた。ところが、二一世紀に入り、メキシコ国立自治大学大学史研究所に集う研究者たちは、一七世紀初頭以降、修道会も在俗教会もインディオの聖職叙任を認め、インディオ聖職者が少しずつ増加した事実を浮き彫りにしたのである。

インディオの聖職叙任が受け入れられたのは、以下の事情によると考えられる。修道会に関しては、一五六八年の王令でスペイン本国からメキシコに渡る修道士の数が制限され、若手が不足しつつあった一方、クリオーリョが入会したとしても彼らはスペイン人都市にある修道院での生活を選び、農村部でインディオ相手の聖務に就くことを拒絶したという事情が、インディオの入会許可増加につながったのではなかろうか。農村部の修道院に修道士がいないとなれば、その教区が在俗教会に奪われるのは時間の問題であり、それよりはインディオを入会させ、当該教区を任せた方がましだというわけである。

在俗教会の場合、メキシコ大学でナワトル語を学んだ聖職者はインディオ教区を担当する資格をえるから、ナワトル語を学んだ卒業生が増えればインディオを受け入れる必要はない。しかし、インディオは実際に受け入れられた。この矛盾を解く鍵はレティシア・ペレスが与えてくれた。ナワトル語講座が長いあいだ開設されなかった事実を発見したのだ[10]。

インディオ言語の講座をすでに開設していた三つの修道会は、在俗教会の農村部での勢力伸張を恐れ、ナワトル語講座開設に反対した。修道会側はさらに、百歩譲って講座開設を認めるとしても、その講座は、ナワトル語教育で実績をあげてきた修道士が担当すべきだと主張する。在俗教会の影響下にあるメキシコ大学当局はこの主張を受け入れられない。すでにかなりの数の大学講座を握っている修道会が新たなポストをえたならば、学内の勢力均衡が崩されるからである。大学を保護下に置いている国王、その代理である副王、彼らの支援を受けるメキシコ大司教にしても、そうした状況を認めるわけにはいかない。

さらに、一五七〇年代にメキシコで活動を開始したイエズス会もまた、この講座に目を付ける。イエズス会は自らの学院を大学に昇格させることを狙っており、メキシコ大学に参入できれば、この目的を達成しやすくなると考えたのである。植民地で唯一の大学としての地位を守りたいメキシコ大学側にとり、これは阻止すべきシナリオだった。様々な回路を通じて王室に働きかけたイエズス会は一六二七年、メキシコ大学にナワトル語講座を開設するにあたっては担当教員を在俗聖職者かイエズス会士から選ぶようにという王令を引き出している[11]。これに対し、関係各方面から反発が出たのは当然だった。

　フェリペ二世の王令はかくして、玉虫色のおかげで反発を回避したが、玉虫色に伴う解釈の幅のせいで、勢力伸長を図る諸勢力と勢力均衡に努める副王とに、その実施を引き延ばす余地を与えてしまった。ナワトル語講座開設で最大の利益を享受するはずのメキシコ大学当局や在俗教会までもが二の足を踏んだ以上、講座開設が棚上げされるのは避けられなかった。この事実に照らせば、上記の問いに対する解答は単純である。ナワトル語講座が開設されないので、在俗教会はインディオ・エリートを登用せざるをえなかったのだ。

　聖職叙任されたインディオの多くが実際は混血だった事実は注目に値する[12]。一六世紀を通じ、先スペイン期以来のインディオ首長層、貴族層の身分と財産に目を付け、正式に結婚するスペイン人は少なくない。その子がインディオ身分を選んだ場合、社会的、法的にインディオ首長、貴族として認められた。彼らはバイリンガルとして育ち、その境遇を活かし、インディオ世界とスペイン人世界の媒介者として機能する。逆に、その子がスペイン人身分を選んだ場合、スペイン人として認められる。しかし、その多くはバイリンガルであり、やはり媒介者として機能する。この種の媒介者の登用は在俗教会にとり、ナワトル語講座開設にともなうリスクと費用を回避するための抜け道だったのである。

　ペレスの発見に戻ろう。一六一七年、メキシコ大学内にナワトル語講座が開設され、このポストはドミニコ修道会が独占すると定められた。ところが、この人事は、ドミニコ修道会士がナワトル語講座以外の講座を担当することを今後は認めないという条件付きであった。それゆえ、ドミニコ修道会は大学内での地位低下を避けるためサボタージュを続け、一六二八年以降、ナワトル語講座担当者を出さなくなる。先に触れた一六二七年の王令は、ナワトル語講座が機能していない事態への対処を目的としていたわけだが、やはり実施されなかった。現地における勢力争いが王令の実施を阻むとともに、新たな王令の発布につながったのだ。

一六三八年以降、再び開設の機運が高まり、一六四〇年、ナワトル語講座教員の公募が実施される。複数の候補者が名乗りをあげたが、オトミ語も教えねばならないという条件を前にして次々と辞退してしまう。というのも、オトミ語はインディオ諸語中最も難解な言語と見なされていたからである。残ったのはアウグスティヌス修道会のディエゴ・ガルド・グスマン一人であった。グスマンが九年後に辞任すると、後任はやはりただ一人の応募者であったアウグスティヌス修道会士のペドロ・デ・ロサが務めた。修道会がメキシコ大学内に牙城を築きかねないという大学当局と在俗教会の懸念は現実化したことになる。

ロサ以後、三人の人物が講座を担当したことが分っているが、彼らはみな在俗教会の聖職者であった。水面下で、政治勢力間の均衡を崩さないための配慮、ないしメカニズムが働いたのであろう。こうした配慮は一六七〇年、一つの公的表現を見出す。ナワトル語講座とオトミ語講座が分割されたのである。そして、別々に公募が実施されると、前者はアウグスティヌス修道会士が、後者は在俗教会の聖職者が選ばれるにおよんだ。

講座を担当した人物の出自は知られていない。一六四〇年の公募に応じた一人、ベルナルド・デ・アルバAだけはその出自を推測しうる。アルバAは当時、メキシコ中央部のスンパンゴ教区で司祭を務めていたのだが、先スペイン期から続くテスココ地方の首長層出身の聖職者としては同姓同名のアルバBの存在が知られている。アルバBは、祖先がスペイン人と結婚したことからバイリンガルとして育った。もし、二人のアルバが同一人物であれば、インディオ世界とスペイン人世界をつなぐ媒介者としての立場を、ナワトル語講座初代教授を務めることで補強しようとしたと推測できよう[13]。

三―二　ナワトル語講座開設のインパクト?

メキシコ大学にナワトル語講座とオトミ語講座が開設されたことは、インディオ聖職者にとって脅威だったにちがいない。二つの講座から競争相手が巣立つようになれば、インディオ・エリートは厳しい競争にさらされるからである。彼らにとっては幸い、本国出身者にせよ、クリオーリョにせよ、当初、スペイン人学生がナワトル語講座、オトミ語講座を積極的に受講することはなかった。ただ、潜在的な脅威は残る。先に、一七世紀末以降、一部のインディオ・エリートがインディオ専用の神学校開設を求めて請願を繰り返した事実に言及したが、この動きは潜在的脅威に対抗するためだったのではないか。

ナワトル語講座、オトミ語講座が一定の成果をあげるようになるのは、ロドルフォ・アギーレによれば、一八世紀前半のことであった[14]。この時期に叙任された二〇〇〇名ほどの在俗聖職者のうち半数はインディオ言語の知識をもっていたという。在俗教会は、インディオ言語を運用できる人物を優先的に任命することもあった。一七五三年にカスティーリャ語教育の徹底を命じた大司教ルビオでさえ、インディオ教区における聖務の遂行にはインディオ言語を解する下級聖職者の存在が不可欠であると認めているのである。これらの聖職者は当時、言語担当聖職者(clérigos lenguas)と呼ばれ、教区司祭がインディオ言語を解さない教区に派遣され、インディオに対する聖務を部分的に代行する役割を担った。

言語習得過程を基準にすると、言語担当聖職者は次のように分類できる。生まれ故郷でインディオ言語を自然と身につけた者、メキシコ大学や一六九七年に開学したメキシコ大司教座附属神学校（ここではインディオも奨学金を受けながら学ぶことができた）でナワトル語やオトミ語を習った者、聖職叙任後、インディオ言語の使用されている教区に派遣され、現場でインディオ言語を習得した者という三つのグループである。第一グループにインディオ・

エリートが多く含まれる確率が高いのに対し、第二グループではその比率が下がり、第三グループにインディオ・エリートはほぼいなかっただろう。インディオ・エリートが第二、第三グループの非インディオを競争相手と見なすのは避けがたかった。

ここで留意すべきは第一グループである。第一グループの中にはインディオ・エリートのほかに農村部や鉱山で育ったスペイン人や混血層がいた。インディオ平民層もいたかもしれない。一七世紀を通じ、インディオ村落共同体で生計を立てられない場合、スペイン人が経営する大農園や近隣の都市、鉱山に出稼ぎに行くインディオは多かった。彼らはインディオ言語とカスティーリャ語の世界を往復するなかでバイリンガルとなり、その一部は村を捨て、大農園や都市、鉱山に定住し、身分的には混血層を選んだ。

逆に、農村部に定住したスペイン人のなかにも、インディオと付き合いながらインディオ言語を身につけ、バイリンガル化する者が現れる。裁判記録にしばしば登場する王室認定法廷通訳は、このようにしてバイリンガル化したスペイン人だと推測できる。法廷通訳は法廷開催日に日給を与えられるだけであるから、法廷通訳になるためにメキシコ市に赴き、大学でナワトル語講座やオトミ語講座を履修したとは考えがたい。

インディオ村落共同体やスペイン人の大農園、都市、鉱山などをつなぐ交通のネットワークが密度を増し、言語や民族の壁を越えた地域社会が成立したことが、一部のインディオとスペイン人のバイリンガル化、バイリンガルな混血層の拡大を促進し、彼らが社会的上昇のために聖職者の道を選んだ場合、第一グループ形成につながったのである。

他方で、二つの言語を橋渡しする媒介者の存在が、残りのインディオがカスティーリャ語を学ばなくとも生活できる状況を生み、彼らのカスティーリャ語化を阻む。インディオ・エリートをはじめとする媒介者たちからすれば、インディオがカスティーリャ語を解さないことが利益の源泉だったのだ。けれども、すべてのインディオが現状に満足していたわけではない。現状を打破したいと考えるインディオにとっては、カスティーリャ語習得が媒介者たちによる包囲網を突破する糸口だったように思われる。

スペイン王室が全面的かつ強制的なカスティーリャ語化に転換する前夜、言語使用の実態はこのように多様、かつ流動的であった。インディオ共通語普及政策の下、諸個人、集団が言語をめぐる政治を多様に生きぬいていた状況が、一八世紀後半のカスティーリャ語化政策の前提となる。そのインパクトがまだら状になるのは不可避であった。

おわりに

これまでの考察を通じて明らかになった点をまとめておこう。

スペインの帝国化に伴い、スペイン本国でカスティーリャ語がスペイン語と呼ばれるようになり、そのスペイン語がアメリカ大陸に普及したと見るのは無理がある。むしろ、アメリカ大陸でカスティーリャ語話者がインディオと接触するなかで、共通のコミュニケーション手段としてスペイン語という概念、名称が生まれたといえよう。ただ、この概念は、異文化が衝突する接触領域でこそ理解されても、本国で暮らす者には理解しがたいものであり、その結果、本国ではカスティーリャ語という名称が用いられ続けたのである。

一六世紀を通じ、スペイン王室が植民地メキシコで一貫した言語政策の実施に努めることはなかった。王室にとって最大の関心事は遠方にある植民地をいかに統治するかであり、植民地で生まれた政治勢力間の対立を抑えるとともに、特定の勢力が強大化し、自立するのを阻止するのがその目的であった。植民地統治をめぐる政治のなかで、諸勢力は言語をめぐる政治を展開したが、王室はその流れを追いながら、要所で介入するというのが常であった。王室にとり、言語政策の優先順位はさほど高くなかったのである。

その代りにメキシコ現地で言語政策の立案、実施を担っていたのは、三つの修道会に属する宣教師たちであり、彼らは、ネブリッハの夢とは反対に、インディオ諸言語を習得、研究する道を選んだ。アステカ王国の征服から二〇年ほどの間は、国王も副王も宣教師たちの政策を支持ないし追認せざるをえなかった（言語政策の第一段階）。それに対し、一五四〇年以降、修道会がナワトル語の共通語化を図る一方、副王、国王は、新興勢力ともいうべき在俗教会を積極的に支援し、修道会に対抗させようとしていく。在俗教会は、修道会が担当していたインディオ教区を自らの管轄下に移すための手段として限定的カスティーリャ語化政策をとるが、副王、国王もそれに対し、一定の理解を示した（第二段階）。

言語政策の第二段階は、一五八〇年の王令によりほぼ終結する。フェリペ二世は、先スペイン期以来の共通語であるナワトル語の講座をメキシコ大学に開設し、インディオ教区を担当したい聖職者はこの講座を受講しなければならない、インディオにカスティーリャ語を教えるのはかまわないが、インディオの自主性を尊重するように、と命じた。ナワトル語の普及は修道会の方針である一方、ナワトル語講座の開設はインディオ教区の在俗教会への管轄替えを可能にする措置でもあるという点で、玉虫色の決定であった。批判の声も散発的にあがったが、一五九六年の再度の王令により、インディオ共通語の普及を原則としたうえでの限定的カスティーリャ語化が、言語政策として確定する。

カスティーリャ語化が再び台頭するのは、一八世紀半ばのことである。ブルボン朝スペイン王室は中央集権化を進めるため、植民地統治機構および在俗教会から、現地とのつながりが強いクリオーリョを排除し、スペイン本国出身者を登用する方針をとる。そのためにはインディオとの円滑なコミュニケーションが不可欠であり、この文脈でカスティーリャ語化政策が復活したのである。全面的かつ強制的カスティーリャ語化を命じる一七七〇年の王令を契機として、各地のインディオ村落共同体が小学校教師を雇用していった。

しかし、小学校におけるカスティーリャ語教育の実態は、しばしば王室の期待を裏切った。一七世紀初頭以来、メキシコ市での修道会、在俗教会、副王、メキシコ大学の権力闘争がナワトル語講座開設を遅らせたように、一八世紀のカスティーリャ語化も様々な利害に左右される。地域社会に目を向けると、インディオによるカスティーリャ語使用および非インディオによるインディオ言語使用に関し、駆け引きが繰り広げられる。メキシコ市でも地方でも言語をめぐる政治は複雑な利害関係に左右され、上から命じられるカスティーリャ語化の受け止め方もこれらに規定され、多様な結果を生むこととなった。

かくしてネブリッハの夢は、言語政策の実効性という点で、メキシコでは挫折を強いられる。他方で、植民地期メキシコでカスティーリャ語話者が増加したのは事実である。ただ、それは言語政策のおかげではなく、自主的にスペイン人の大農園や都市、鉱山に移住し、カスティーリャ語を習得し、さらなる社会的上昇を図るインディオ平民層の増大によるところが大きい。植民地社会を規定する非対称性、その下で闘われる言語をめぐる政治が、次第に多くのインディオをカスティーリャ語化させたのだ。カスティーリャ語はこの面で、「帝国の伴侶」としてメキシコで普及したといえなくもない。

五〇〇〇万人を超すスペイン語話者が米国に暮らすという現状は、スペイン帝国支配の延長線上に理解されねばならない。この現状は他方で、帝国としての米国とメキシコのあいだに存在する非対称性を抜きにしては理解できない。この非対称性がメキシコから米国への大量の移民を生むだけでなく、米国では英語を公用語化し、スペイン語話者を減らすための政治運動を高揚させる一方、メキシコでは官民あげての英語教育熱を生む。では、アメリカ大陸ではスペイン語話者が減り、英語話者が増えていくのだろうか。

この予測が簡単に実現するとは考えにくい。諸個人、諸集団の主体性は言語をめぐる政治をときに想定外の方向に導くからである。それを痛感させられた個人的エピソードでもって本章を終えることにしたい。メキシコは現在、一億人を超える人口を有しており、そのうち一〇〇〇万人は先住民諸語の話者である。使用されている先住民語は六〇を超す。メキシコ中央部のトリキ語（triqui）語はその一つである。一九九〇年に一万四九八一名だったトリキ語話者は二〇〇〇年に二万七一二名に増えている[15]。

二〇一三年夏、メキシコ出張中のことである。日曜日を利用して私は、メキシコ市から北に車で一時間ほどのテポソトラン市に副王時代歴史博物館を訪ねた。博物館は、一八世紀にイエズス会が完成させた教会／学院を再利用している。教会／学院は中央広場に面して建てられたので立地条件は良好である。その歴史は一五八〇年まで遡る。イエズス会士はここでインディオ諸語を研究するとともに、スペイン本国出身者、クリオーリョ、インディオ・エリートの子弟にラテン語、カスティーリャ語、オトミ語、ナワトル語などを教えていたのだ。言語政策史上、由緒のある場所の一つである。

博物館を出ると、いくつか屋台が出ており、色鮮やかな民芸品に誘われてそのうちの一軒に近づく。綺麗な刺繍の施された財布の値段を尋ねると、民族衣装をまとった女主人は答えようとせず、後ろを振り向く。すると、Tシャツにジーンズというでたちの一五、六歳の少女が芝生から立ち上がり、女主人と言葉を交わしたあと、「二〇ペソです」と答える。二人の会話がスペイン語でないことに気付いた私は、「オトミ語で話をしていたの？」と質問する。「違います。私たちはトリキ語で話しています」との答え。

言語をめぐる政治は予想以上に複雑で、地球上を席巻する英語中心主義の圧力に抗しながら、いまだにトリキ語話者は再生産されているのである。

註

1　田中克彦『ことばと国家』岩波新書、一九八〇年。
2　カスティーリャ語の歴史については、Alonso, Amado, *Castellano, español, idioma nacional*, Buenos Aires: Losada, 1943 が詳しい。
3　García Cárcel, Ricardo, *Las culturas del Siglo de Oro*, Madrid: Historia 16, 1999, p.149.
4　アメリカ大陸において「スペイン語」という呼称が用いられていく過程は、安村直己「ネブリーハ・グラナダ・新世界——スペイン帝国形成期の言語政策に関する一考察」『青山史学』二四号、青山学院大学文学部史学科、二〇〇六年、一九～三六頁で論じたことがある。
5　Alonso, op.cit はその一人である。日本のスペイン語学者のあいだでもこうした考え方が浸透していることは、寺崎英樹『スペイン語史』大学書林、二〇一一年、五章を読めば明白である。ただし、一六世紀に「スペイン語」という名称が普及したとする見解に否定的な研究者もいる。川上茂信「言語史、多言語性、ナショナリズム」寺崎英樹教授退官記念論文集刊行委員会『スペイン語学論集』くろしお出版、二〇〇四年、一四七—一五四頁。
6　ディーアス・デル・カスティーリョ、ベルナル（小林一宏訳）『メキシコ征服記』岩波書店、一九八六—八七年、第三巻、二四八頁。
7　一六世紀のメキシコにおける言語政策の展開については、すでに安村前掲論文および安村「パイオニアか、追随者か——一六世紀スペイン帝国における言語政策とスペイン領アメリカ植民地におけるイエズス会員の布教戦略」川村信三編『超領域交流史の試み——ザビエルに続くパイオニアたち』上智大学出版、二〇〇九年、四五三—五〇九頁で詳細に検討したことがある。それゆえ、言語政策の第一段階と第二段階の諸事実については原則として注を付さない。なお、これらの論文で言及していない場合は注を付す。
8　O'Gorman, Edmundo, *Destierro de las sombras. Luz en el origen de la imagen y culto de Nuestra Señora de Guadalupe del Tepeyac*, México: Universidad Nacional Autónoma de México.
9　一八世紀の言語政策については安村「帝国と言語——一八世紀メキシコをめぐるカスティーリャ語化政策とその波紋」近藤和彦編『歴史的ヨーロッパの政治社会』山川出版社、二〇〇八年、二六六～三一〇頁で論じたことがある。それゆえ、諸事実に注は付さない。

10 Pérez Puente, Leticia, "La creación de las cátedras públicas de lenguas indígenas y la secularización parroquial" en *Estudios de Historia Novohispana*, núm.41, 2009, pp.45-78.

11 敦賀公子は、この王令がナワトル語講座の開設を命じた事実に言及しているが、教員選考の条件には踏み込んでいない。敦賀公子「植民地時代の言語——広大な多言語世界における言語政策」井上幸孝編『メソアメリカを知るための58章』明石書店、二〇一四年、一五四—一五七頁。それに対し、教員選考の条件に言及しているのは、Máynez, Pilar, "La codificación de las lenguas indígenas durante la colonia" en Barriga Villanueva, Rebeca y Martín Butragueño, Pedro, *Historia sociolingüística de México*, vol.1, p.438 である。ただ、マイネスは王令の出された年を明示しておらず、スペイン王室がアメリカ植民地統治のために制定した法令を集めた『インディアス法集成』(*Recopilación de leyes de los reinos de las Indias*)で確認しなければならなかった。

12 Menegus, Margarita y Aguirre, Rodolfo, *Los indios, el sacerdocio y la Universidad en Nueva España, siglos XVI-XVIII*, México: Universidad Nacional Autónoma de México, 2006, pp.31-33.

13 アルバの出自に関し、ペレスが断定を避けているのに対し、メネグスとアギーレは二人のアルバが同一人物だと断定している。Menegus y Aguirre, op.cit., p.31.

14 Aguirre, Rodolfo, "La demanda de clérigos "lenguas" en el arzobispado de México, 1700-1750" en *Estudios de Historia Novohispana*, núm.35, 2006, pp.47-70.

15 Zimmermann, Klaus, "Diglosia y otros usos diferenciados de lenguas y variedades en el México del siglo XX: entre el desplazamiento y la revitalización de las lenguas indomexicanas" en Barriga Villanueva y Martín Butragueño, op.cit., vol.2, p.902.

第二章

なに語で授業を受けるのか？
――ハプスブルク君主国の教育制度と辺境都市[1]

佐々木洋子

はじめに

まず確認しておこう。ハプスブルク君主国の後継国家である現在のオーストリアは、太平洋に浮かぶ大陸国家オーストラリアとは別の国である。英語でも偶然、一音違いであるため、日本語話者以外でも勘違いする人が多い。「ここにカンガルーはいません（We have no Kangaroos）」と書かれたTシャツがみやげ屋で売られているくらいだから、当のオーストリア人たちもよく事情を察している。

オーストリアの面積は約八万四〇〇〇平方キロメートルで北海道くらいの広さ、人口が約八七〇万人で、これはだいたい東京の都市部の人口と同じである[2]。国土の六割以上が、フランス、スイスから続くアルプス山脈の終わりの高地であり、中南部のティロール州（チロル）は、そのなだらかな谷の緑地で牛が草を食む風景で知られている。アルプス山脈が水を集めてドナウ川の流れとなり、リンツ市、ウィーン市はその沿岸にある。ゆったりした三

Alois Brusatti (Hg.), *Die Habsburger Monarchie 1848-1918*, Bd. I, Wien, 1973, p.233より訳出。

拍子の国歌、「山岳の国、大河の国」そのままである。

国民の六割以上がカトリックで、保守的な国柄かと思いきや、意外に男女同権意識が浸透している。くだんの国歌で「偉大な息子たちの故郷」と歌われていた箇所が、二〇一二年から「偉大な娘たち息子たちの故郷」と改められた。事前に届け出た場合以外、基本的に婚姻後も夫婦別姓である点も指摘しておきたい。

このオーストリアは第二共和国で、第二次世界大戦前にはナチス・ドイツの第三帝国に併合されていた。その前は第一共和国で、第一次世界大戦中にハプスブルク君主国が崩壊して誕生した国家である。大戦前まで、現在のチェコ、スロヴァキア、ポーランド、ハンガリー、ルーマニア、クロアチア、イタリアなどを含む大帝国だったのだが、大戦末期にそれらの言語グループの人たちが、次々に国家として独立を宣言したため、いわば残ったドイツ語話者たちが、オーストリア第一共和国を建国したというわけだ。

ではそのハプスブルク君主国とは、どんな国家だったのか。以下本論でていねいに説明するが、簡単に言えば、一九世紀のヨーロッパで多数派の「〇〇人《じん》」が形成する「〇〇国」、つまりは国民国家が次々と成立してゆく中、崩壊まで多民族の共存を維持し続けた、多民族帝国である[3]。

ハプスブルク君主国では、その領域内に絶対多数派の言語グループがなかった。ドイツ語話者が最も多いのだが、それでも全住民の三割程度、その次がハンガリー語話者で二割程度、両者が協力してぎりぎり半分である。そのため、一八六七年の「アウスグライヒ」で二重君主国が成立してからも、帝国全体の共通言語を住民に強制することができず、かえって「諸民族の同権」を維持するために最大限の注意を払う[4]。それはもちろん、共存を維持するための方策だったのだが、結果として、およそ地域ごとにまとまって住む、言語グループ固有のアイデンティティーを育てることになった。

この広大な帝国の南西の端、アドリア海に面したイストリア、ゲルツ、グラディスカの三州は、行政区、裁判区としてはまとめてキュステンラント（海岸地域）として扱われた。地域を統括する州庁は、トリエステ市に設置されていた。三州の多数派はスラヴ系言語の話者だったのに対し、トリエステ市では、ヴェネツィア方言のイタリア語話者が多数を占めていた[5]。帝国全体の中で、イタリア語話者は少数派に属したのだが、トリエステ市ではその状況が完全に逆転していたのである。ただし海港都市の特徴でもあるが、ここでは様々な言語グループの人が行き交い、コスモポリタン都市と呼ばれていた。

二重君主国が成立した年、日本は明治時代を迎えようとしていた。ヨーロッパの諸制度を輸入して近代国家を目指した日本は、それぞれの領主が支配するクニ＝藩を一気につぶし、驚くほど順調に国民国家を創設した。その功罪は置くとして、こうした国民国家で生まれ育った者にとって、多民族国家の中のコスモポリタン都市や多言語の共存は、遠い世界のようにも思える。

だが今後ますます、人や情報の国境を越えた行き来は盛んになり、異なる母語の隣人を迎える機会は増えることだろう。ここで、一九世紀のコスモポリタン都市の「共存」のありようを考えてみることが、身近な問題を解くヒントを与えてくれるかも知れない。

一節　ハプスブルク家の起源から神聖ローマ帝国

ハプスブルク家の家名は、スイスのアールガウ地方にある城「ハービヒツブルク」に由来する。同家は西南ドイツを中心に、家領を広げていた。一方、一三世紀まで、オーストリアはバーベンベルク家に支配されていた。同家が断絶すると、ハプスブルク家がこの地域の支配に乗り出した。ベーメン（ボヘミア）王との戦いがあったものの、一二七三年にはハプスブルク家のルドルフ一世（在位：一二七三―一二九一）が、神聖ローマ帝国の「ドイツ王」に選出された[6]。

神聖ローマ帝国のドイツ王、一見語義矛盾のようだが、これは帝国独自の皇帝選出システムのためである。東フランク王国の継承者として、ザクセン朝のオットー一世（在位：九三六―九七三）が九三六年に王に選出され、さらに九六二年にローマで教皇の手によって戴冠し、初代の皇帝となった。これ以降しばらく、選帝侯によって選出された王が、教皇により戴冠して初めて帝位に就く、というシステムが続く。マクシミリアン一世（在位：一四九三―

一五一九）が戴冠を省略して皇帝を名乗るまで、この習慣は続けられた。

当初、この領域を指す名称として、「帝国」または「ローマ帝国」が使われていた。東フランク王国も含めて、自分たちは古代ローマ帝国を受け継ぐ者、という自負があったからで、北イタリアの支配を正当化する根拠にもなった。一三世紀からは「神聖ローマ帝国」となったが、一五世紀ごろから「ドイツ国民の神聖ローマ帝国」と名前を変え、ドイツ語話者の居住地域とベーメン地方に領域を限定するようになった。ここでは一貫して、「神聖ローマ帝国」と呼ぶことにしよう。

ルクセンブルク家のカール四世（在位：一三五五―一三七八、ベーメン王：一三四六―一三七二）が在位中に、「金印勅書」によって、皇帝選出の制度化をはかる。マインツ、ケルン、トリーアの各大司教、ベーメン王、ブランデンブルク辺境伯、ザクセン公、ライン宮中伯、の七選帝侯が、神聖ローマ帝国のドイツ王を選出することと決められた。ハプスブルク家のルドルフ四世（オーストリア大公在位：一三五八―一三六五）は、これに不満を抱く。「大特許状」というニセの文書を作り上げ、選帝侯の地位を手に入れようと画策したぐらいである。

一五世紀から、ハプスブルク家が神聖ローマ帝国の帝位をほぼ独占するようになる。この頃、もっぱら婚姻によって、同家は戦わずしてその領土を拡張してゆく。そのため、「幸いなるかなオーストリア、汝結婚せよ」とも言われた。ブルグント王国、スペインと海外の領土、ネーデルラント、ベーメン、ハンガリーが、次々と家領に編入された。一五一九年に選出されたカール五世（在位：一五一九―一五五六、スペイン国王カルロス一世：一五一六―一五五六）は、さらにイタリアをそこに加えて、広大な領土を支配することとなった。

この領土を支配するために、カール五世は弟フェルディナント一世（在位：一五五六―一五六四）にオーストリア周辺の領土を任せ、自らはイスパニア王国（スペイン）を継承してカルロス一世となり、スペイン・ハプスブルク家の時代が始まった[7]。フェリーペ二世（在位：一五五六―一五九八）の時代に全盛期を迎えるのだが、ネーデルラントの独立やフランスとの対抗関係から次第に衰退し、一七〇一—一四年のスペイン継承戦争を経て消滅する。一方でオーストリア・ハプスブルク家は、オスマン帝国との間でハンガリーを奪い合い、一五二九年にはオスマン帝国軍によるウィーン包囲を経験する。オスマン帝国は、本国から遠く離れた戦線を維持することが困難になり、ウィーンに入城することなく撤退した。

さらにこの時代、ルターの宗教改革が大きな問題となっていた。フェルディナント一世はプロテスタント諸侯の協力を仰ぐため、プロテスタントに寛容な態度を取らざるを得なかった。一七世紀初めまでに、ハプスブルク君主国内でもオーストリア、ベーメン、ハンガリーで、プロテスタントの信仰は広まった。その結果、カトリックとの対立は避けられなくなっていた。

一六一八年、熱心なカトリック信者だったベーメン王の総督が、プロテスタントの貴族たちの手によって、プラハ城の窓から投げ出されるという事件が起きる。これをきっかけに、ヨーロッパ全土を巻き込む三十年戦争が始まった。ハプスブルク君主国軍によって、ベーメンのプロテスタント貴族は追放され、君主国内ではカトリックが勝利する。

しかしイギリス、オランダ、デンマークがプロテスタント側に立って参戦し、スウェーデン、フランスもそこに加わった。各国を相手に和平交渉は難航し、一六四八年のウェストファリア条約で、ようやく和平が成立した。諸侯はプロテスタント信仰も選択できることとなり、その権限が強化された。国家主権について成文化された最初の条約、とも言われる。領邦間が互いに互いを尊重し合う国際関係というものが、初めて認識されたわけである。

さらにハプスブルク君主国の脅威となったのは、オスマン帝国である。一六八三年、大宰相カラ・ムスタファ（在任：一六七六—一六八三）が率いる大軍が、ふたたびウィーンを包囲した。第二次ウィーン包囲である。皇帝と教皇が、キリスト教世界を守るための援軍と資金を募った結果、ポーランド王の援軍を得て、包囲はようやく解かれた。その後、サヴォア家のオイゲン公の活躍によってハンガリーの領土を奪還し、一七一八年のパッサロヴィッツ条約で、ベオグラードも取り戻した。数々の戦果を挙げ、また外交手腕にも優れていたこのオイゲン公の騎馬像を、我々は今もウィーンの王宮前の広場に見ることができる[8]。

二節　マリア・テレジアとヨーゼフ二世の時代

カール六世（在位：一七一一―一七四〇）は、ハプスブルク君主国の領土不可分と、男系が絶えた場合女系の相続を認める「国事詔書」を国内外に承認させ、この世を去った。一七四〇年、長女マリア・テレジア（在位オーストリア大公：一七四〇―一七八〇、ハンガリー女王：同年、ベーメン女王：一七四〇―一七四一、一七四三―一七八〇）が領土を受け継いだものの、隣国バイエルンとプロイセンはその相続に異議を唱え、プロイセン軍がハプスブルク君主国の工業地帯であったシュレージエン（シレジア）地方へ侵攻した。ザクセン、フランスも軍事介入に踏み切り、オーストリア継承戦争が始まった。四八年のアーヘン条約で戦争は終結し、シュレージエンの大部分がプロイセンに割譲された。その代わり、国事詔書が承認され、また、マリア・テレジアの夫フランツ・シュテファン（在位：一七四五―一七六五）に神聖ローマ帝国皇帝位が認められた[9]。

その後、一七五六年にイギリスと同盟を結んだプロイセンが、軍を率いてザクセンに侵入すると、マリア・テレジアはシュレージエン奪還の好機と見て、フランス、ロシア、スウェーデンとドイツ諸邦とともに、プロイセンに攻撃を開始した。不倶戴天の敵であったはずのフランスと結び、またプロイセンのフリードリヒ二世を嫌っていたロシアのエリザベータ帝（在位：一七四一―一七六二）を味方につけたのである。だがこの七年戦争にもプロイセンが勝利し、シュレージエンの奪還は失敗に終わった。

領土継承直後から戦争に直面したマリア・テレジアは、一方で国内の政治制度改革に乗り出した。軍制、司法、税制改革を行ったほか、チェコ独自の政治政庁をオーストリアに統合し、これも含めて、地方行政を中央官庁に結びつける、強力な中央集権制度を成立させたのである。そのため、官僚の養成にも力を入れ、エリート官僚学校を設立した。事実上、優秀な市民にも、国家官僚への登用が可能となったということである。

さらに国内に模範農場や国立工場を作って、産業振興を図った。行政は妻に任せきりだったフランツ・シュテファン、フランツ一世は、こうした農場や工場の営業に努め、帝国の財政を支えた。その彼が亡くなり、神聖ローマ帝国帝位を継いだのが、長男ヨーゼフ二世（在位：一七六五―一七九〇）である。マリア・テレジアは、生涯その地位にあったため、帝国では長らく、母子の共同統治が行われていた。さぞやきゅうくつだったと思われるが、母の思惑をよそにポーランド分割に参加するなど、ヨーゼフ二世独自の政策を進めることもあった。

謹厳なカトリック信者であったマリア・テレジアの死後でなければ行えなかったのは、宗教上の寛容政策である。財産の没収などを通じてカトリック教会、修道院の影響力を排除するとともに、プロテスタントとギリシャ正教に教会の建設を許可した。また、それまで居住区外に住むことが認められていなかった、ユダヤ教徒の居住の自由を認めた[10]。農奴制の完全廃止やドイツ語国家語強制など、実現しなかった政策もあるが、数度にわたるロシア、フランス、ネーデルラント、イタリアへの視察旅行が、彼の人道主義的な政策に寄与したことはまちがいない。

三節　一八世紀の学校制度

学校教育は伝統的に、カトリックのイエズス修道会が主導し、宗教とラテン語を中心とした青少年の教育を行っていた[11]。一七七八年まで、カトリック以外の宗派の学生は、大学へ進学しても学位を取得できなかったという。マリア・テレジアが調査させたところによれば、およそ二〇〇校あったギムナジウム（中等・高等学校）の教育は、すべてイエズス会に委ねられており、就学年限は六年から九年とまちまちであった。授業の内容はほとんどがラテン語の習得で、学内の日常語もラテン語であった。そのため、生徒たちはドイツ語で手紙を書くことさえままならないほどであった。

一七七三年、ローマ教皇がイエズス会を廃止したことにより、この伝統が断ち切られた。国家が可能な限り修道会の影響を学校から排除し、臣下の教育に乗り出す絶好の機会となったのである。国家は、官僚の育成に加え、国家統合のために従順で勤勉な臣民を教育するという目的を持って、初等教育の普及と義務教育化に着手した。

マリア・テレジアはヨハン・イグナツ・フェルビガーの助言を受けて、一七七四年、一般学校条令を定めた。教会の各教区ごとに初等学校を設立し、そこで読み・書き・計算の三技能を教えるよう、制度を整備したのである[12]。一方で、各州ごとに教員養成のための、師範学校も設立された。一七七〇年代初めには、少なくとも君主国の大都市を中心に、教会の教区とほぼ同数の初等学校があったことがわかっている。しかし実際は、就学年齢児童の二〇％が学校に通うのみだった。周縁農村地域では、さらに就学率が低いのは明らかである。当初、教会のオルガン演奏者や用務員に初等学校の教員を任せるほかなく、彼らの不安定な雇用に現金収入をもたらしたとは言え、それは教育の質を保証するものではなかったのは、言うまでもない。

国家統合の手段として、ドイツ語を日常語化することが有効な手段だと考えたヨーゼフ二世は、ドイツ語を授業語とする初等学校へ、より多くの民衆の子弟を就学させようと試みた。だが、ドイツ語話者でない人々の住む地域では、当然のことながらその熱意は伝わらなかった。スロヴェニア語地域である、クライン州の州都リュブリャーナの司教が述べるところによれば、一八二五年になっても、同州の農民はドイツ語のせいで学校に通うことを拒否していた。その後、クラインの初等学校にスロヴェニア語授業が導入されると、すぐに通学者の数は増加したという。

そもそも農民にとって子どもは労働力であり、子どもを学校へやることで家業に支障をきたすことも充分に考えられた。ヨーゼフ二世は学費免除の手段も講じようとしたのだが、就学の強制に反対する農民の暴動が起きた地域もあった。あるいはまた、校外の行動にも及ぶ厳しい規則が、児童たちに忌避された。ともかくも六才から一二才までの義務教育制度が導入されたのだが、その制度は恣意的に運用された。生徒たちは自分の判断で、随意に就学したり退学したりすることができた。従って、初等学校卒業後、ギムナジウムへ進学する年齢も、実際は定まっていなかったということになる。

四節　ナポレオン戦争

一七八九年にヨーロッパ全土を震撼させたフランス革命は、ハプスブルク君主国にも大きな影響を与えた。一七九二年にフランス立法議会がハプスブルク君主国とプロイセンに宣戦布告し、革命軍がライン左岸を占領した。プロイセンはやむなく講和を結び、ハプスブルク君主国もまた、一七九七年のカンポ・フォルミオ条約によって、フランスにロンバルディアとネーデルラントを割譲した。ただしここで、北イタリアとアドリア海沿岸の領土を手に入れた。第一次対仏同盟戦争の結果である。一七九九年に始まった第二次対仏同盟戦争では、結果としてカンポ・フォルミオ和約の再確認にとどまったが、ハプスブルク家のカール大公はザルツブルク大司教領を手に入れた。この和約によって、神聖ローマ帝国のライン左岸の領土をフランスに譲渡せざるを得なくなったため、右岸の教会領が没収されて、諸侯への代替地となった。君主国内部の領土配置は大転換を迫られたのである。

ナポレオン（在位：一八〇四―一八一四、一八一五）が一八〇四年に自ら帝位に就くと、ハプスブルク君主国のフランツ二世（在位神聖ローマ帝国皇帝：一七九二―一八〇六、オーストリア帝国皇帝フランツ一世：一八〇六―一八三五、ハンガリー国王：一七九二―一八三五、ベーメン王：一七九二―一八三五）も、これに負けじと皇帝を称するようになった。従って、それまでハプスブルク家の領土として認識されていた地域が、正式に「オーストリア帝国」となったわけである。翌年、イギリス、ロシアと同盟を結んだオーストリアは、さらにナポレオン軍の攻撃を受け、アウステルリッツの三帝会戦に敗れて、ティロール、フォアアールベルク、ヴェネツィアを割譲した。そして一八〇六年、ナポレオンが南ドイツの諸侯をパリに招集してライン同盟が結成される。ここに神聖ローマ帝国は消滅し、フランツ帝の神聖ローマ帝国皇帝位は失われた。一八〇九年にはオーストリア単独で、北イタリアの奪還をはかるのだが、ハプスブルク君主国はまたもやナポレオン軍に敗れて、さらに領土の割譲を余儀なくされる[13]。

こうして破竹の勢いでヨーロッパを席巻したナポレオンは、次に大陸封鎖令を無視したロシアに軍を向ける。だが一八一二年のモスクワ遠征は失敗に終わり、翌年のライプツィヒの諸国民戦争、一八一四年のパリ占領によって、ついにナポレオンはその座を追われた。

五節　三月前期と三月革命

ナポレオン戦争の戦後処理のため、一八一四年から一五年にかけて列強の代表が集まり、ウィーン会議が開かれた。戦争中に結成されたライン同盟は解散させられ、オーストリアを議長国とするドイツ同盟が新たに結成された。これにより、オーストリアはふたたびドイツの覇権を手に入れる。そのほか、ティロール、ロンバルディア、ヴェネツィア、さらにアドリア海沿岸部を取り戻した。

このウィーン会議以降、三月革命までの時期は、「三月前期」と呼ばれている。ドイツ語でフォアメルツ、「三月革命以前の時期」という意味である。宰相メッテルニヒ（在任オーストリア外相：一八〇九—一八二一、オーストリア宰相：一八二一—一八四八）が権力を掌握し、民族運動や自由主義運動が弾圧された時代でもある。秘密警察による思想調査や、親書の開封によって、民衆は監視された[14]。

民衆が政治に背を向け、日々の楽しみに埋没するしかなかったこの時代は、ビーダーマイヤー時代と呼ばれている。過度な装飾を取り払った、居心地のよい日常を過ごすための、家具や美術品の様式が生まれた。王宮の御狩り場であったプラーターが市民に開放され、娯楽施設が作られたり、カフェや居酒屋の文化が発達したのも、この時代である。男女が互いの身体を抱き合って踊るワルツは、当初下品なダンスと敬遠されたのだが、あっという間に市民に広まっていった。

その一方で、蒸気機関の導入が、交通事情や生産現場を変えていった。手工業者が没落し、都市に流入した多くの工業労働者は、劣悪な現場での労働を余儀なくされた。城壁に囲まれた市街は外へと広がることなく、労働者の居住環境もまた、社会問題となる。

そんなウィーンへ届いたのが、一八四八年、パリで起こった二月革命の一報であった。三月一三日、学生たちのデモ行進が始まり、州議会議場前で演説が行われた。メッテルニヒ体制を批判し、憲法の発布や検閲の廃止など、自由主義を標榜する内容であった。これを聞きつけた市壁の外の労働者たちも、デモに参加しようと集結したのだが、メッテルニヒは市門を閉ざし、労働者たちに銃を向けた。こうして、市内では学生と市民たちが、市外では労働者たちが、それぞれバリケードを築いて、軍に対する武装蜂起を開始したのである[15]。

帝国内ではミラノ市、プラハ市、ブダ市でも武装蜂起が始まり、メッテルニヒは辞任してロンドンへ亡命する事態に至った。皇帝フェルディナント一世（在位：一八三五―一八四八）は、憲法の制定、検閲の廃止などを約束せざるを得なくなり、武装弾圧は停止された。四月には憲法案が示されたものの、自由主義的な改革が不充分であるとして、再びデモが発生した。そこで労働者たちの失業対策として、五月に労働委員会が設置され、公共事業に多くの労働者たちが雇用された。革命によって中断された南鉄道のセメリング峠の鉄道建設が再開されたのだが、これには労働者をウィーンから引き離し、遠くの山中に集めておく意味もあった[16]。

ハンガリーのコシュートら分離独立派の抵抗は止まず、軍務大臣は一〇月、独自の判断で軍隊を派遣した。これに対し、ウィーンでも再び武装蜂起が起き、十月革命と呼ばれる事態に立ち至った。多くの市民が砲弾に斃れたのち、一一月にクレムジール市で議会が招集され、憲法草案が示された。ただし翌四九年三月には、憲法議会は解散させられている。革命はなおハンガリーでは進行するかに見えたが、新たに帝位に就いたフランツ・ヨーゼフ一世（在位：一八四八―一八六七、二重君主国皇帝＝国王：一八六七―一九一六）の要請を受け、ロシア軍が革命の制圧のため、ハンガリーに侵攻する。すべての抵抗が止んだのは、ようやく八月に入ってからのことであった。

三月革命は、農奴の有償解放と、クレムジール憲法草案の経験を残したが、君主国内の階級対立、そして民族対立の顕在化の経験でもあった。ただし、「諸国民の春」、つまり「眠っていた民族意識が目覚めた」という説明はいささか皮相である。自らが置かれている経済的、社会的状況に対する人びとの不満が、民族というアイデンティティーを手段として爆発した、と見るべきであろう。民族が違うから問題が起きるのではなく、問題があるから民族が分化するのだ、と言っても過言ではない。ともあれ、続く「新絶対主義」と呼ばれる保守主義の時代には、リベラリズムと民族主義が、一層厳しく監視されることになる。

革命後、教育文化大臣に就任したレオ・トゥーン（在任：一八四九―一八六〇）は、教育制度の改革に乗り出した。現在のオーストリア共和国の学校制度は、小学校から大学まで、このトゥーンの学校改革の特色を保っている、と評されるほどに、革命前の体制を刷新する画期的な改革であった。この制度では、ギムナジウムが八年制と定められ、学年担任制から教科専門教員制に変えられた[17]。また、卒業試験であり、同時に大学入学資格ともなるマトゥーラが実施されるようになったのも、この時期である。とは言え、帝国内すべてのギムナジウムに自動的にマトゥーラの実施が義務づけられた訳ではなく、ギムナジウムからの申告による許可制が取られていた。

六節　トリエステ市の授業語問題

ハプスブルク帝国内のオーストリア側では、おおまかに多数派言語グループごとの居住地域が定まっていた。前述のように、キュステンラントと呼ばれたアドリア海の沿岸地域は、スラヴ系言語話者が多い地域であった。しかしトリエステ市ではその地域にあって、孤島のようにヴェネツィア系のイタリア語が共通語となっていた。トリエ

表1　キュステンラントの言語別人口　（1880年12月31日の調査による）

言語＼地域	トリエステ市行政区	ゲルツとグラディスカ	イストリア	キュステンラント全体
ドイツ語	5,141	2,659	4,779	12,579
イタリア語	88,887	20,858	112,701	222,446
フリアウル語	---	52,567	---	52,567
スロヴェニア語	26,263	129,857	40,960	197,080
セルボ・クロアチア語	126	12	123,245	123,385
ルーマニア語	---	---	2,121	2,121
チェコ語	92	58	316	466
ポーランド語	6	8	30	44
ルテニア語	---	---	2	2
帝国市民権を持つ全住民数	120,515	206,019	284,154	610,688

Karl von Czoernig, *Ethnologische Verhältnisse des österreichischen Küstenlandes nach dem richtiggestellten Ergebnisse der Volkszählung vom 31. Dezember 1880*, Triest, 1885, p.17 より訳出

ステ及び近郊地域の言語別人口は、表1のとおりである。トリエステ市に限れば、イタリア語話者の人口が多数を占めていた。

三月革命後の学校制度改革が始まって間もない一八五一年、トリエステ市参事会はイストリア州学校局に対し、ドイツ語で行われているギムナジウムの授業を、イタリア語でも実施してほしい、という要望書を提出した。下級学年から上級学年に進級する場合、「ひどい点しか取れない生徒のために」イタリア語で授業を行う特別教員を雇用してもらいたい、という内容である。ここで留意しなければならないのは、市参事会が、恐らくは大学進学のために、ドイツ語での授業の必要を認めている点であり、それに加えてイタリア語による補助授業を要求している点である。

この要請を受けた州学校局は、イタリア語による授業が必要だとする側の主張を、以下のように説明している。「両方の言語に熟達していることは、トリエステで必要なことである。しかしドイツ語は、逆の場合よりずっと、イタリア語話者にとって難しい」。また、「イタリア語話

者がドイツ語に抱く愛情よりずっと、ドイツ人がイタリア語に抱く愛情の方が強いため、ドイツ人の家庭ではイタリア語もあわせて使われるのだが、その逆はない」。

これらの、「難しい」や「愛情」など、主観的な根拠が妥当かどうか、極めて疑わしいとしても、州学校局が、トリエステのイタリア・ナショナリズムを敏感に感じ取っていたことは確かである。「ドイツ語話者には自らの言語に対する力強い愛情が欠けているが、イタリア語話者には決定的な民族感情があるので」ゲルツ州にあるギムナジウムは、イタリア語で授業を行っている、と述べた。さらに警戒しなくてはならないのは、「イタリア語のギムナジウムが、小学校からもドイツ語の授業を執拗に追い出そうとしているので、その結果、絶え間なくイタリア化が進み、子どもたちはすぐに全くドイツ語を理解しなくなるであろう」ということであった。

州学校局は、イタリア語の導入要請に対し、ドイツ語授業語の制度を守ろうとする立場であり、加えて、トリエステ市をとりまくスロヴェニア語地域の「スラヴ語」については、驚くほど冷淡である。「スラヴ語の文学は、ドイツ語に対し、まだほとんど見るべきものがない」し、純粋なスラブ系言語の大学もないので、これについては留意する必要がない、もしくは、希望する者だけのための選択授業としておけばよい、と考えていた[18]。君主国内では少数派である南スラヴ系言語、つまりスロヴェニア語、セルビア語、クロアチア語などの話者は、その地域と他地域が接触する場で、あるいはその地域の外で活動しようとするならば、ドイツ語習得を余儀なくされる訳だが、その状況は、「スラヴ人は、その外国語に対する傾向と才能において、ドイツ人よりなお優れている。例えば境界地域において、実際的な事柄については、ドイツ語をよく理解している」と捉えられていた[19]。

七節　二重君主国の成立

一八五三年、ロシアは同帝国内の正教徒の保護を口実に、オスマン帝国に対する攻撃を開始し、クリミア戦争が始まった。列強がこぞってオスマン帝国側で参戦したため、ロシアはあえなく敗退した。ハプスブルク君主国はこの時、三月革命でハンガリーの武装蜂起を抑えたロシアに恩義があったにもかかわらず列強側についたため、ロシアとの外交関係は決裂した。しかもハプスブルク君主国軍は実際の戦闘に参加せず、疫病で多くの兵を失う結果となり、外交政策上の失策となった。

一八五九年には、王国の統一を目指すサルデーニャ、これを支持するフランスと戦火を交え、敗戦の結果、ロンバルディアの割譲を余儀なくされた。続いて六六年、今度は国境画定をもくろむプロイセンとの戦い、普墺戦争に敗退し、ヴェネツィアをもイタリアに割譲した[20]。この戦争は、プロイセンがドイツ帝国を統一するための手段であり、つまりハプスブルク君主国はこれを機に、「ドイツ」の覇権を完全に失ったのである。

西への勢力拡張の機会を奪われ、さらには不凍港を求めるロシアの南下政策に対抗するため、ハプスブルク君主国はハンガリー王国との和解を必要とした。ハンガリー王国は、君主国の版図に組み込まれていたものの、ハンガリー貴族たちはこれを承服せず、依然として、中世以来の「歴史的ハンガリー王国」のアイデンティティーを維持していた。彼らを納得させるため、ハプスブルク君主国はハンガリーに、オーストリアと同等の地位を認めざるを得なかった。一八六七年、交渉は成立した。それぞれの国内法として、オーストリア＝ハンガリー二重君主国の成立が条文化され、アウスグライヒ（妥協、和協）が成立したのである。これにはまた、三月革命以来、リベラル派が主張してきた憲法の制定という意味合いもあった。

二重君主国は同君連合であり、オーストリア側の皇帝フランツ・ヨーゼフ一世が、長らく空位となっていたハンガリー国王として戴冠することで実現した。オーストリア側、ハンガリー側「両半部」共通の外交・財務・軍務各大臣が任命され、御前会議によって共通業務についての決定を下した。それ以外の国内事項に関しては、両半部がそれぞれ内閣と議会を持ち、選挙によって代議員が議会に送られた。さらにその議会から六〇名ずつ、計一二〇名が代議団を結成し、ウィーンとブダペシュトで交互に会合を開いて、財政についての決定を行った。[21]

オーストリア側議会は、ドイツ語、チェコ語、スロバキア語、ポーランド語、ルテニア語、スロヴェニア語、イタリア語、ラディン語など、多言語の話者から選出された代表で成り立っていた。これに対しハンガリー側議会では、ハンガリー語話者が大多数を占めたため、ハンガリー側ではアウスグライヒの成立以降、ハンガリー語使用の強制など、目立ったハンガリー化が進められる結果となった。少数派であるクロアチア語話者には、ハンガリー議会の諮問機関としてのみ、クロアチア議会の設置を許された。こうして、隣接するイタリア、ドイツが相次いで国民国家を形成する一方で、アウスグライヒの成立は、多民族帝国の成立をも意味した。

細心の注意を払って、オーストリア側とハンガリー側の対等の地位を保持しようと制度が作られたのだが、そもそも両者の意識には、大きなへだたりがあった。オーストリア側は、もとは一体であった帝国を、ハンガリーのために二分した、という意識を持っていた。他方ハンガリー側は、独立した王国が、オーストリアのために敢えて一体化した、と考えていた。

二重王国内では、ドイツ語話者とハンガリー語話者を合わせて、ようやく半数という人口バランスであった。そのため、政府は他民族の不満を抑えようと、「諸民族の平等」による共存を強調した。それにもかかわらず、たとえば三番目に数が多いチェコ語話者は、ハンガリーの「優遇」を快く思わなかった。アウスグライヒ成立直後から、しばしばチェコを加えた三重制が要求された[22]。

一八九五年、バデーニ内閣が成立すると、選挙法改正により、納税額が少ない社会階層にも選挙権が認められるようになった。九四年に民族主義政党「青年チェコ」が結成されていて、九五年の選挙で勝利を収めた。そして九七年の言語令により、チェコ語話者が多いベーメン州では、官庁におけるドイツ語とチェコ語の同権が認められたのである。そうなると、例えば官吏の登用では、生活の必然から両方の能力を持ったチェコ語話者に、より有利である。同法はドイツ語話者の猛反発を受け、ほどなく撤回された。各言語の同権を実現するのは、実際、容易なことではなかった。

八節　イタリア王国の成立とトリエステのギムナジウム

マリア・テレジアの一般学校条例以降も、学校は主に国家によって設立されていった。しかし六〇年代に入るとトリエステには、市の有志によって、「トリエステ市ギムナジウム」が設立された。イタリア語を授業語とする、私立ギムナジウムである。ところがここで、ちょっとした問題が持ち上がった。キュステンラント知事から文化教育省への書簡によれば、当校へ新たに就任する教員は、国家に対する忠誠を誓う宣誓を行う必要があるものかどうか、指示を仰ぎたい、ということであった。私立学校について規定がないので、教員に宣誓を強要することはできないわけだが、知事としては、「教員には国立学校と同様の立場が求められる」として、就任の誓いは必要だ、との立場を明らかにしている[23]。知事は、国家統合という観点から、中等・高等教育の重要性を認識していたということが明らかである。

この市ギムナジウムについて知事は、設立当初から、「かなりの注意を払っていた」。普墺戦争が起きた一八六六年の報告書で、この戦争が「はっきりしていて、堕落した影響を、トリエステの市ギムナジウムの教育者たちの授業に及ぼさずにはいられなかった」として、同校の親イタリア的な傾向を非難している。校長、教理問答教師、補助教員を具体的に名指しした上、彼らが「まったく政府の側に与しないということで知られている」ということなので、彼らがそうした傾向を持っていたことは、ある程度周知の事実だったのであろう。

知事が問題にするのは、生徒たちが「反政府的に育てられている」という点であり、こうした教員たちが教えれば「授業や教育を通じて、皇帝政府に適合した行動を全く取らなくなることは驚くに値しない」ということになる。そうした問題行動とは、一体どんなものであろうか。知事が挙げている事例は、以下のようなものである。「第四学年のクラスでは、地理の教科書から皇帝の鷲が破り取られ、粗末に扱われ、つばを吐きかけられた」、あるいは、「一三人の生徒の教科書から、皇帝の鷲が破り取られており、一冊については地名が読めないようにされていた」。

ここで指摘されている「皇帝の鷲」とは、装飾を施された双頭の鷲、ハプスブルク家の紋章のことである。また、ハプスブルク君主国の主要都市は、いくつもの言語で呼ばれるのが通常だが、この教科書はドイツ語でのみ表記されていたものと見られる。中学生くらいの年齢の男子が教科書を乱暴に扱うことぐらい、時代地域を越えてよくあることのようにも思えるのだが、紋章や地名を狙ったのであれば、確かに政治的な意図があると見られる。自分の意志による行動だとすれば、むしろ年齢の割に成熟した生徒だと言わざるを得まい。

知事は当然のことながら、この状況を憂慮して、「こうした状況は、悪い精神を充満させるという意味で、断罪されなければならない……政府はこれがさらに広まらないよう、一層の手段を講じなければならない」と大臣に進言する。「こうした学校を、相変わらず公共のギムナジウムとして存続させるための、成文化された法律はない。

……（同ギムナジウムは）期待される授業の成果を保証していない」として、「公的権利を剥奪することが、どちらにしても必要である」と述べた[24]。日常語で子弟に授業を受けさせたいという市民の願いと、忠誠心を育もうとする君主国の意図は、すれ違っていた。

特に対イタリア王国関係が悪化する国際関係にかんがみて、ハプスブルク君主国の官吏は、国内での、イタリア・ナショナリズムの高揚を警戒した。一八六一年にイタリア王国が統一されて以来、「イタリア・イレデンタ」、イタリア失地回復運動が、ハプスブルク君主国内でイタリア語話者が多数派を占める、トリエステとトレンティーノ（トリエント）の併合を、その目標としたからである。

しかしトリエステについては、とりあえずそのことと切り離して、六〇年代の当該地域の状況を把握しておく必要がある。一八五〇年代には南鉄道のウィーン―トリエステ間が開通し、徐々に周辺地域から人口流入が増加した後、イタリア王国の成立によって、南鉄道のイタリア部分が割譲され、経済圏も分断された。トリエステは経済危機に直面する一方で、トリエステのイタリア語話者には、中産層と、経済エリート層の分断が起きていた。経済エリート層には、ハプスブルク君主国の権威の下で、比較的広域にわたる経済活動に従事することに、さほどの違和感はなかった。だが地域の中で家業を営む中産層の人々には、そうした権威はむしろわずらわしく、周辺地域にまで及ぶ官僚支配が、明らかな批判の対象となった、と考えてよいのではないか。

むすび

クリミア戦争で敗北を喫したロシアは一八七七年、さらにオスマン帝国に対し軍事行動を仕掛け、短期間で勝利をおさめることに成功する。この露土戦争の結果、サン・ステファノ条約が結ばれ、オスマン帝国から「大ブルガリア」が独立することとなった。

これに異議を唱えたのがハプスブルク君主国とイギリスである。両者ともに、黒海沿岸へのロシアの勢力圏拡張を警戒したためである。そこで「正直な仲介者」としてプロイセンが議長国となり、列強の代表を招いて、一八七八年にベルリン会議が開かれた。

会議では、サン・ステファノ条約の改変が議題となったほか、ハプスブルク君主国はこの機会に、オスマン帝国領のボスニア＝ヘルツェゴヴィナを将来自国領に併合することについて、列強の支持を得た[25]。この結果が電報で伝えられると、すでに集結していたハプスブルク君主国軍はただちに国境を越え、ボスニアに進軍を開始した。君主国は、とりあえずオスマン帝国に「大権」、つまり領有権を残したものの、巨額の国費を投じて鉄道や道路の整備を行い、あるいは農業試験場や醸造所を建設して、ボスニア＝ヘルツェゴヴィナの植民地経営に乗り出した。

しかし一九〇八年、オスマン帝国で「青年トルコ」がクーデタに成功すると、彼らはボスニア奪還を掲げて、ハプスブルク君主国に敵対する。そこで君主国は、ついにボスニア＝ヘルツェゴヴィナを併合するに至った。このことは、国内に大議論を引き起こす。というのも、ドイツ語話者、ハンガリー語話者を合わせて絶対多数にならない状況下で、さらに国内の南スラヴ言語人口を増加させることになったからである。

君主国の「海への出口」であり、港市としての性格から、多民族が共存するコスモポリタン都市と言われたトリエステにおいても、二〇世紀に入ると、路上で暴力行為の衝突が起きるようになっていた。既得権を主張するイタリア語話者と、周辺地域から流入し、その人数を増やしてきたスロヴェニア語話者とが、明らかな対立関係に入ったからである。その原因については、君主国内のスロヴェニア民族運動との関係や、両者が所属する社会階級との関係を、さらに分析し、考察する必要がある。学校教育が普及し識字率が向上した結果、少数者の権利意識が高まったために対立が起きるようになったのだとすれば、多数派の居心地の良さを犠牲にしても、それは必然だったと言うほかない。

註

1 ハプスブルク君主国という名称は、一般に使われるHabsburger Monarchieの直訳である。日本語ではむしろ、慣用的にハプスブルク帝国と呼ばれることが多い。また現在の国名に従って、オーストリアと呼ぶこともある。同時代文献にも、しばしば「オーストリア（Österreich）」「帝国（Kaiserreich）」が使われる。フランツ二世が皇帝を自称して以来、「オーストリア帝国」の名称も使われる。さらに一八六七年にアウスグライヒが成立して、「オーストリア＝ハンガリー二重君主国」となった。それ以降は、「オーストリア」は二重王国の西半部のみを指すことになる。なおオーストリアという呼称は、ドナウ川中流域のある地域を指した「オスタリキ」に由来する。

2 統計データは外務省のサイトに拠っている。

3 本論ではとりあえず、言語アイデンティティーを共有するグループを「民族」としておく。地域によっては、個人に母語、ないしは第一言語の自覚がない場合もあり、実は「民族」の定義は困難である。本書序論を参照されたい。

4 ただし、二重君主国のオーストリア側では、省庁間の書簡や通達、各州庁と中央官庁でやりとりされた文書には、ドイツ語が使われた。

5 現代のイタリア語は、おおまかに北部イタリア語と中南部イタリア語に分かれていて、それぞれにも多数の「方言」がある。北部イタリア語のトスカーナ方言を元に、標準イタリア語が作られた。

6 当時はポーランド王、ベーメン王の勢力が強く、勢力均衡のために敢えてハプスブルク家からドイツ王が選ばれた。

7 ベラスケスが描いたマルガリータ王女は、このスペイン・ハプスブルク家の王女である。スペイン王フェリペ四世と神聖ローマ帝国皇帝フェルディナント三世の娘マリアナとの間に生まれた。この両親は伯父・姪関係であった。マルガリータ自身も叔父であるレオポルド一世と結婚している。第六子を出産して間もなく、二一才で亡くなった。

8 サヴォア家の男系子孫であることから、ドイツ語ではプリンツ・オイゲン、つまりオイゲン公と呼び慣わされているが、これは公爵、あるいは大公の称号ではない。フランス貴族の家柄で、将校への道を選んだ。しかしルイ一四世の宮廷への士官は叶わず、生涯、その宿敵ハプスブルク家に仕えた。

9 ハプスブルク家は前述のように、政略結婚で領土を拡大してきたのだが、マリア・テレジアは、いとこのロートリンゲン公フランツ・シュテファンと恋愛結婚したことでも知られている。彼はその財産や、工業・農業振興でマリア・テレジアの治世を支えた。彼が急逝すると、その死を悼んだマリア・テレジアは、一貫して黒の喪服を着用し続けた。

10 ユダヤ教徒は伝統的に、カトリックが嫌う金融業などで経済力を持ち、貨幣鋳造や税の徴収など、財政政策にも関与するようになっていた。ユダヤ教徒なしに、国家財政はたちゆかない状況ができていた。

11 イエズス会は一五三四年、イグナチウス・デ・ロヨラらが設立した修道会である。一七七三年にローマ教皇クレメンス一四世によって解散させられたが、一八一四年ピウス七世が復活させ、再び最大の修道会となり現在に至っている。反宗教改革の中核を担い、さらに一五九九年の「学事規則」にのっとって、ほぼ全ヨーロッパの高等教育を一手に引き受けていた。

12 フェルビガーはシュレージエン出身の聖職者で、プロイセン、ハンガリーでの学校改革でも知られた人物である。

13 この時、フランスと同盟関係にあったバイエルンの支配下に置かれていたティロール州では、宿屋の主人アンドレアス・ホーファーの指揮下に民衆反乱が起きた。一時は支配権を握ったものの、フランス・バイエルン軍に敗れて、ホーファーは処刑された。現在でもティロールの伝説の英雄となっている。

14 そのため、他人に読まれてもいい、あるいは読まれることが前提である手紙以外は、投函してはならない、と言われていた。各国語に対応する検閲官が雇われていた。

15 市民たちは市民武器庫を解放して銃を取った。また労働者たちは、工具や調理器具を持ち出し、特定の政治家の私邸の前で、それらを叩いて騒ぎ立てる「猫ばやし」をも、自らの武器とした。

16 セメリングの建設現場は危険であるばかりではなく、衛生設備や食糧も不充分で、労働者は事故や伝染病の犠牲になることもあった。

17 一八世紀の学年担任制の下では、ひとりの教員が可能な限りの教科の授業を受け持った。その結果、「ギムナジウム上級学年のクラスの教授のひとりは、卓越したラテン語教員である。しかし数学者としてはひどいもので、ある程度難しい方程式になると、黒板で最後まで解くことができない……」と、同時代の回想録で語られているようなことも起きたのである。

18 この時期、君主国内の南スラヴ系言語話者の間では、互いに互いを分別する意識がほとんど見られない。あるいは、文法整備も進んでいなかったし、実際に書き言葉として互いが互いを分別する必然性がなかったと見てよい。これらの人々がそれぞれの言語グループに収斂されてゆくのは、一九世紀末以降の、民族主義運動の結果である。

19 以上、オーストリア国立公文書館史料による。Österreichisches Staatsarchiv, Allgemeines Verwaltungsarchiv, Unterricht Allgemeine, Faszikel 3832, Sign. 16A-B, Triest（以下、ÖStA., AVA., Unterr. Allg., Fasz. ... と略す）.

20 対デンマーク戦争の結果、プロイセンと共に戦ったハプスブルク君主国は、ホルシュタイン州の監督権を得た。しかし当地での反プロイセン暴動を放置したとして、プロイセン軍がここに侵入する。このことを非難したハプスブルク君主国と対立し、プロイセンは他州と共にドイツ同盟を去った。これら北ドイツ諸邦と、片やハプスブルク君主国の側につく南ドイツ諸邦との戦いが普墺戦争であり、ドイツの内戦ととらえてよい。

21 代議団は、使用言語による不利益を被らないよう、別々の部屋でそれぞれの言語で議論を行い、結果を交換して、さらにすり合わせを行うという、念の入った方法が取られた。

22 フランツ・ヨーゼフ帝の長男ルドルフは、三重制支持者であった。その点でも父親と意見が対立し、ルドルフは宮廷内で孤立していた。後に山荘で男爵令嬢と心中してしまう。そのため、敬意をこめて彼の名前をつけられたルドルフ皇太子鉄道は、国有化と共にその名前を消さざるを得なくなった。

23 ÖStA., AVA., Unterr. Allg., 3831, Triest. キュステンラント知事より文化教育省へ、一八六三年一〇月三日付け書簡。

24 ibid., イストリア州知事より文化教育大臣へ、一八六六年七月一四日付け書簡。

25 このほか、例えばイギリスは、同じくオスマン帝国領のキプロス島の領有を認められた。オスマン帝国は発言を認められたものの、反対意見はベルリン条約に一切反映されていない。ベルリン会議は、まさに大国政治の舞台であった。

参考文献

稲野強『マリア・テレジアとヨーゼフ二世』世界史リブレット人、山川出版社、二〇一四年。

大津留厚『ハプスブルクの実験』春風社、二〇〇七年。

北村暁夫他編『イタリア国民国家の形成』日本経済評論社、二〇一〇年。

ハンス・コーン著、稲野強他訳『ハプスブルク帝国史入門』恒文社、一九八二年。

坂井榮八郎『ドイツの歴史百話』刀水書房、二〇一二年。

佐々木洋子『ハプスブルク帝国の鉄道と汽船』刀水書房、二〇一三年。

バーバラ・ジェラビッチ著、矢田俊隆訳『近代オーストリアの歴史と文化』山川出版社、一九九四年。

アラン・スケッド著、鈴木淑美他訳『ハプスブルク帝国衰亡史』原書房、一九九六年。

増谷英樹『ビラの中の社会史』新しい世界史（3）、一九八七年。

増谷英樹他著『図説オーストリアの歴史』ふくろうの本／世界の歴史、河出書房新社、二〇一一年。

南塚信吾編『ドナウ・ヨーロッパ史』世界各国史19、山川出版社、一九九九年。

良知力『向こう岸からの世界史』ちくま文芸文庫、筑摩書房、一九九三年。

第三章　アイルランド語の緩慢な死
──中世から現代までの「長期持続」的観点から

平田雅博

一節　アイルランド島とアイルランド語

連合王国の一部である北アイルランドと南のアイルランド共和国からなるアイルランド島は、北方領土を含めた際の北海道とほぼ同じ八万五〇〇〇平方キロの面積で、人口は併せて五七〇万人ほどになる。ブリテン島からはウェールズのホーリーヘッドから船でダブリンに渡るルートなどいくつかの行き方があるが、飛行機でロンドンからダブリンへ、また北アイルランドのベルファストへはいずれも一時間二〇分ほどであっという間に着いてしまう。ベルファストの街角やパブで聞こえてくるのは、もっぱら英語である。電車でベルファストからダブリンに行ってもやはり英語しか聞こえてこない。ダブリンからバスでかなり南の方まで回ってみても同じである。ここアイルランド島はもともとは英語以外の言葉が話されていたのにいったいいつ頃から、そしていかにして英語が話されるようになったのか。これが本章のテーマである。

ブリテン島と海を隔てたアイルランド島で「もともと」話されていた言葉はアイルランド・ゲール語である。ケルト語系の言語におけるその位置を図1によって確認しておくと、ウェールズのウェールズ語、イングランドの南西端で話されていたコーンウォール語、フランスのブルターニュ地方の言語ブルトン語などと同じPケルト語（ブリソニック）に属しているのに対して、アイルランド・ゲール語は、スコットランド・ゲール語、マン島・ゲール語とともにQケルト語（ゴイデリック）に属する。以下では、このアイルランド・ゲール語をアイルランド語とする。

二節　第一期——一二世紀から一六世紀まで

アイルランドにおける英語の影響を歴史的に記述する上で、重要な時期が三つある。第一は一二世紀で、第二は、一七～一八世紀、第三は一九世紀である。まずは、第一の時期である一二世紀から見てみよう。イングランドからの英語話者は、アイルランドの小作人に封建制を押し付けたノルマン人の従者として、一二世紀初頭にアイルランドに最初に移住した。彼らは西南ウェールズのイングランド人、ウェールズ人、フランドル人からなる一団の人々であり、ノルマン貴族の監督の下に南東アイルランドの海岸に移住した。アイルランドに落ち着いた彼らが話した英語はウェクスフォード（Wexford）方言と呼ばれた。

この後にアイルランド人から獲得されたダブリン地域に移民が行われた。この都市のすぐ北方で話された英語の方言は、フィンガル（Fingal）として知られ、一八〇〇年ごろまで継続して話された。ヘンリ二世の治世下の一一七一年には、アイルランドにアングロ・ノルマン軍が送り込まれ、兵士の存在も確認されている。一二五〇年ごろ、

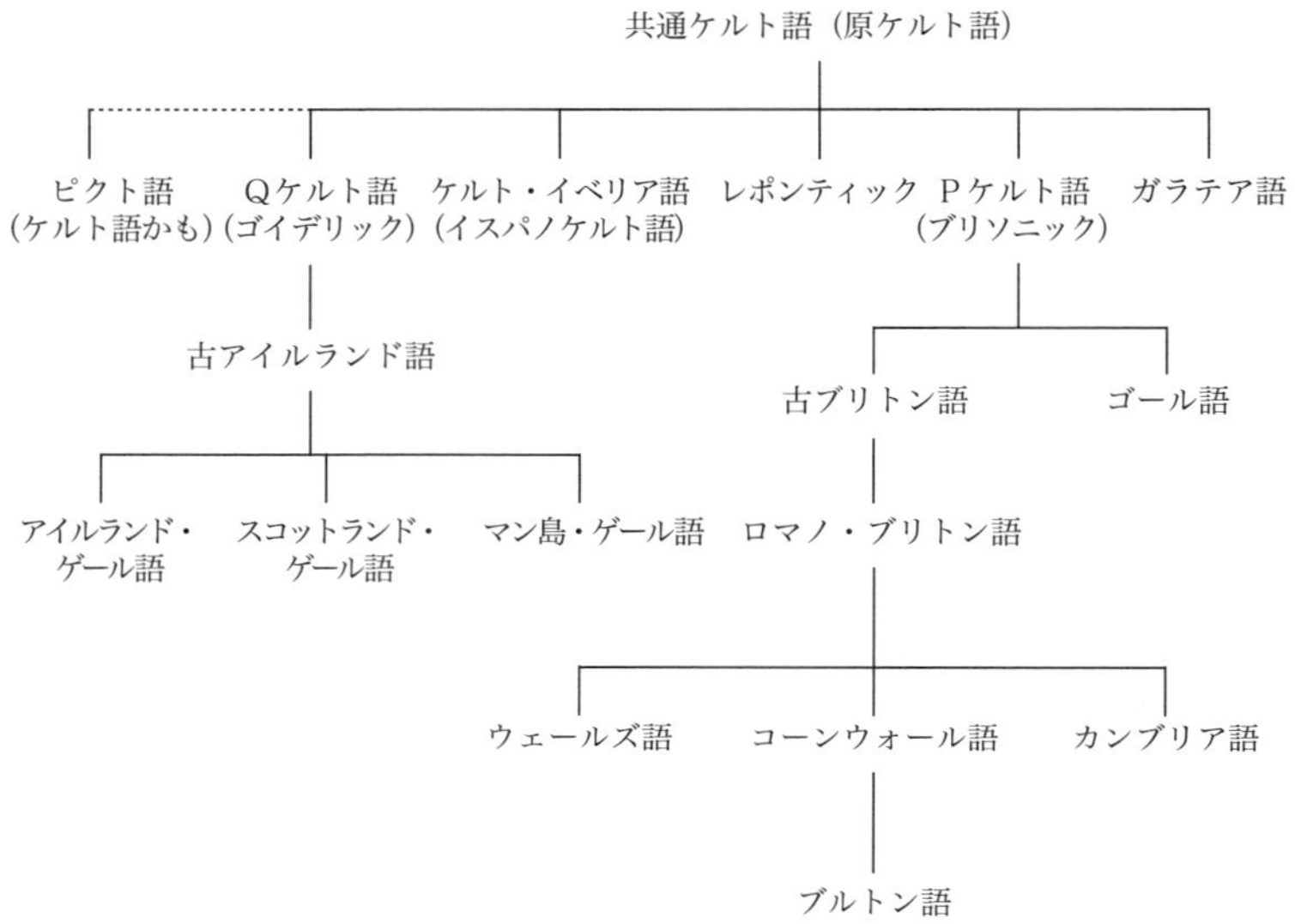

図1　ケルト語系の言語
出典：ノーマン・デイヴィス『アイルズ――西の島の歴史』別宮貞徳訳、共同通信社、2006年、100頁（Norman Davies, *The Isles: A History*, Papaermac, 2000, p.930）。

アイルランドにおける英語によるもっとも初期の記録がなされた。ノルマン人の征服の直後にアイルランドに移住したノルマン人のイングランド人従者が話した、この古英語の言語変種は、最初の植民地英語（colonial English）である。[1]

しかし、英語は最高位の社会階層にあったノルマン人（は城や都市ではフランス語を使った）には支持されなかったために、威信を得られず、フィンガル方言をのぞき、この英語話者たちは、たちまちアイルランド語とその慣習に同化してしまい、アイルランド化されてしまった。

それに対抗するように、法廷や都市で、英語の使用を課して、アイルランド語の使用を禁ずる法律が、中世アイルランド史を通じて頻繁に起こる。そのもっとも包括的なものは、エドワード三世がイングランドで英語を法廷言語としたのと同時期の一三六六年に、フランス語で書かれたキルケニーの法令であった。

これは、イングランド人にふさわしいと見なされていた「英語、ファッション、乗馬法、法律、慣習」をアイルランドでは捨て去り「堕落」したイングランド人の行動を規制する布告だった。ここには、一二世紀からのイングランド人移民の末裔を含むすべてのイングランド人は英語を話すこと、彼らの多くが採り入れていたアイルランド語とアイルランドの姓を捨てること、と述べられていた。アイルランド人との結婚はもとより同棲や密通なども抑圧する内容だった。これに従わない者への罰則も厳しかった。不服従の者は、土地を剥奪され、投獄されて土地や財産を喪失した。

しかしながら、これらの布告はアイルランドにおける英語の使用にはあまり影響力を及ぼさなかった。一四八五年にヘンリ七世のもとでこの条項のほとんどが再確認されたが、英語の使用に関する条項は廃棄された。強制しても無理となったほどに、英語はアイルランドではほとんど話されなくなっていたからである。英語はアイルランド南端の飛び地や町や市で暮らす教養層の間でしか話されなくなっていた。

ゲールの族長たちはいまだ武装していた。法も言語もアイルランド語となったノルマン人家族は、イングランドの王たちの目にはいまや堕落した臣民とうつった。一五四一年のヘンリ八世による勅令には「国王の真の臣民はアイルランド語ではなく英語を使うべし」とあった。ヘンリ八世はこの年、アイルランド議会からアイルランド国王の称号を贈らせ、これ以後イングランド王がアイルランド国王を兼ねた。ヘンリ八世が教会の管轄権も掌握すると、アイルランド語はカトリックと同一視されるようになった。ヘンリの議会は、英語で説教し、英語で若者に教育する学校を提供する、アイルランドにおけるプロテスタントの聖職者を必要とした。しかし、この方策は家庭、商売、市民生活での英語の推進には成功しなかった。一五五〇年代には、こういった宗教改革への反発から、プロテスタントを象徴する英語に対してカトリックを象徴するアイルランド語という構図が作り出される。

ヘンリ七世、ヘンリ八世ら、テューダー朝の歴代の君主たちは、アイルランドに限らず、ブリテン諸島（ブリテン島とアイルランド島およびその周辺の島々からなる）全域にわたって英語を公用語として押しつける最初の段階に踏

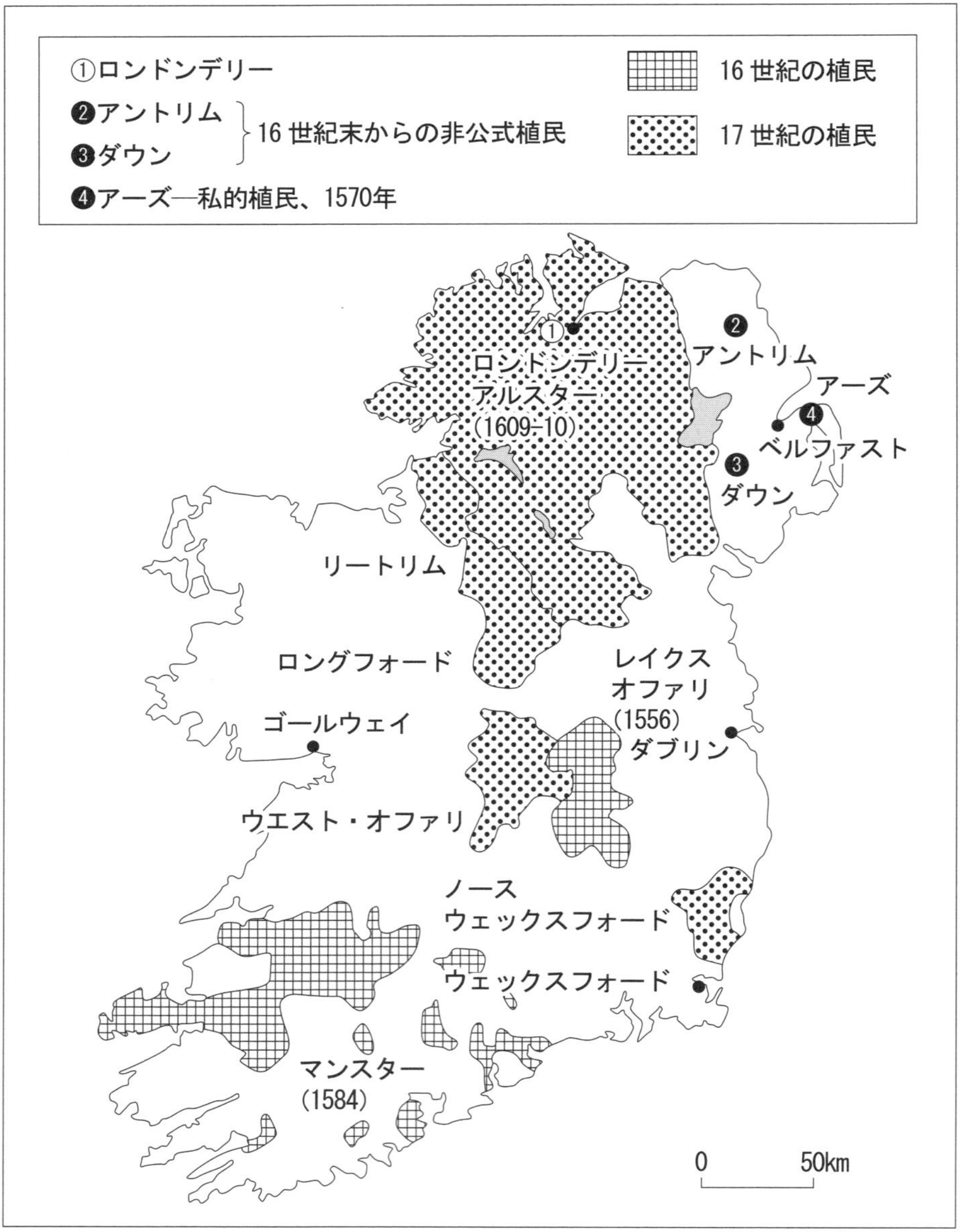

図２　16～17 世紀のアイルランドへの移民

出典：Jane H. Ohlmeyer, 'Civilizinge of those rude partes': Colonization within Britain and Ireland, 1580s-1640s, Nicholas Canny, ed., *The Origins of Empire: British Overseas Enterprise to the Close of the Seventeeth Century, The Oxford History of the British Empire*, Vol.I, Oxford UP, 1998, p.136.

み出したイングランドの支配者であった。しかし、このようにテューダー朝の君主たちはアイルランドでは、宗教改革を拡大し、アイルランド人をカトリックからプロテスタントに改宗するのに大きな困難を感じた。すなわちこれまでの布告や勅令では期待通りの効果がなく、困難をくつがえすためにはいきおい、もっと強制的な手段が必要となった。これは結果としてアイルランド人にとって「残酷」なものとなり、彼らのローカルな文化はプロテスタントの英語話者によって抑圧されることになった。抑圧の契機となったのは、一五五〇年代からの植民である。植民によってアイルランドはイングランドの最初の事実上の植民地となる。

英語話者の最初の大規模移住となるのは、一五五六年からの「ペイル、すなわちイングランド人の柵内（一二世紀以後イングランド人が征服・定住したアイルランドの東部地方の「イングランドの土地」）」の西部境界への植民であった。これに続いて、一五七〇年代のアルスター北部への私的植民、一五八〇年代のマンスター植民などがあった（図2参照）。

三節　第二期——一七世紀から一八世紀まで

一七世紀から一八世紀にかけては、アイルランドにおける英語の影響に関する第二期として重要な時期となった。この時期、イングランド人はプランテーションを建設することによりアイルランドを植民地化した。イングランドによるアイルランド遠征とアイルランドに対する軍事的勝利のあとには土地の没収、イングランド人移民の入植によるアイルランド人の追放が続いた。以下、これを詳述する。

アイルランドは四つの地方、すなわち、北部はアルスター、南部はマンスター、東部はレインスター、西部はコナハトと呼ばれた地方に分かれていた。このアルスターには、一七世紀初頭の一六〇三年から、ジェームズ一世によって植民が開始された。主としてアルスターの族長からなるアイルランド人は抵抗したが、その最後の残党も鎮圧された。「伯爵たちの逃避行」として知られているように、アイルランド語話者の貴族も逃亡し、アイルランドの広大な土地はその資源を搾取するロンドンの会社に引き渡された[2]。

北アイルランド・アルスターは、その後の歴史に鑑みると皮肉なことに、当時、英語と無縁の一帯だった。アルスター移民の主力はスコットランド人であったが、イングランド人も植民し、両者によって、アイルランドの資源の共通利用において、はじめて「ブリテン」(イングランドとスコットランド)としての利害が統合された[3]。

アルスター移民の歴史は複雑ながら、大ざっぱには、スコットランドからの移民はアルスターの北東部、イングランドからの移民は中部や南部で多数派となる。また移民人口は多くの地域に薄く広がったために、現地の農業労働者の人口に取って代わることはなかった。移民は農業労働者、植民者、商人と階層がばらばらだったために、かつてのアングロ・ノルマン移民のように単一の土地所有階級の移民にはならなかった。

しかし、アルスター移民は後の言語の展開に影響した。アイルランド語の単一話者数は一七世紀初頭に衰退し始めていた[4]。一方、英語話者の居留地と英語の使用が展開するペースは、同時代の証言に反映している。アイルランド法務長官サー・ジョン・デイヴィスは、一六一二年にアイルランド人が「とくに英語を習わせるのに子供をやっている」学校は「[アイルランド人が]次の世代が言葉と心情その他すべてにおいてイングランド人になること、その結果、われわれの間にあってわれわれを隔てているアイリッシュ海以外に差異や相違がいっさいなくなる」ことを確実にしたと発言した[5]。

このイングランド人支配者の発言は、後の一八三〇年代にインドに関して「血や肌の色はインド人でも嗜好、意見、道徳、知性ではイングランド人であるような人々」と述べたトマス・マコーリーの発言と酷似している点で注目に値する。言語を英語一つにしてしまうことにより、差異を消滅させること、言い換えればもう一つの言語を抹殺しようとする意図を表明した初期の一例である。この一七世紀初頭の法律家の発言は、遠く一九世紀の法律家の発言に呼応しており、アイルランドとインドは結びついていくようにも思える。そして、早くも一六二七年には、アイルランド語の伝統を持つ共同体内のアイルランドの伝統を守るべき人々が「子供に自分たちの母語よりも英語を学ばせている」と報告されている。[6] 親が自分の言葉ではなく英語を学ばせる初期の事例の一つである。

一六四九年からは、三王国戦争（一六三九年から一六五一年の間にイングランド、アイルランド、スコットランドで起きた相互に関連する一連の紛争）の一環として、イングランドにおける内乱を終結させたオリバー・クロムウェルによるアイルランド侵攻が始まった。クロムウェルは、一万二〇〇〇名の兵を引き連れてダブリンに上陸して、続いてドロヘダで四〇〇〇名、ウェックスフォードで二〇〇〇名の住民を虐殺したといわれている。

その後とくに一六五三年の「クロムウェル植民」により、東部地域のレインスター、南部のマンスターのアイルランド人ジェントリ、地主が一掃され、とくに都市に「新たなイングランド人」（いわゆる「ニュー・イングリッシュ」）が移植した。クロムウェルの兵士と商人に報いる目的は、こういった多数の入植者に土地を占拠する許可を与えることによって果たされた。このアイルランドへの植民の結果、とくにアルスターにスコッツ語（ケルト語系のスコットランド・ゲール語とは別のインド・ヨーロッパ語族のゲルマン語派に属する言語で英語とはごく近い関係にある）や英語の変種（もっと一般的には英語の各種方言）が持ち込まれ、とりわけ南西部のアイルランド語しか話されない領域を孤立化させた。

三—一　一六五九年のセンサス

この事態をある程度示すのは、クロムウェル植民の一部として委託を受けた調査が行われた一六五九年のセンサス（人口調査）である[7]。言語史家のジェフリー・カレンによると、これは、「近代的な」センサスとは見なされないものの、とくに英語行政が効果を発揮していた地域における言語の分布を部分的に示す。

データのある二七の州のうち、アルスターのアントリム州の四四％が「英語」の話者と返答しており、その他にかなりの「英語とスコッツ語」（この二つはここでのデータ集計上、一体となっている）人口がいるのはアルスターのデリー、ダウン、アーマーのそれぞれの州で、順に二八％、四三％、三五％となっている。もう少し離れたドニゴール、ファーマナーといった州になると「英語とスコッツ語」人口はそれぞれ二八％、二五％となる。アルスター以外の州で、英語人口が二〇％以上となっている州は四五％のダブリン、三五％のスライゴーである。八つの州では英語人口は一〇％に満たず、クレア州になると三％である。データのないゴールウェイ州やメイヨー州は最低と思われる。英語人口の比率の低さは、依然として「アイルランド語」人口の支配性を物語るとともに、アルスターやダブリンのような高い比率を示すところがあるのは、あきらかに植民の影響であろう（州名は図3参照）。

カレンがこのセンサスをもとに作成した表「都市における英語人口とその割合」[8]によると、ほとんどの都市では、市街地に多くの英語人口（兵士とその妻の居住地を含む）が存在し、市街区の周りの郊外地にかなりのアイルランド語人口が存在して、さらにその周りの田園地帯には、（アルスター以外では）圧倒的にアイルランド語人口が占めているというのが典型的なパターンである。これらは、周辺で使用されたアイルランド語との二言語使用を媒介として、少ない英語話者が都市の機能である行政や交易のために存在していたことを示す。

クロムウェル植民は、都市に英語話者をもたらしたが、それ以外の多くの地域では、アイルランド語の位置は確

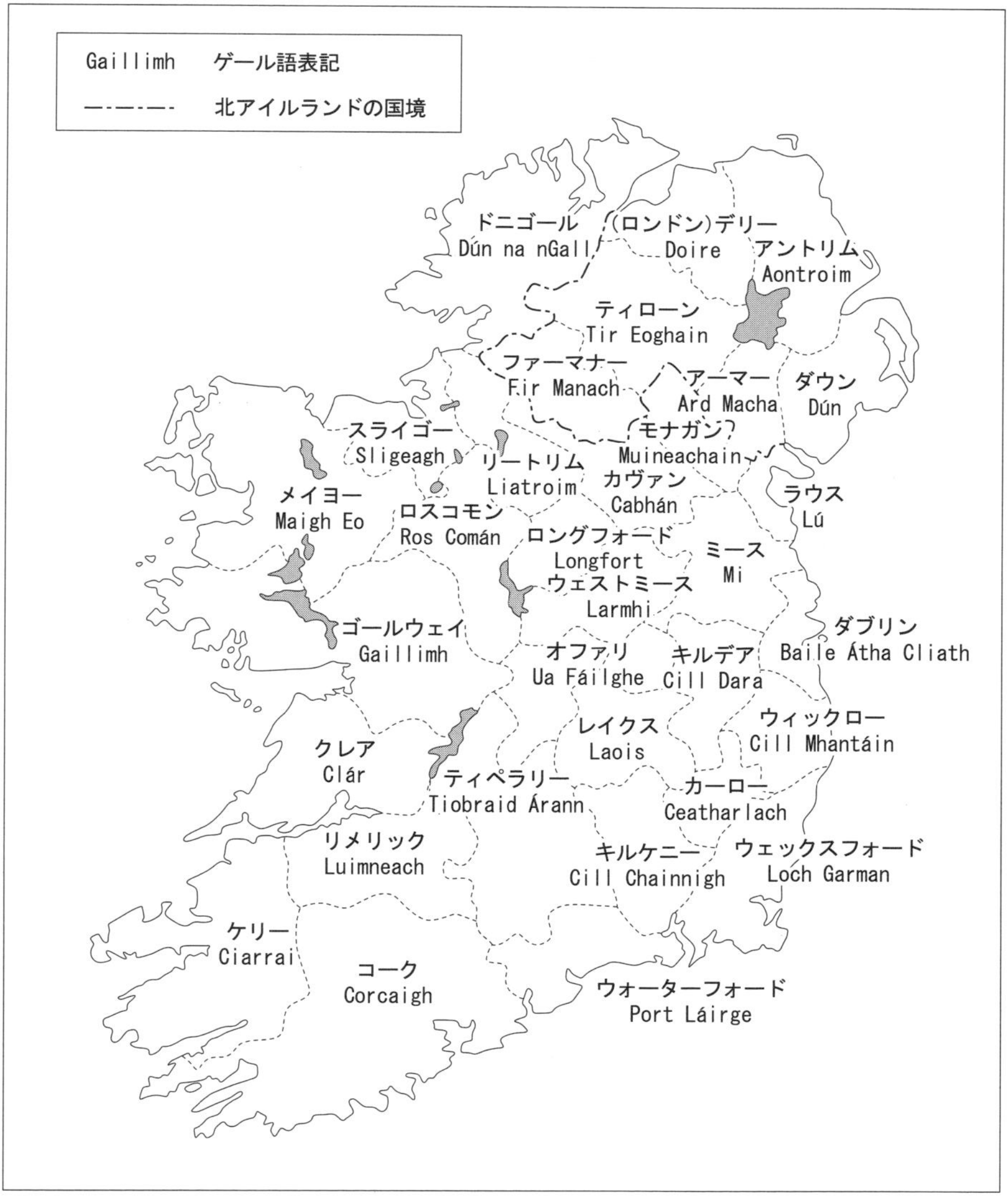

図3　アイルランドの州

出典：ノーマン・デイヴィス『アイルズ——西の島の歴史』別宮貞徳訳、共同通信社、2006年、1119頁（Norman Davies, *The Isles: A History*, Papermac, 2000, p.998）。

保されており、一七〇〇年まではクロムウェル植民の末裔も通常は「同化」して、アイルランド語単一話者となっていた、とされている。一七～一八世紀では、二言語使用の広がりと英語への言語転換があったが、それとともに新たな領域でのアイルランド語の保持と開発すら継続して見られた。英語の広がりを示す証拠とともに、アイルランド語の残存を示す証拠があった。[9]

都市と田園という地域的な観点ではなく、社会階級の観点からはどうであろうか。クロムウェル植民も、普通の労働者の話すアイルランド語の維持を揺さぶることはなかったが、一七世紀末までに完遂する、ジェントリと人々の乖離を大きく推進したといわれる。[10] ネイティヴのアイルランド人地主は、土地確保のためにプロテスタントに改宗し、一六九〇年のボイン川の戦い（名誉革命で王位に就いたウィリアム三世が追放されたジェームズ二世を破った）後は、平和な文明生活を追究するなかで、英語能力の開発によって提供される優位性を受け入れた。一方、一七世紀の政治的不安定やくり返される国内の無秩序によって、たいがいのアイルランド人のもっぱらの関心事は単に生き延びることであったが、アイルランド語はダブリンでこの時期を通じて存続した。

三―二　アイルランド語の緩慢な死

一八世紀の開始までにアイルランドの言語は社会階級を明確に示すものとなる。アイルランド語は田舎のカトリックの貧困を表し、英語は、それと対比的に、プロテスタント、所有、都市（ゴールウェイ、ドロヘダといった都市では、一九世紀がかなり経過してもアイルランド語が話されていたが）、カトリックに開かれていた専門職（とくに法律と商業）と結びついた。[11] 都市のアイルランド語話者は無教育の貧民だった。一七〇〇～一八〇〇年まで、アイルランド語話者の多くが居住していた地理的な地域は変化しなかったものの、アイルランド語話者の社会階層の分布は変化した。[12]

一七〇〇年以後、主な都市や町から広がった英語の知識の拡大によって、クロムウェル植民の末裔に見られたような「同化」はなくなった。ただし、一七五〇年以前に一握りの町をのぞけば、アイルランド語が地元民の家庭で使われなくなり始めた、ということはなかった。

東アイルランドの一般民衆における英語の拡大とアイルランド語の棄却の始まりと範囲は一八世紀の著述家からはあまり注目されなかった。しかし、その中の何人かはあちこちで言語使用に言及している。センサスのような包括的な調査は見られないものの、確かにいえることは、一八〇〇年までにアイルランド全域のジェントリは、言語の優位性の観点から、アイルランド語ではなく英語を第一言語として選び、完全に英語化され、とくに東・中央アイルランドでアイルランド語を話さなくなったということである。いくつかの地区ではアイルランド語はジェントリばかりか一般民衆からも消滅してしまった[13]。

一八世紀におけるアイルランド語の長きにわたる緩慢な死を開始させた要因は何か。その政治的・法制的要因は、アイルランド史家によってしばしば強調される。しかし、ヒンドレーがいうように、アイルランド語の緩慢な死をもたらした一八世紀のアイルランドの特殊な事件を指摘するのは不可能である。むしろ、英語の第二言語としての採用がだんぜん有利となり、その後、アイルランド語が役に立たない言語と感じられると、アイルランド語と英語の二言語使用の棄却を引き起こすにいたるという、全般的な背景を見なければならない。

全般的な背景とは、何よりも一六九〇年のボイン川の戦いの後から一七九八年までのアイルランドの平和、この時期の平和による工業生産、貿易、交通などの発展である。これを重要な基盤として、英語が進展し、アイルランド人の出世には、英語の上達が必要となり、少なくとも有益となる。

アルスターではプロテスタントは地元民のカトリックを最下層に押し込め、非熟練雇用以外のすべての雇用から排除しつつ、英語を学ぶ動機付けを与えなかった。しかし、一八世紀末のアルスターの近代工場の開始は、カトリックの労働力需要をつくった点で革命的であった。アルスターでのカトリックの雇用の増大によって、かつての差別構造は浸食されて、カトリックも英語が中心となった経済体制に引き込まれるようになる。

アルスター以外では、プロテスタントの数がはるかに少ないためにカトリックの経済的社会的上昇への障害は少なかったし、カトリックのサービスも必要としていたし、カトリックは喜んでサービスを提供して利益を得て、英語を自らを上昇させるものとして採用していた。

一八〇〇年までに東アイルランドの多くでは、こういったネイティブのアイルランド人を平和で安定した社会経済体制に引き込んだ。この体制は、英語を役に立つ媒介言語として使い、多くの普通の人々に移住、いや海外移民すら魅力的なものにし、移住と海外移民を実現させるだけの十分な資本蓄積を可能とし、広範な規模で自己改善の可能性を提供した[14]。独立の動きがあった一七九〇年代には、すでに多くのアイルランド人が英語を話すまでになっていた。

四節　第三期——一九世紀地域調査から

決定的な影響を及ぼした第三期の一九世紀は、一八〇〇年の連合法によりアイルランドがブリテンに併合された以降の時期である。これにより、アイルランドは名目上の独立も失い、連合王国の議会に議員を送ることになった。多数を占めるカトリックには議会投票権は与えられたものの下院議員資格は与えられず、国教会に対して教会十分の一税（教区民に毎年収入の一〇分の一を課した税）を支払わなければならなかった。英語は威信の象徴となり、反対にアイルランド語は発展の妨げと意識されるようになった。貴族の子弟は、二〇〇年前のスコットランド・ハイランドの氏族首長がローランドの学校に息子を送ったように、子供をイングランドに送って教育するまでになった。

一九世紀初頭におけるアイルランド各地の言語状況を示すのは、統計学者ウィリアム・メーソン（一七七四〜一八五三年）編の『アイルランドの統計学的説明あるいは教区調査』三巻本（一八一四〜一八一九年）[15]である。これは、プロテスタント牧師に対する質問票を全国レベルで配布して実行され、言語に限らず、教区の歴史、資源、建築、人口、食料、低層階級の性質、子供の教育と雇用、宗教、農業、工業、商業などを調査し、改善策まで示唆した報告集である。このうち言語は、低層階級の性質を問う箇所に含まれている。プロテスタント牧師に回答者が偏っているために、必然的にプロテスタント寄りになったり、牧師としての主観が反映されざるを得なかったり、多くの州（アイルランド語の比重の高い地域であるゴールウェイ、メイヨー、ケリー）のデータが欠けたりして、完全ともいえない。言語に限っても、この傾向は免れ得ないが、言語転換の像はある程度示されている。

七七の教区報告書のうち、「アイルランド語が全般に話され、英語はほとんどの人が話せない」と書かれたスライゴー州のキルマチゲ教区のように、アイルランド語が支配言語となっているのを示す報告書は四つである。

他方、一八の教区（アルスターの八教区を含む）の報告書は英語を支配的ないし排他的な言語とする。五五の教区は二言語使用（うち二四の教区では英語が主要言語。アイルランド語を第一言語とする教区は一六。一五は社会的に階層化された二言語使用）であり、数としてはこの二言語使用の報告書がもっとも多い。ラウスとアーマー両州のクレガン教区の報告者が「英語はしだいにアイルランド語を追い詰め」ていると書いたほど、アイルランド語から英語への急速な転換期にあった教区もあった。これらの言語に関する回答から読み取れるのは、社会階層化、英語の普及における都市の重要性、年齢層と英語の関係（英語が若い世代の言語であることを示す）である。

四―一　社会階層・都市・年齢と英語

まず言語の社会階層化については、「中流階級は英語を話し、低層階級は一般にアイルランド語を話す」とか「彼ら（貧困階層）の言語はアイルランド語。よりましな階層は英語を話す」とかとあるように、階層によって、英語とアイルランド語がくっきりと分かれている教区があった。他にコーク州セント・メアリ・シャドン教区では、人びとに使われている言語は英語であるが、「低層者」の交渉ではしばしばアイルランド語を使用している、しかし、身内間でもアイルランド語はあまり使用されなくなっている、なぜなら商人はたいてい仕事を英語で行うために、貧しいアイルランド人も、商売でもっとたやすく意思疎通できるためにこの言語を知るメリットを見いだしているからである、と報告しており、アイルランド語から英語に言語の転換を促す「商業」について言及している。

言語の変容の原因としての「商業」については、英語の知識が獲得されつつあるのは「近隣のフェアや市場での商取引での交流があるから」である、とか、すべての男性と多くの女性は「ビジネスの必要から」英語の採用に迫られている、と記述された。また、市場での「相互交流は一つの言語（英語）の流布により大いに進展し、商取引もかなりスムーズになされるようになった」と報告されている。

都市と田舎（山地、遠隔地）の言語も、都市では英語が話され、英語の普及にも貢献し、田舎ではもっぱら現地のアイルランド語しか話されていなかったとの図式はありうる。「交易が増大して交流が盛んとなり、よい道路によって近隣の町との行き来が容易になると」、田舎で話されていた言語が「しだいに衰えて」いき、「英語は学校で教えられ、キンセール、コークといった町の住民との接触の結果、地歩を獲得しつつある」とあるように、英語の普及は学校とともに、都市や町の住民との接触からなされることに触れている。

また、コーク州キルゲリフ教区のクロウナキティという都市では英語がしばしば両者（カトリックとプロテスタント）によって話されているとあり、教区の低地では、あらゆる階層の人びとに英語が話され、アイルランド語は山の方で話されている教区があったり、二言語使用の教区の例外として「丘や山ではアイルランド語がもっとも普及した言語で、遠隔地にはそれ以外の言葉は何も話せない老人がいる」教区があったり、英語が山間部の遠隔地をのぞきほぼすべての人に話されている教区があったりと、ほぼその図式は成立しそうだが、都市の人びとも田舎の人びとも英語を話す教区、低地で英語もアイルランド語もひろく使われている教区などの例に見られるように、単純な図式が成立しそうもない教区もある。じっさい、山にあっても、いや山岳地帯であればあるほど、英語は強く希求されていた。これはあとでも触れる。

年寄りはアイルランド語を話し、年齢が若い人ほど英語を話すようになる傾向はいくつか報告されている。これを代表するのは、「アイルランド語はまず使われていない。言語はすべて英語である。数人の老人しかアイルランド語を知らないが、彼らもそれを使ってはいない」との報告や「アイルランド語しか話せない老祖母のような者も少しはいるが、この教区の住民の大半は英語を話す」教区で「もう一世代すれば英語に無知な個人は見当たらなくなるであろう、というのもすべての子供は英語を話し、多くはアイルランドを話せなくなっているからである」との報告である。

それどころか、英語を話せない大人の住民がいても、子供たちは全員英語を話す例や英語の話せない両親のために、いつも通訳を務めている子供がいたのである。「未来の世代は確実に英語を話す。なぜなら子供たちがあまねく学校に送られているからである」と英語を担う子供たちと学校が果たす役割に期待が寄せられている。

四―二　アイルランド語とナショナリズム運動・大飢饉

一八〇〇年以後すなわち一九世紀における人々の英語への転換、いいかえると、東アイルランドのアイルランド語話者が、集団的に英語の方がアイルランド語より役に立つと決めたのは、なぜ、そして、いつなのか。ヒンドレーは、これに答えるのは不可能としつつも、まず「いつ」に関しては、この転換の事態は最初に東アイルランドのレインスターで起こり、一八〇〇〜一八五〇年までには、植民された北部の大半（一部の強固なカトリック地区は除いて）に広がった。西ドニゴールはこれからも除かれ、アイルランド語地域にとどまった、と述べている。

次いで、「なぜ」に関しては、この原因としてしばしば挙げられるものとして、英語の学校教育、カトリック教会（英語での布教を認める）、とりわけ大飢饉（一〇〇万を殺し、一九〇〇年までに人口を半減させた海外移民を開始させた事件）を挙げている[16]。

社会言語学者フェネルは、一九世紀に英語話者比率が著しく増加した要因として、以下の四つを挙げている。第一は、英語話者地域のダブリンとベルファストからの鉄道の拡大である。第二は、最初は非公式の「生垣学校」、次いで一八三一年からの国民学校での教育の普及である。そこでは英語が推進され、アイルランド語の使用はきびしく抑圧された。第三は、一八三〇〜一八五〇年における飢饉とアメリカその他の国々への集団移住によって引き起こされた劇的な人口動態の変化である。飢饉は、とくにアイルランド西部のアイルランド語話者のおそらく半分まで死に至らしめた。第四は、英語が進歩、近代化、国際言語と結びつくとの想定である。南アフリカのオランダ系のアフリカーナーすら経済的理由からアフリカーンス語の他に（近代化と成功の機会と結びついた）英語も使ったように、アイルランドのナショナリスト政治家ですら、多くの聴衆を得られることを知っていたために、そのメッセージを英語で伝えた[17]。

ここではこれらを踏まえ、とくに、ナショナリズム、大飢饉、学校教育といった要因を考えたい。三つの要因のうち、まずは、アイルランド・ナショナリズム運動は、アイルランド語という言語がその象徴となるために、懸命にそれを保存しようとしたと思われがちだが、そうではなかった。アイルランド独立運動の指導者ダニエル・オコンネル（一七五五〜一八四七年）はアイルランド・カトリック教徒に市民権を与える運動を指導したが、アイルランド語を自治獲得闘争の意義ある象徴とは見なさなかった。それどころか、アイルランド語はブリテンの政治支配から自ら自由になるのに十分に強力な統一アイルランドへの障害となると見なした。[18]

オコンネル自身、西ケリー出身のアイルランド語のネイティブ・スピーカーであるが、人民の解放者として、英語をはっきりと推挙した。アイルランド東部の聴衆がアイルランド語より英語の方を理解してくれるために彼自身も英語で話した。一八五一年までに英語を話せないものは人口の一〇%以下しかなく、一方、アイルランド語を話せるのは三〇%しかいなかった。[19]

オコンネル以前のユナイテッド・アイリッシュメンの反乱（一七九八年）、カトリック教徒解放までの長期の成功した扇動（一八二九年まで）、一八〇〇年に実行されたグレート・ブリテンとアイルランドの連合法の廃止に向けた長期の失敗した運動にもアイルランド語は使われていない。あらゆるアイルランドの政治的指導者は、アイルランドとその人々の将来は英語（あるいは英語だけでなされる教育）しだいであることを受け入れるようになっていた。

一八四〇年代の「青年アイルランド党員」は自分たちの祖先のゲール人としての過去から着想を引き出そうとしたが、アイルランド語の推進、それを使用する実践は何もしなかった。大飢饉とその結果によって、アイルランド語へのわずかな援助も消し去られたし、ナショナリズム運動の数十年にもわたるエネルギーが、言語保存に関係する何かに、というより、小作人の権利と土地改革に焦点が移ったのは驚きではない。一八六七年のフェニアン反乱も最小の影響力しか持たなかったし、言語上の意義はなかった。[20]

要するに、一九世紀から二〇世紀初頭までのアイルランド語の死滅は、英語の支配と時を同じくしていたし、アイルランドの英語は抑圧の道具であったし、同時に反乱の手段でもあった、ということになる。[21]一九一六年のイースター蜂起（独立を勝ち取ろうとして二〇〇〇人の市民が武装蜂起して、ダブリンの建物を占拠したが鎮圧された）の後になって、アイルランド語がアイルランドの言語であり、アイルランドのアイデンティティの象徴として見なされるようになったが、英語の基盤はすでに盤石となっており、アイルランド語を国民の言語として救出するには遅すぎた。

つぎに、一八四〇年代の大飢饉は言語の抹殺といかに関わったか。一八四五年にジャガイモに疫病が発生し、四六年と四八年にはほぼ全滅するほどの被害となった。これが貧困のためジャガイモに食を頼り切っていた当日の人口八〇〇万のうち半数を直撃した。アイルランド人は飢餓とそれが起因となった病気により、五一年までに約一〇〇万が死亡したとされる。また少なくとも一〇〇万は移民となってアイルランドを後にし、イングランド、アメリカ合衆国、遠くオーストラリアまで逃げ延びた。

この大災害の結果はアイルランド語話者に度し難い影響を与えた。大飢饉とそれに伴った飢えによる大量死は、言語の転換を促したというより、アイルランド語の話者自体を減らしてしまった。大飢饉を生き延びた残りのものも移民となって、アイルランドにはもういなかった。北米、オーストラリアへの移住を希望するのであれば、英語の知識は重要な技術になると考えた。一九世紀半ばまでに、言語状況は完全に英語に有利な状況となった[22]。

四―三　教区学校・生垣学校・国民学校

ここで検討するもう一つの大きな要因は学校教育である。これを見るには、一六世紀までさかのぼって長期的に振り返ってみる必要がある。早くも一六世紀にイングランドにより次のように認識されていた。「アイルランド人は、攻め立てても武力では絶対に征服されないであろう。彼らは、教育の力によって、国王の忠実な臣民となり、国王の法律を遵守し、自分たちアイルランドの法律と習慣および慣行を見捨ててわが子に英語を習わせる者にされなければならない」。

それ以来、イングランドは、この反抗的な相手を、武力一点張りではなく、教育の力をも借りて服従させようとしていた。この努力の二大目標は、アイルランド人の口を彼らの「野蛮な言葉」から解放すること、彼らの精神を「危険な迷信」から解放することであった。すなわち、テューダー朝の征服の初期から、イングランドの対アイルランド政策のねらいは、英語の使用とプロテスタント信仰を広めることであった。そして、学校教育はこの二つを進行させる手段として奨励された[23]。

アイルランドの教育はヘンリ八世以来、アイルランド語とカトリック信仰を捨てさせ、英語とプロテスタントの島に化することであった。立法措置による植民地アイルランドにおける新しい学校の嚆矢は、教区学校であった。一五三七年には「イングランドの教会組織・習慣・言語のための法律」がダブリン議会で制定された。アイルランドにおける「ペイル＝イングランド人の柵」を施行地域とする同法には、次のように謳われていた。「当アイルランドの地に居住する国王の忠実な臣民すべてが……英語で日常の会話を行わなければならない。また子供を持つ者は……子供が英語で話せるように努めて……英語と英語で書かれた規則および命令とを学びうる機会にいつも接させなければならない」。また、イングランド国教会の主教は、聖職録を受けている牧師全員に、英語の指導に当たること、管轄教区内に「英語学校一校を……設立するか設立を促すことを宣誓させなければならない」[24]。この法令は、イングランド人とアイルランド人との言語、作法、秩序、衣服などの統一、一致、親近性をもたらし、イングランド人とアイルランド人の間にある多様性を廃棄することをめざした。しかし、この一五三七年の教区学校法は「ほとんど空文」であり、教区学校の普及は遅々として進まなかった。一六九二年には、教区学校も、英語の指導を主目的にする学校からカトリック教徒を改宗させるための学校へ変わった[25]。

もう一つアイルランドにおける英語の普及にとって見逃せない学校は、生垣学校（hedge school、青空学校、寺子屋学校などとも訳される）である。一七世紀の末から相次いだ刑罰法（Penal Code）というカトリックにとって無慈悲な法律に基づいて、カトリックの教育が禁止されるようになった。正確にいえば、カトリックが子弟の教育のために学校を経営してカトリックに教育することを禁じた。刑罰法下のアイルランドにおける非合法学校には、無償学校、慈善学校などがあったが、何といっても、その主力は、貧しい「小作農の学校」すなわち生垣学校であった。

アイルランドのカトリックが、刑罰法によってわが子の教育をあきらめることは決してなかった。また彼らがわが子を潔くプロテスタントの学校に入学させることも決してなかった。かくして、この学校は「身を隠せる生垣の下にうずくまるように、／さもなければ山羊歯《やましだ》の茂みの中に、／教師と彼の教え子が集う、／法に背いて学ぶために」と謳われた。

一七七〇年代に、旅行記を書いたA・ヤングも書き留めており、一八二四年ごろには、カトリックの学校約八〇〇〇校のうち七六〇〇校近くを生垣学校が占めた。一般的に見るとこの学校はカトリック聖職者に庇護されており、カトリック司教の直轄地に置かれる学校もあり、カトリックの教理問答を教材とする宗教教育を行う者もいた。一六九一年のアイルランドにおけるカトリック信仰の自由を保障するリムリック条約が一部ではあるが教えられていた。刑罰法はリムリック条約に違反して制定されたものだった。これが物語るように、生垣学校にはイングランドがアイルランドに押しつけようとするイングランド国教会に対する強い抵抗の姿勢があった、といえる。

しかし、同じアイルランドの生垣学校には、イングランドが押しつけようとする英語に対する抵抗の姿勢はなかった。それどころか、そこでは「教師たちの大部分が生徒に熱心に英語を教え」て、アイルランド語を使う生徒に罰が科せられていた。生垣学校でアイルランド語が排される理由には「わが子に英語を身につけさせると、社会的にも経済的にも有利になると考える親たちの現実主義」があった。アイルランド語の意識的かつ積極的な排除には親たちの支持があったのである。[26]

この現実主義、親の支持は、先に見た一八一〇年代のメーソンの地域調査でも報告されている。英語とアイルランド語の二つが話されているキルケニー州のある教区では、アイルランド語はかなり衰退しているし「当地でもこの国（ネーション）のどこでも、二つの理由から衰退し続けるにちがいない。一つは生垣学校で、ここでは英語しか教えられていない。もう一つは、商取引で田舎（カントリー）の人びとが英語を話すことを強いられているからである。……田舎で、人びとは英語を切実に話したかった結果、英語を話せず、子供を生垣学校に送り込む山岳地帯の農民は、家にあっても「子供に」アイルランド語を話すのを許さなかった」とあり、生垣学校の英語教育は、商取引と並んで、アイルランド語の衰退の原因と目されている。

この報告書は以下のように続く。英語を習い、紙幣に書かれた字が読め、簿記も習いたい（商取引では英語での直接交渉の他に、紙幣や手形に書かれた英語が読め、簿記の付け方も必須だった）との主たる理由から、親たちは子供に英語の読み書きを教えさせようとしている。こういった希望を受けて四つの生垣学校では子供たちが一〇〇人学んでいる。教区の境界外にも二つの学校があり、合計一五〇人の子供たちがいる。興味深いのは、生垣学校の英語教材として、先に触れた「リメリック条項」の冊子が「全国に数千部」も読本として使われており、「政府に対する不忠義の精神、現王室やイングランドとの連結に対する憎悪を抱かずして、子供が読み進めるは不可能である」と報告されていることである[27]。イングランドへの強烈な反発心を抱きながら、反イングランド的な内容の教材を使って、英語を学んだのである。

一八三一年の国民教育制度によって、カトリック・アイルランドの学校の運営は、アイルランド国教会に全面的に委ねられることになった。この学校は「国民学校（national school）」である。教区学校の大多数も国民学校となった。これによって、余裕のある親を持つ子供には、英語のみでなされる教育が与えられることになった[28]。

リーは、「人々の思いこみに反して、この国民学校はアイルランド語を抹殺しなかった。大飢饉以前からこの国［アイルランド］は圧倒的な英語話者の国だったからである」と述べて、国民学校を通じた英語の普及とアイルランド語の後退についてこれまで誇張されてきたと指摘して、低い通学率や短い通学期間などのデータを挙げた。続けていうには「アイルランド語は一八四五年以前に自殺を遂げていた。これを幇助し手を貸したのは国民学校というより、ナショナリストの神話の中で育まれたアイルランドの生垣学校であった」[29]。

アイルランド語は一八四五年以前に「自殺」を遂げていたので、国民学校はアイルランド語の他殺＝抹殺の原因ではなく、自殺を幇助したのはそれ以前からの生垣学校であるということになる。誰かや何かがアイルランド語を抹殺したというより、アイルランド語は「自殺」したのであり、自殺幇助に問われるのは国民学校というより生垣学校だった。

四―四　一九世紀後半から二〇世紀へ

言語の衰退は、統計にも現れ始める。一八五一年のセンサスはアイルランドのアイルランド語話者の数を最初に記録した。総人口六五〇万人、アイルランド語使用者一五二万人、アイルランド語単一使用者三二万人である。一七九九年の推計では、総人口五四〇万人、アイルランド語使用者二四〇万人、アイルランド語単一使用者八〇万人、二言語使用者一六〇万人となっている。単純計算でも、アイルランド語使用者は九〇万人減少し、総人口に占める比率も過半数から二三％になっている。

アイルランド語単一使用者に関しては、アイルランド語の知識は非識字や低い社会的地位に結びついていたために、アイルランド語しか知らない単一使用者と名乗り回答するには躊躇があった。言語転換が途上にある地域ほどそれが見られ、アイルランド語単一使用者と名乗る数字が低く出たとしても不思議はない。これを一つの例として、正確さをめぐる疑問は多いものの、一八五一～一九一一年間のセンサスをまとめたヒンドレーの表[30]が示すとおり、一八五一年のアイルランド語単一使用者三二万人（全人口の四・九％）は一九〇一年には二万人（〇・五％）にまで減少している。一八五一年と一八九一年のセンサスをもとに作成した言語使用地図[31]とその時系列的、地域的な説明を見ると、肥沃な東の低地が最初に英語に陥落し、つづいて西の都市とその豊かな後背地が英語に転換している。

二〇世紀に入るとどうなったか。これも一九〇一〜八一年のセンサスに基づいてヒンドレーが作成した表[32]によると、一九〇一年に一四・四%あったアイルランド語話者は一九一一年に一三・三%にまで下がった（三二州を対象とした割合）。その後、共和国成立以降の一九二六年から増加に転じ、第二次世界大戦後の一九四六年に微減するものの一九八一年の三一・六%にまでに着実に増えている。この増加は学校教育による若年層のアイルランド語使用者が増えたことが原因である。一九二六年のセンサスから作成された年齢別のアイルランド語使用者の表[33]は、数と比率を年齢別に示し、一〇〜一四歳の年齢層が三九・一%なのに対し、四五〜六四歳は一五・一%に過ぎず、若年層の比率の高さをはっきり示している。

アイルランド語は一九二二年の憲法（第八条）で誇り高く国語と宣言されたが、これは現実というより希望と受け止められた。英語が公用語となること、二言語使用の容認も追加条項に記された。同年にはすべての国民学校は、教員が確保される限り、一日につき最小限一時間アイルランド語を教えるか、教授言語とするよう通達もあった。

一九五五年には、アイルランド語を教授言語とする教育の拡大の目途と政策に関する、教育省大臣による再声明が出されたが、これに対する通常の親たちの不平は高まり、教授言語としてアイルランド語の後退が進行していた。親たちは分からない言葉で教えられても子供の未来はないし、中等教育を受ける選抜組に入れなければ子供が雇用される見込みもなくなると不平を漏らしていたのである。

ヒンドレーは、一九二二年以降のアイルランド語の衰退を食い止める試みは、はっきりと失敗していると結論している。とりわけ、一九二二年以後ないしそれ以前からの学校におけるアイルランド語の学習推進を考察すると、子供をアイルランド語話者にするのはほぼすべて失敗しているとして、学校の役割を低評価している。数字上はアイルランド語話者が増加しているにしても、それは生徒が教室内でのおしゃべりの増加にすぎないと留保を付けている。

ただし、ヒンドレーにしても、アイルランド語が共同体の言語としてともかくも生き延びているとの事実は、紛れもない実績として認めて、以下のように述べている。アイルランド人は英語を採用し、子供に教えることを選んだ。英語が好きだったためではなく英語が子供に無限の機会を開いたからであった。態度の調査はアイルランド人がアイルランドの言葉としてアイルランド語を復活させたいと望んでいることを示し続けているが、必修化には反対し、アイルランド語の実用的な価値やその未来には悲観的であることも示している[34]。

フェレルは二〇〇一年にアイルランド語に関しては、「学校にアイルランド語が持ち込まれても、出生時以降にアイルランド語の知識を持つようになる者は一〇万人以下しかいないし、アイルランド語の単一話者は実質的にゼロとなっている」と書き、英語に関しては「アイルランドにおける英語の位置は揺るぎない」として、次のように述べている。英語の地位は国際的な交流から強められている。一九七三年の欧州経済共同体（ＥＥＣ）加盟の時、ブリテン以外ではアイルランドはＥＥＣ文書の英語への翻訳が唯一必要のない国だった。現在も、アイルランドの欧州共同体（ＥＵ）における立場は英語国としての立場に負っているし、とくにダブリン周辺地域での早い段階からのＩＴ革命とそれによる劇的な開発、優れた国際コミュニケーション能力を持ったダブリンの国際都市としての名声も英語に負っている[35]。

フェネルがこのように書いた二〇〇一年時点での英語の隆盛には「ケルトの虎」とまで呼ばれた経済の活況があったといえる。しかし、これも、二〇〇八年のリーマン・ショックで挫折し、二〇一〇年には危機的状況にも陥った。アイルランド語も二一世紀に入ってからは、二〇〇三年の「公用語法」により、英語と同等以上に用いられるようさまざまな施策が行われるようになった。二〇〇七年にはアイルランド政府の要請により、アイルランド語はＥＵの公用語に追加された[36]。二〇〇六年センサスによると国民の一〇％がアイルランド語を学校外においても日常的［デーリー］に使用し、一五歳以上の三八％が自らをアイルランド語話者であると分類している。二〇一一年センサスでは、アイルランド語話者は一一万七〇〇〇人増加しており、日常的話者は約七万七〇〇〇人、デーリーではなくウィークリーの話者が約一〇万三〇〇〇人となっている。これらの数字を見る限り、徐々にアイルランド語が復権してきているともいえる[37]。

註

1 Dick Leith, *A Social History of English*, London: Routledge, 1983, Second edition, 1997, pp.168-169; Jeffrey L. Kallen, 'English in Ireland', in Robert Burchfield, ed., *The Cambridge History of the English Language*,Vol.V, *English in Britain and Overseas Origins and Development*, Cambridge: Cambridge University Press, 1994, pp.150-151; Richard W.Bailey, *Images of English : A Cultural History of the Language*, Ann Arbor: University of Michigan Press, 1991, p.124.

2 Leith, *op. cit.*, p.169.

3 Bailey, o*p. cit.*, pp.28-30; Reg Hindley, *The Death of the Irish Language*, Abingdon: Routledge, 1990, p.5.

4 Bailey, *op.cit.*, p.158.

5 Jane H. Ohlmeyer, 'Civilizinge of those rude partes': Colonization within Britain and Ireland, 1580s-1640s, Nicholas Canny, ed., *The Origins of Empire:British Overseas Enterprise to the Close of the Seventeenth Century, The Oxford History of the British Empire*, Vol.1, Oxford: Oxford University Press, 1998, p.134.

6 Kallen, *op.cit.*, p.157.

7 *A Census of Ireland, circa 1659 : with Supplementary Material from the Poll Money Ordinances (1660-1661)*, Edited by Séamus Pender, Dublin: Stationery Office, 1939.

8 Kallen, *op.cit.*, p.158.

9 Kallen, *op.cit.*, pp.159-160.

10 Hindley, *op.cit.*, p.6.

11 Leith, *op.cit.*, p.169.

12 Bailey, *op.cit.*, p.159.

13 Hindley, *op.cit.*, p.8.

14 Hindley, *op.cit.*, pp.10-11, 12.

15 *A Statistical Account or Parochial Survey of Ireland*, Dublin: Graisberry and Campbell, vol. I, 1814, vol. II, 1814, vol. III, 1819.

16 Hindley, *op.cit.*, p.13.
17 Barbara A. Fennell, *A History of English : A Sociolinguistic Approach*, Oxford: Blackwell Publishers, 2001, pp.199, 248.
18 Bailey, *op.cit.*, p.158.
19 Joseph Lee, *The Modernisation of Irish Society, 1848-1918*, Dublin: Gill and Macmillan, 1973, 1989, p.28.
20 Hindley, *op.cit.*, p.14.
21 Marnie Holborow, *The Politics of English: A Marxist View of Language*, London: Sage Publications, 1999, p.92.
22 Bailey, *op.cit.*, pp.158-159.
23 田口仁久『イギリス教育史——スコットランドとアイルランド』文化書房博文社、一九九三年、一六一頁。
24 28 Henry VIII.c.15.
25 田口、同上書、一六三〜一六四頁。
26 田口、同上書、一九〇〜一九六頁。
27 *A Statistical Account or Parochial Survey of Ireland*, III. p.627.
28 Hindley, *op.cit.*, p.12,14.
29 Lee, *op.cit.*, p.28.
30 Hindley, *op.cit.*, p.19.
31 Hindley, *op.cit.*, map 4, p.16, map 5, p.18.
32 Hindley, *op.cit.*, p.23.
33 Hindley, *op.cit.*, p.27.
34 Hindley, *op.cit.*, p.30, pp.36-40.
35 Fennell, *op.cit.*, p.200.
36 原聖「ケルト諸語文化の復興、その文化的多様性の意義を探る」、原聖編著『ケルト諸語文化の復興』女子美術大学、二〇一二年、三一二頁。

37 *Census 2006, Vol. 9: Irish Language*, Dublin, Stationery Office, 2007, pp.32, 84; *This is Ireland:Highlights from Census 2011*, Part 1, Dublin, Stationery Office, 2012, pp.98-99.

第四章

第一次世界大戦前のドイツの国境地域、植民地と帝国日本
——学校教育にかんする視察と報告を中心に

西山 暁義

一節　国民国家・帝国の時代の参照・情報収集——日本とドイツ

世界を普《あまね》く見渡して其最も我国情に類似せるものを求むなれば独逸《どいつ》なるべし。仏米両国は共和国なり、国体已《おのれ》に異なれり。英国は立憲君主国なれども、其行政上の方針は人民の自治に任ずるを主とし国家の権強からず。独り独逸に至りては連邦猶《な》ほ未だ一主権の下に統一せられざる点はありと雖《いえど》も、連邦の君主の権を神聖とし其君の政《まつりごと》を助くる官僚を尊び、而して挙国皆兵の制度を採るが如き殆ど一徹に出てはじめは米英仏に倣《なら》ひしたり我国が、近時多くを独逸に学ぶに至りたるは、独り独逸の進歩の各方面に著《いちじる》しきものあるに依《よ》るのみならず、国情相似寄りて最も学び易き点あるに依る。

殊《こと》に我国と独逸は東西相対せる新興国にして、新進気鋭、最も進取の気象に富み、虚心坦懐《きょしんたんかい》、他の長を採るに吝《やぶさか》ならざる共通の特性を有し、此点につきては独逸人は常に我国を呼んで最も能《よ》く相似よれる友邦と為

す。[1]

右の文は、早稲田大学で教育学を講じていた中島半次郎が、『独逸教育見聞記』（一九一二年）の末尾に記したものである。こうした近代化における日本のモデルとしてのドイツは、憲法、軍事、学術（医学や歴史学）など、多様な面で今日に至るまで語られており、それは中島の専門である教育にかんしてもまた同様である。ただし、こうした明治期におけるドイツの影響力の強調は、過剰評価として「神話」化する（あるいはされている）危険性がないとはいえない。[2] 実際、「国情」が類似していると認識される一方で、明治期の政治的な日独関係は決して友好的であったわけではなく——三国干渉や日英同盟——、むしろ緊張をはらんだものであった。とはいえ、政治的な敵対関係は必ずしも相手に対する関心を減ずるものではなく、むしろそれゆえに増大することもある。[3] 代表的な例として、一九世紀以来のドイツとその隣国フランスとの関係が挙げられるであろう。[4]

この点については、これまでもっぱら二国間関係史のなかで捉えられてきた議論をより多角的に考察していく必要があろうが、それは本論の課題ではない。むしろ、これまでの日本におけるモデルとしてのドイツの存在が、もっぱら国民国家の「モジュール」にかかわることであったのに対し、本論では二〇世紀初頭の植民地帝国としての両国の関係について、あるいは国民国家と植民地帝国にまたがる領域について、教育の観点から考察してみることである。国民国家と同様、植民地帝国としてのドイツも時期的に見れば「後進的」であったといえるが、その意味でもドイツと類似している日本は、どのような関心を寄せたのであろうか。

以下で取り上げるのは、台湾総督府（一八九五年〜）と朝鮮総督府（一九一〇年〜）の関係者が行った（あるいは計画した）ドイツの学校視察、および情報収集についてである。その中心となるのが、歴史家坂口昂や国語学者保科孝一によるドイツの東西の国境地域、プロイセン領ポーランドとアルザス・ロレーヌについての視察申請と報告である[5]。これらについては、これまでもすでに報告書の内容が個別に紹介、分析されているが[6]、両者が合わせて検討されることはなく、また以下に述べるように、視察がドイツ政府によって拒絶されたことについては不問に付されてきた。本論では、未刊行史料をもとにこの経緯を明らかにしつつ、また一方でドイツにかんする文脈ではほとんど取り上げられてこなかった台湾総督府の動向にも着目することで、朝鮮＝ポーランドだけに固定されない、植民地をめぐるドイツと日本の「二重写し」(伊藤定良)[7]について検討しようとするものである。

なお、本題に入る前にその前提として、ここで日本人によるドイツの学校視察について一言しておきたい。日本人によるドイツの学校視察について、誰が、いつ、どのような学校を視察したのかについて、大戦前の帝政期ドイツ（一八七一―一九一四年）全体を網羅したデータは存在していない。ただし、断片的な復元は可能である。たとえば、一九〇六年から一九一四年までについては、帝国外務省の文書に、各国大使館を通して提出された視察申請についての史料が残されている。そこには、一九〇六年にベルリンとその郊外の各種学校の視察を申請した教育学者吉田熊次（東京高等女子師範学校教授）から、一九一四年、大戦直前にハイデルベルクの師範学校、ギムナジウム、高等女学校、女子師範学校の視察を申請した石野又吉（奈良女子高等師範学校教授）にいたる、六九件、八八名が記録されている[8]。

申請者には、教育者や研究者が大半を占めているのは不思議ではない。そのなかには「柔道の父」として有名な嘉納治五郎（東京高等師範学校校長）や成瀬仁蔵（日本女子大学学長）の名も見られる。他に文部省や逓信省の関係者（松浦鎮次郎、仲小路廉ら）や、陸軍関係者（本郷房太郎、川村景明、大島義昌、林銑十郎ら）の申請も記録されている。

二節　国境地域の学校視察——学校教育をめぐる政治状況と「坂口事件」

日本人による学校視察の大半は、首都ベルリンをはじめとするプロイセン、あるいはバイエルン、ザクセンなど主要領邦の都市の学校を対象としており、ほぼ問題なく許可されている。そうしたなかでひときわ異彩を放つのが、一九一一年にポーゼン州とアルザス・ロレーヌの視察を申請した、歴史家坂口昂（京都帝国大学助教授）と、翌一九一二年、視察予定の都市のなかにブロンベルク（ブィドゴシュチュ、ポーゼン州）、ポーゼン（ポズナニ）、ブレスラウ（ヴロツワフ、シュレジエン州）、ストラスブール（シュトラースブルク、アルザス・ロレーヌ）[9]が含まれていた国語学者保科孝一（東京高等師範学校教授、兼東京帝国大学助教授）のケースである。

坂口と保科の間には、視察目的地以外にもいくつか共通点がある。最初に挙げられるのは、彼らの調査が一九一〇年韓国併合によって成立した朝鮮総督府の依頼によるものであった、という点である[10]。第二に、依頼された坂口、保科ともに一八七二年生まれであり、いわば「ポスト維新世代」として、帝国大学において近代的な大学教育を受け、調査当時国費留学によってヨーロッパに留学していた少壮の研究者であった[11]。そして最後に、両者の申請はともに却下された、ということである。ここでは、保科の申請の却下の原因ともなった、坂口のケースについて、その顛末を見ておこう。

駐独大使珍田捨巳の署名とともに、ドイツ帝国の外務長官キダーレン・ヴェヒター宛に坂口の申請について覚書が送られたのは、一九一一年七月六日のことであった。そこには、視察内容と目的は、「国境地域（強調原文）、とりわけポーゼン州（同）とアルザス・ロレーヌ（同）における教育制度と教育政策について、可能な限り詳細に情報を収集し、関連する学校や施設を視察する」ことである、と述べられている[12]。

照会を受けた官庁のうち、ポーゼン州の学校教育を管轄するプロイセン文部省は坂口の視察について、「これまでの外国人視察者との経験から、坂口教授が自由気ままにポーゼン州を周遊し、民衆学校を視察することは問題外であると考えられる。もしそうなれば、ポーランドの指導者たちは、即座にこの日本人による情報収集旅行を聞きつけ、自らの立場に沿った形で案内と「啓蒙」を行うことであろう」と、懸念を表明した。ただし、「申請を完全に却下すれば、プロイセンの学校行政は何か隠そうとしているという印象を与えることになる」ので、視学官の同行の下、政府が指定した学校のみ視察をするのであれば許可してもよい、というものであった[13]。一方、もう一つの照会先であるアルザス・ロレーヌ総督からは、「坂口教授によるアルザス・ロレーヌの学校視察の許可には何の懸念もない」という返事が寄せられた[14]。このような異なる回答を受け取ったドイツ外務省は、プロイセン文部省の懸念を重視し、「あえて坂口の要望に対応することを求める政治的配慮は存在しない」ので、「国境地域における学校は、その特殊な状況から学術的な研究目的には相応しくなく、それゆえそのような目的のための視察は、現行の行政方針によって認めることはできない」ことを口実として、どちらの地域についても申請を却下すれば良いと提案した[15]。プロイセン文部省、アルザス・ロレーヌ総督もこれに同意し、その後日本大使館にも拒絶の回答が送られた[16]。

しかし、話はこれで終わったわけではない。「事件」となるのは、この拒絶回答から三ヶ月経った一九一一年一一月初め、アルザス・ロレーヌ総督から外務省に対し、坂口が突然ストラスブールの教育行政当局（高等学務局）のもとに現れ、局長に日本大使館の公式便箋に無署名で記された推薦状を示し、視察の許可を求めたことについて報告が寄せられたことによる[17]。局長は面談には応じた上で、外務省の推薦状がないことを指摘し、坂口の要求は結局認められなかった。この件の報告を受けた外務省は日本大使館に対し、坂口の「暴走」を遺憾とする抗議の書簡を送っている[18]。

この「事件」は、外務省で作成した外国人による学校視察にかんする注意事例集の文書にもコピーが所収されており[19]、ドイツ外務省関係者にも強い印象を残すものであった。そしてその余波を受けたのが、坂口に遅れること一〇ヶ月、一九一二年四月末に「ブロンベルク、ポーゼン、ブレスラウ、ハノーファー、フランクフルト（マイン）、ケルン、ストラスブールの男女各種学校」の視察を申請した保科孝一であった。保科の場合、すでに一九一一年一〇月にベルリンの各種学校の視察申請については認可されており、ここで問題となるのは追加申請であったが、こちらはプロイセン文部省やアルザス・ロレーヌ総督に照会されることなく拒絶されている。ただし、拒絶はあくまで国境地域の都市であるブロンベルク（ポーゼン州）、ポーゼン、ブレスラウ、ストラスブールを対象としたものであった。ここでは、坂口の申請にはなかったシュレジエン州の州都ブレスラウも含まれているが、それは「東方に位置する国境州である」ことが理由とされた[20]。しかし、ブレスラウ自体が問題ではなかったことは、保科から半年後、南満州鉄道技術局局長の今影彦が同市を含めた各都市の工業学校の視察を申請し、許可されていることからも明らかである。坂口とは異なり、「国境地域の教育状況」の調査とは明記しなかったものの、むしろブロンベルク、ポーゼン、ストラスブールと並べ、視察対象を民衆学校としたことで、ドイツ側はすぐに坂口の事例を想起し、保科の視察の書かれざる目的を嗅ぎ取ったのである[21]。

三節　東西国境地域における言語教育問題の政治化

このような両国境地域にかんする対照的な回答には、どのような背景があったのであろうか。実際この時期、プロイセン領ポーランド、アルザス・ロレーヌともに、言語教育は政治問題となっていた。ただし、その程度、文脈は大きく異なっていた。

プロイセン文部省が示した懸念のなかで言及されている「外国人視察者との経験」に含意されているのは、二〇世紀初頭まさにポーゼン州を中心に起こった学校ストライキであった[22]。その原因となったのは、一八七〇年代の文化闘争期にポーランド人地域の民衆学校においてポーランド語の授業が廃止された後、唯一使用が認められていた宗教授業からもポーランド語を排除しようとするプロイセン政府の言語教育における同化政策（いわゆる「ゲルマン化」）の強化であった。

その端緒となったのが、一九〇一年五月にポーゼン州のヴレッシェンで起こった事件である。この住民の約七割がポーランド系であった小都市では、ポーランド語を母語とする生徒たちが、同年四月からの新学期に導入されたドイツ語の教理問答の教科書を購入することを拒否し、ドイツ語による教員の問いかけにも回答しないという態度を取り続けたため、視学官の指示の下、教員が特に反抗的とみなした生徒（女子八名、男子七名）に体罰を行使したのである。その際、生徒たちの叫び声を聞きつけた住民たちが数百人規模で集まり、一部は校舎に侵入し、教員に体罰と母語での宗教授業の廃止に激しく抗議した。騒擾は警察の介入によって短時間のうちに収束したが、その後の裁判で首謀者とみなされた女性は二年半の禁固刑に処されるなど、政府、そして司法は厳罰をもって応じた。

しかし、このポーゼン州の小都市での事件は、ドイツ国内においてドイツ人とポーランド人の間におけるナショナリズムの対立に格好の燃料を提供するのみならず、国際的にも報道され、プロイセン、ひいてはドイツ帝国の抑圧的イメージを強めることになった。世界的に著名なポーランド人作家シェンキェヴィッチは、国際世論に向け、被告たちへの支援を呼びかける一方（実際、首謀者とされた女性に対しては、フィラデルフィアのポーランド系移民の篤志家から高額の寄付がよせられた)[23]、国際社会主義運動（第二インター）の事務局は一九〇一年一二月末、ドイツ社会民主党の指導者カウツキーとジンガーの提案を受け、「ポーランド人に対してその母語を捨てるよう強制するために最も野蛮な方法を実行することも辞さない、プロイセン政府によるポーランド（人地域）におけるゲルマン化政策に対し、最大級の抗議の念を表明する」決議を行っている[24]。

ポーランド語宗教授業をめぐる問題はこれで収まったわけではなく、むしろ序章に過ぎず、ヴレッシェン事件の五年後、一九〇六年から翌年にかけて、第二の波として学校ストライキが起こることになる。それは、ポーゼン州のみならず、隣接する西プロイセン州にも広がり、約七〇〇校において、約五万人に及ぶ生徒が参加する大規模なものとなった。ここでもプロイセン政府は妥協を許さず、ストライキ参加者とその保護者たちに厳しい態度で臨んだ。結果としてストライキは、すでにドイツ語による宗教授業に切り替えられた学校におけるポーランド語授業の復活、という目的にかんしては失敗に終わったものの、とりわけ民衆学校に通う下層民を動員することによって、ポーランド・ナショナリズムの高揚に寄与することになり、ポーランド人のドイツ帝国への統合という観点からみれば、否定的な効果もたらした。こうして、プロイセン東部における民族主義的ナショナリズムの角逐は、さらに国際的な耳目を集めることになり、一九一一年にプロイセン文部大臣は、ポーゼン州における坂口の自由な視察活動に対して強い懸念を抱いたのである。

一方、一八七一年、普仏（独仏）戦争の講和条約であるフランクフルト条約によって、フランスから割譲され、成立したばかりのドイツ帝国の一部となったアルザス・ロレーヌは、ポーゼン州とは異なり、プロイセン王国の一部ではなく、連邦国家の長としてのドイツ皇帝（＝プロイセン国王）が帝国の共有物としてこれを統治する、「帝国（直轄）領（Reichsland）」となった。当初、ベルリンの帝国宰相府に直属していた同地の行政は、一八七九年に総督を長とする形で分離独立したが、他の領邦のように独自の憲法と議会を持つには至らず、住民たちの政治的意思の代議的表明は、ベルリンの帝国議会（一八七四年選挙から）と、間接選挙にもとづく諮問機関として邦委員会(Landesausschuss)が、直轄領首都ストラスブールに設置されていたに過ぎなかった。

ただし、まさに坂口が申請を行った一九一一年は、こうした状況に大きな変化が起こった年であった。すなわち、邦の憲法が制定され（当時のドイツの領邦議会としては例外的な）男子普通選挙にもとづく邦議会が設置されたのである。これは、一八九〇年代以降地域政治において見て取れる、併合に対する抗議から、ドイツへの帰属を容認した上での自治の獲得への潮流の変化の帰結であった。もちろん、そのプロセスは直線的なものではなく、「仮想敵国」フランスとの最前線に位置するアルザス・ロレーヌの自治化や民主化に対しては、軍部や保守派を中心に抵抗も強かった。邦憲法や邦議会の設置がこうした対立に終止符を打ったわけではなかったことは、大戦前夜の一九一三年末にアルザス北部の小都市サベルヌ（ツァーベルン）における軍民衝突がよく示している[25]。また、こうした状況から、アルザス・ロレーヌに認められた「自治」は、領邦として完全なものではなかった。

とはいえ、東部ポーランド人地域と比べれば、ナショナリズムの影響力は相対的に低いものであった。たしかに、自治運動において、フランス文化を包含した地域アイデンティティーが唱えられ、それは併合後排除された民衆学校におけるフランス語授業の再導入の要求という形で政治化した。一九〇八年から一九一一年にかけ、邦委員会では繰り返し地元政治勢力がこれを要求し、そのたびに政府は却下した。しかし、注意を要するのは、このフランス語の再導入の要求はあくまで「ドイツ語圏」の民衆学校についてであった、ということである。一九一〇年の言語統計によれば、アルザス・ロレーヌの全人口の八七％がドイツ語を母語としており、フランス語は一一％に過ぎなかった（残りはイタリア系、ポーランド系移民など）。「ドイツ語圏」とされる地域においても、都市部の上流階層はフランス語を使用するものも少なくなかったが、このような言語状況は同じ「少数派地域」であっても東部ポーランド人地域とは大きく異なっていた。ドイツ政府の言語教育政策の主眼は、あくまで「ドイツ語圏」における義務教育（＝民衆学校）をドイツ語のみで行うことであり、こうした「母語原則」は、「フランス語圏（独仏混合言語圏）」においての宗教授業のみならず、科目（そして低学年では授業語）としてのフランス語の使用の許容にもつながっていた。

こうした相対的に穏健な言語政策は、政府自らが以前より意識するところでもあり、一八九六年邦委員会において、ロレーヌのある委員が政府のフランス語教育軽視を非難したのに対し、領邦では首相に当たる行政長官は、以下のように反論している。

もし委員が、プロイセンとアルザス・ロレーヌの外国語圏がどのように扱われているのか、正確にご存知であったならば、彼の立場からすれば我々に対して最大級の賛辞を贈られてしかるべきであったであろう。なぜなら、プロイセンのポーランド人地域では、私の記憶が正しければ、ポーランド語は授業科目とはなっていないのに対し、フランス語圏のロレーヌの民衆学校では、フランス語授業が十分に与えられているのである。[26]

一九〇八年～一九一一年にかけての言語動議についても、それはもっぱら名望家議会である邦委員会での議論であり、母語に対する弾圧が加えられたポーランド人地域の場合とは、社会的な動員力において大きな懸隔があった。アルザス・ロレーヌにおける学校教育をめぐる政治問題の中心は、言語よりもむしろ宗教（宗派）にあり、ポーランド人地域のように両者が密接に結びついていたわけではなかった。一九一一年の改革後に行われた邦議会選挙では、邦委員会での言語動議の主唱者たちが結成した親仏的な国民同盟は惨敗を喫し（翌一九一二年の帝国議会選挙でも同様）、カトリック中央党が最大会派となる邦議会において、フランス語再導入問題は後景に退いていく。こうした状況が、アルザス・ロレーヌ総督のいわば余裕のある回答の背景にあった[27]。

四節　視察の目的と報告内容――坂口、そして保科

すでに述べた通り、アルザス・ロレーヌ総督は、坂口の申請を当初許可する回答を行っていたが、その際、「彼（＝坂口）が視察先として選んだ地域は、学術的あるいは教育学的な関心よりも、時事的あるいは政治的な関心を示唆している」と付言している。実際、坂口が具体的に何を調べようとしていたのかについては、ストラスブールで面談した局長が坂口に筆記させたメモが残されており、そこには16にわたる項目が列挙されている。

1. プロイセンの教育法令は当地においても有効か、そうであれば、例外はないか。
2. もし例外があるとすれば、当該の市町村が他のそれから区別される基準はどのようなものか。
3. そうした市町村の数、および全体におけるその割合。当該市町村の人口数と帝国領におけるその割合。
4. 指導要領、教案、および教科書、（a）民衆学校、中間学校、中等学校向け、および（b）例外が適用される学校向け。
5. フランス語圏の児童に対する国語教育法。
6. 教会と学校の関係、（1）宗派別学校と宗派共同学校についての統計、（2）聖職者に学校監督の権限はあるか、あるとすればどのようなものか。（3）誰が、どのように宗教授業を行うのか、（4）国家は聖

職者養成学校を監督しているか。

7. 歴史、地理の授業はドイツ国民意識の強化のために特別の配慮を行っているか。あればどのような方法で。

8. どの授業において、道徳、たとえば神への畏敬、国家元首と祖国への忠誠、国民の義務などは教育されているか、そしてどのように。

9. 私立学校および個人授業を行う者の種類と現状（とくにフランス語の個人教師）。さらに国立、市町村立学校と私立学校の通学者の比較。

10. 教員の状況、（1）その種類（男女、聖俗など）、（2）国籍別の出自（ドイツ本土、地元、フランス語話者など）。

11. 帝国領におけるあらゆる種類の学校、生徒についての統計、とくに宗派と言語の区別について。

12. 家族、教会、諸団体、職場におけるフランス語の一般的な状況について。

13. ドイツ国民的な教育および意識の拡大と維持のための学校内外における特別な活動（協会、図書館、移動図書館、会話の夕べなど）。

14. 新聞制度について。

15. 一八七〇年以降の一般教育と住民の意識の変化の推移、とくに学校教育活動の影響について（識字率、経済的繁栄、国民意識など）。

16. 帝国領について文献、（1）一般的なもの、（2）教育にかんして。[28]

このように坂口の関心は、今日の表現を用いれば、国境地域における国民統合の現状にあった。そしてそれは、学校教育を中心としつつも、12～15から分かるように、社会におけるドイツ国民意識の浸透の程度にも及んでおり、それはプロイセン領ポーランド人地域についても同様である。実際、一九一三年に朝鮮総督府に提出された彼の報告書は、この関心の広さを反映している[29]。一方、アルザス・ロレーヌの教育制度にかんする最初の言及を行ったのは教育学者であり、自身がストラスブール大学に学んだ吉田熊次であったが、そこでは併合直後のビスマルクによるドイツ的学校制度への転換が肯定的に記述されているに過ぎず、アルザス・ロレーヌの言語、宗教にかんする基本的な情報も提供されていない[30]。

こうした坂口の特徴の一例を挙げれば、13にかんして、アルザス・ロレーヌにおける「国風振作に貢献する」要素として、「軍人協会」や「通俗講談巡回文庫」については、それ自体日本にもすでに存在しているとしつつ、ドイツの森林行政と「ヴォゲーゼン倶楽部」の活動は「独逸的要素の増進に資するもの大なるものあるは本邦人士には頗る新奇の事項に属す」とし、ドイツの余暇文化としてのハイキングが果たす統合機能を指摘している[31]。とくにポーランド人地域のような「土地（植民）政策」が実行されなかったアルザス・ロレーヌにおいては、統合の問題はむしろ依然としてフランス文化の影響が強く残る点にあり、課題は政治よりもむしろ文化にあると、坂口は論じている。その一方で、言語問題と政治意識を同一視することの危険性を、「実際上一言の仏語を操らざる者にして精神上に於て仏国的傾向を有する者あると同様に喜んで仏語を話す者の内に若干多数の独逸的人民の存在することあり」とも述べている[32]。

アルザス・ロレーヌについては、いくつかの留保を付けつつも、将来的な「大なる独逸的祖国」への統合は可能であると述べているのに対し[33]、プロイセン領ポーランドにかんする坂口の議論はより悲観的である。彼によれば、その原因は（1）ポーランドの国民意識はすでに半世紀前、ビスマルクの同化政策開始以前より強固なものになっていること、（2）カトリック協会の政治的、精神的影響力の強さ、（3）国境外のロシア領、オーストリア領のポーランド人との間のネットワークの存在にあった。そのため、学校教育、ことに宗教授業におけるポーランド語の排除はむしろ逆効果となるとされた。

この点において、保科孝一の方はポーゼン州における報告のなかで、異なる見解を示している。アルザス・ロレーヌについてと同様、国語教育に特化して記述されている同書において、保科は「新附の国民統治の政策としては、愛撫を主として、彼らを親和せしめつつ、一方に於《お》ては、国語教育によって一大圧迫を加へるのが上策である」とし、プロイセン領ポーランドにおけるポーランド語排除政策、そして（坂口も指摘する）国語教材を通しての忠君愛国精神の涵養を「大にその策を得てゐる」と評価し、問題はむしろ国語政策以外において「ビスマーク」の「苛政《かせい》をしいて」いるためだとしている[34]。他方、アルザス・ロレーヌとの比較においては、国語読本における郷土教材にかんして、忠君愛国的な色彩の濃いポーゼン州の教材と、地域のドイツ的文化要素を強調するアルザス・ロレーヌのそれは、二つのモデルとして提示され、どちらを選ぶかは「事頗《すこぶ》る重大な問題で、朝鮮統治の永遠における大計として慎重に考慮すべき」としている[35]。

このように、坂口、保科ともに、単純に肯定的なモデル探しをしていたわけでない。この点、プロイセン文部省が提案した、視学官同伴による視察が実現しなかったことは、政府の立場をかえって相対的に見ることを促したかもしれない。他方、保科の場合、国語調査会のメンバーでもあり、教育政策により近い立場にいたこともあって、日本・朝鮮に対する提言により積極的であったのに対し、西洋史学者である坂口はむしろ消極的であった。ただし、一見して中立的と思われる記述のなかに見られる、「一切不秩序不潔」を意味する「ポルニッシェ・ヴィルトシャフト」といった表現や、アルザス・ロレーヌのカトリック聖職者を「一般に新知識と愛国心とに乏しく寧《むし》ろ人民を愚にして自家の利便を図るに汲々たるの概《おもむき》あり」との発言は[36]、ドイツの市民層（そして歴史学）の主流をなす、プロテスタント的ドイツのステレオタイプを無条件に受け入れているように思われる[37]。

五節　併合国境地域から遠隔植民地へ――台湾総督府による情報収集

すでに述べたように、坂口と保科の報告書は朝鮮総督府の依頼によって執筆されたものであったが、では、それ以前から日本が支配した植民地である台湾の場合はどうであっただろうか。

興味深いのは、実際、少なくともアルザス・ロレーヌについては、朝鮮総督府以前に台湾総督府が関心を寄せていたという事実である。一八九五年の下関条約後に開始された日本による植民地統治において、フランス領アルジェリアとともに、ドイツ領アルザス・ロレーヌが「内地延長論」の文脈から注目されていたことは、すでに複数の文献において指摘があるが[38]、それが否定された後においても、台湾総督府がアルザス・ロレーヌに関心を持ち続けていたことは、一九〇〇年、日本から初めてアルザス・ロレーヌの学校を公式に訪問したのが、台湾総督府の高級官僚である石塚英蔵（後に台湾総督）と部下森孝三であったことからも伺える[39]。彼らは、学校のみならず、ストラスブールにある行政（含都市行政）、司法（裁判所、監獄）の施設を対象とした、帝国領の統治、行政全般にかかわる視察を行っている。

その後、アルザス・ロレーヌの学校を視察した記録が残っているのは、一九〇二年に溝淵進馬（東京高等師範学校）と服部宇之吉（東京帝国大学）のストラスブールの男女師範学校視察、そして一九〇七年に槇山栄次（東京高等師範学校）の帝国領の師範学校、民衆学校、実科補習学校視察、二件三人である[40]。彼らの視察の認可は、改めて坂口（そして保科）の申請の却下の特異性を浮かび上がらせるものといえる。ただし、台湾総督府関係者については、一九〇六年に視学官の本庄太一郎が、早稲田中学校校長の大隈信常とともにベルリンの実科ギムナジウムと実科学校、ベルリン大学英文科ゼミナールを視察した記録があるだけで、国境地域を対象としたものではなかった[41]。しかし、このことは、台湾総督府がドイツ帝国に対する関心を失ったことを意味していたわけではない。むしろ、その後関心の対象が移動したというべきである。というのも、一九一四年五月、ベルリンの日本大使館は、ドイツ外務省に以下のような依頼を送っているのである。

（台湾総督府は）ドイツ（本土）とその保護領における男子、女子生徒の、優、良、不可それぞれの成績が付けられた評価作品について、それぞれ二点送っていただくことを切望している。具体的には、作文、書き方、図画、工作（女子は裁縫）の四科目それぞれについてである。対象となる学校は、民衆学校、ギムナジウム、実科ギムナジウム、高等実科学校、高等女学校、男子、女子師範学校とそれぞれの附属学校、技術学校、そして実科補習学校であり、送られる作品にはそれぞれ生徒の氏名、年齢、性別を記載されたい[42]。

この多種多様な資料の請求について、外務省は植民庁に問い合わせを行い、同庁は各保護領の担当部局にさらに打診している。その一つであるダルエスサラームのドイツ領東アフリカについては、資料の収集については「外務省が政治的な理由から、日本政府に対して配慮を示す必要があると考えるのであれば」異論はない、との回答を行っている[43]。トーゴ、カメルーン、南西アフリカ（ナミビア）、さらに南洋諸島についても同様に「異論なし」との回答が寄せられ、植民庁は六月二六日、「生徒の氏名の記載は不要である」との留保を付けつつ、外務省に承諾と準備をすすめる旨の回答を行っている。ここで注目されるのは、坂口の申請に際しては日本政府に対する配慮の必要がないことで却下されていたのに対し、植民地の情報収集については、日本人自身による視察を伴うものではなく、ドイツ植民地政府自身が行うものであったため、政治的な懸念がないと考えられ、面倒な作業を伴う要求であるにもかかわらず、対応しようとした点である。

上記のドイツ領東アフリカ関係者の回答には、承諾の返事とともに、「ただし――当地の場合該当する――スワヒリ語の学習帳を送ったところで、日本にとって意味があるかどうか、甚だ疑問ではあるが」とのコメントが添えられていた。実際、ドイツにおいては、一八八七年にベルリン大学に設立された東洋言語セミナーにおいてスワヒリ語教育が行われており、また東アフリカ植民地の学校教育は、当初プロテスタント伝道団はキリスト化（脱イスラム化）＝ドイツ語普及の観点から、ドイツ語による現地住民の教育を模索していたが、植民地行政側は宗主国文化への統合よりもむしろ域内の「リンガ・フランカ」としてのスワヒリ語を重視し、（ただしアラビア文字ではなくローマ字による）その教育を推進していた[44]。一方一九一四年当時、日本において同様のカリキュラムを持つ教育機関は存在せず、上記ドイツ植民地官僚の言にあるように、資料が送られたとしてもそれをどのように分析することができたか定かではない。また、そもそも、この資料送付は、その時期――植民庁から外務省への承諾の返事はサラエボ事件の二日前であった――が示しているように、第一次世界大戦の勃発により実現することはなかった。そのため実際に台湾総督府がどのようにそれを分析したかは想像するほかない。しかし、ドイツ政府が刊行する法令集や統計、関連文献など活字資料の収集にとどまらず、教育成果を「現物」によって、さらに本土との比較において分析しようとしたことは、こうした遠隔植民地における学校教育に強い関心が向けられていたことを示している。

このように、大戦前夜のドイツ帝国に対する日本の植民地政府の関心は、朝鮮総督府がもっぱら本土領内の「少数派」国境地域に向ける一方で、台湾総督府はむしろ海外の遠隔植民地に向けるようになった。こうした関心の方向性の違いは、後者では先住民族の武力制圧の進展とともに、一九〇九年より行われてきた「五箇年計画理蕃事業」のなかで、彼らの教化が重視されることになっていったことと、おそらく無関係ではあるまい[45]。先住民族の抵抗に対する武力弾圧後の統合の模索という点では、一九〇四～一九〇七年にかけて南西アフリカ植民地においてヘレロ・ナマクワ族の蜂起を徹底的に弾圧したドイツ帝国の姿は、ある意味で「二重写し」となっていたのかもしれない。長年台湾総督府に勤務した持地六三郎が一九一二年、台湾統治の成果と課題について述べた『台湾植民政策』の第一一章「教育問題」を「土人教育問題の困難なること」から説き起こしていることも、そうした問題意識を反映している[46]。

また同年、台湾、朝鮮両方の総督府において教育政策に携わる幣原坦が、台湾総督府の支援の下で執筆した『殖民地教育』では、ドイツ領植民地についての章はないものの、緒言において、植民地問題のなかでも教育は「就中最も議論の存するところであ」り、「現に本年のドイツ帝国議会においても、殖民地に関する議事中、特に教育の討議に、最多くの時間を費《つい》やしたではないか」と述べていることは[47]、植民地帝国としてのドイツの教育政策への注目がようやく高まりつつあったことを示唆している。

おわりに

一九一八年一一月、ドイツは第一次世界大戦に敗戦、革命を経て帝政から共和政へと移行し、翌年のヴェルサイユ講和条約においてすべての植民地を失い、また国境地域についても東部領の多くを再興されたポーランドなどに割譲し、アルザス・ロレーヌもフランスへと返還された。冒頭の中島の議論とはことなり、共和制への移行はドイツ教育に対する関心を激減させたわけではないが、日本の植民地統治の一環としての教育政策のモデル、あるいは情報収集の対象としてのドイツは、その意味を失うことになった。皮肉なことに、このことはドイツにおいて、失った地域における民族問題、教育状況への関心を高めることになった。戦前坂口の申請を「国境地域はその特殊な状況のために学術研究には適していない」として拒絶したドイツ外務省は、戦後逆に「国境ドイツ人」や「民族ドイツ人」、より広くヨーロッパの「民族少数派」について、教育制度を含めた研究を積極的に支援しており、こうした研究はすぐれて「政策科学」的な色彩を帯びていくことになる[48]。

しかし、「現実」の参照対象としてのドイツが意味を失ったことは、「過去」の事例としてのドイツへの関心が失われたことを意味するわけでは必ずしもない。フランス領となったアルザス・ロレーヌに対する関心は失われる一方、一九二一年には、保科の調査報告のポーランド人地域にかんする調査報告が朝鮮総督府において出版され、「教訓」としてプロイセンのポーランド人政策が論じられることになった[49]。ここで保科は弾圧、宥和の繰り返しによる同化政策の一貫性のなさに失敗の原因を見ており、そこには国語政策自体も含まれている[50]。ただし、そこで保科はまた、「成るべく穏健な手段で、Slow and Steady に其の目的を達する心掛けが肝要」としており、そこに三・一独立運動の影響を見ることができる。

一九二四年には朝鮮総督府調査部が『旧独領波蘭《ポーランド》統治概観』(前後篇)を刊行し、プロイセンの対ポーランド人政策について歴史的な総括を試みている。その序文において、総督府は日朝関係とドイツ・ポーランド関係について、「旧波蘭の普魯西《プロイセン》に於ける関係を、朝鮮の日本々国に於ける関係に比較して、其の程度の厚薄粗密の差こそあれ(概して日本対朝鮮の関係の方がより密接であり、より平和的であることは言を俟《ま》たない)類似した点が多い」とし、さまざまな項目を列挙したうえで、「版図の接壌《せつじょう》せるため新領土を植民地とは見做《みな》さずして本国内の一地方と定めたこと」、「統治の方針もこれに準じ一般植民地の如く取扱はず、寧《むし》ろ資金を投じて該属領の文化殊《こと》に物質的福利の増進を図《はか》りたること」を指摘している[51]。このように、ポーランド人地域については、第一次世界大戦後もさしあたり参照される過去と見なされた[52]。一方、植民地についても、サモア総督、植民庁長官を歴任し、帝政ドイツの最後の外務長官であり、一九二〇～一九二八年には駐日大使を務めたヴィルヘルム・ゾルフの植民政策論が二度にわたり翻訳されており、ドイツの植民地政策はその消滅後も参照対象であった[53]。

本論では、日本の植民地統治にかかわるドイツの学校視察や情報収集について、視察を受ける側の対応にも着目しつつ、その関心の方向性と背景についてみてきた。ただし、それはもちろん第一次世界大戦前のドイツという断片的なものに過ぎず、全体を見通すためには時期を広げたうえで、他国の事例を突き合わせて検討する必要がある。また、こうした視察報告が実際にどのような影響を与えたのか、具体的な参照のされ方はどうであったのか、という重要だが困難な論点についても、いくつかの示唆はあるものの[54]、今後の課題とせざるを得ない。しかし翻《ひるがえ》って、モデル、あるいは参照対象をめぐって「国境地域」と「遠隔（海外）植民地」の間を揺れ動く、植民地帝国日本からの眼差しは、ドイツ帝国における二つの概念区分自体の持つ意味、あるいは両者の関係性の再考を促すきっかけにもなりうるのである[55]。

註

1 中島半次郎『独逸教育見聞記』目黒書店、一九一二年、五八三—五八四頁。なお、旧字体は新字体に改めた。以下も同様。

2 Toru Takenaka, “The Myth of ‘Familiar Germany’: German-Japanese Relationships in the Meiji Period Reexamined”, in: Joanne Miyang Cho et al (eds.), Transnational Encounters between Germany and Japan. Perceptions of Partnership in the Nineteenth and Twentieth Centuries, Basingstoke 2016, pp.19-35.

3 Martin Aust / Daniel Schönpflug (Hrsg.), *Vom Gegner lernen. Feindschaften und Kulturtransfers im Europa des 19. und 20. Jahrhunderts.* Frankfurt am Main 2007.

4 ミヒャエル・ヤイスマン（木村靖二監修、辻英史・西山暁義訳）『国民とその敵』山川出版社、二〇〇七年。

5 坂口昂『独逸帝国境界地方の教育状況』朝鮮総督府、一九一三年。保科孝一『エルザス・ロートリンゲン州国語教育に関する調査報告』朝鮮総督府、一九一三年、同『ポーゼン州国語教育に関する調査報告』朝鮮総督府、一九一三年。なお、ポーゼン州に関する報告書は、割田聖史氏からの提供を受け、さらに科研における氏の保科にかんする報告から多くを学ぶことができた。記して謝意を表したい。

6 坂口の報告については、ポーランド人地域について、黒田多美子「一歴史家のみたドイツ領ポーランドにおける教育政策——坂口昂『独逸帝国境界地方の教育状況』をめぐって」『ドイツ学研究』21（一九八九）、二四〇—二六一頁、Tamiko Kuroda / Achim Leschinsky, “Auf der Suche nach einem geeigneten Modell für die Behandlung eines unterworfenen Volkes und die Rolle des Bildungssystems dabei. Auszüge aus einem japanischen Gutachten im Auftrag des Kolonialgouvernements für Korea aus dem Jahre 1913 über die Bildungspolitik Preußen-Deutschlands in dem von ihm annektierten Teil Polens”, in: Jahrbuch für historische Bildungsforschung 13(2007), S.289-305. アルザス・ロレーヌについて、佐々木毅「明治大正期の日本から見たアルザス・ロレーヌ地方の教育」『新潟大学教育学部紀要』28—1（一九八六）、一五—二三頁、および Akiyoshi Nishiyama, „Informationssammlung oder Modellsuche. Ein Geheimbericht über die deutsche Schulpolitik in Elsass-Lothringen an das japanische Generalgouvernement in Korea von 1913“, in: Armin Heinen / Dietmar Hüser (Hrsg.), *Tour de France. Eine historische Rundreise. Festschrift für Rainer Hudemann*, Stuttgart 2008, S.89-98. 保科の報告については、イ・ヨンスク『「国語」という思想』岩波書

店、一九九六年、二三八—二四四頁。

7 伊藤定良『異郷と故郷』東京大学出版会、一九八七年、同『ドイツの長い一九世紀』青木書店、二〇〇一年。

8 Bundesarchiv Berlin, R901/38492, 38493 に所収された申請書の集計による。同一人物による追加視察の申請については件数にカウントしていない。また、人数には同行者、随行員として名前が記載されているものも含む。

9 地名については、とりわけ国境地域について、何語を使って表記するかということ自体が政治的な意味合いを持つ可能性がある。本論ではこうした点を認識しつつも、日本における通用の度合いなどを考え、本文の表記の通りとした。

10 朝鮮総督府自身の関係者としては、学務局長の関谷貞三郎が一九一三年にドイツの学校を訪問しているが、対象となるのはベルリン、ハンブルク、ケルン、フランクフルト、ドレスデン、ライプチヒ、ミュンヘン、ニュルンベルクの各種学校と、教育当局との面談、情報収集であり、国境地域は含まれていない（後述のように、申請したとしても却下された可能性が高いが）。

11 坂口の経歴については、『歴史家の旅から』に所収された、樺山紘一による解説、および黒田多美子、前掲論文を参照。保科については、イ・ヨンスク、前掲書、および安田敏朗『近代日本言語史再考 帝国化する「日本語」と「言語問題」』三元社、二〇〇〇年。

12 ドイツ外務省宛日本大使館覚書（一九一一年七月六日）、Bundesarchiv Berlin, R901/38493.

13 外務省宛プロイセン文部省書簡（一九一一年七月一三日）、同右。

14 外務省宛アルザス・ロレーヌ総督書簡（一九一一年七月一九日）、同右。

15 プロイセン文部省宛外務省照会（一九一一年七月二六日）、アルザス・ロレーヌ総督宛外務省照会（一九一一年八月九日）、同右。

16 日本大使館宛ドイツ外務省通知（一九一一年八月九日）、同右。

17 外務省宛アルザス・ロレーヌ総督書簡（一九一一年一一月八日）、同右。

18 日本大使館宛外務省書簡（一九一一年一一月二一日）、同右。外務省はさらにプロイセン文部省に対してこの件を通知し、同省と内務省で坂口の行動に注意するよう促している。プロイセン文部省宛ドイツ外務省書簡（一九一一年一一月二一日）、同右。

19 Politisches Archiv des Auswärtigen Amts, R63073 (Die Zulassung von Schulmännern usw. zum Studium des deutschen Unterrichtswesens und umgekehrt. Allgemeines. Rotulus, 1906-1925).

20 プロイセン文部省宛外務省書簡（一九一二年四月二六日）、Bundesarchiv Berlin, R901/38493.

21 実際、坂口と面談したアルザス・ロレーヌ高等学務局局長アルブレヒトは、坂口が同様の目的で来訪したことを保科の関する書簡の余白に記している。ただし、そこで彼は朝鮮ではなく、「台湾島の二言語地域における日本政府の（統治）方式についての資料収集のため」と誤って述べている。帝国宰相宛アルザス・ロレーヌ総督書簡（一九一二年五月四日）下書きの余白コメント、Archives Départementales du Bas-Rhin, 105AL1551.

22 詳細は以下を参照。Rudolf Korth, *Die preußische Schulpolitik und die polnischen Schulstreiks. Ein Beitrag zur preußischen Polenpolitik der Ära Bülow*, Würzburg 1963; John J. Kulczcki, *School Strikes in Prussian Poland 1901-1907: The Struggle over Bilingal Education*, New York 1981. 伊藤『ドイツの長い一九世紀』。

23 Korth, *a.a.O.*, S.112.

24 "The First Meeting of the New International", in: *International Socialist Review* 2(1901/02), S.597.

25 「ツァーベルン事件」については、滝田毅『エルザスの軍民衝突――「ツァーベルン事件」とドイツ帝国統治体制』南窓社、二〇〇六年、を参照。

26 *Verhandlungen des Landesausschusses für Elsass-Lothringen*, Sitzung vom 17.3.1896, S.385f.

27 アルザス・ロレーヌの学校視察に関しては、すでに一八七三年にロシアのカザンからタタール・キルギス・バシュキール人学区視学官のダドロフなる人物がドイツの二言語の民衆学校と師範学校の視察を申請し、ビスマルクはそれを許可するとともに最大限支援するよう、アルザス・ロレーヌの全教育当局に対して指示している。帝国宰相通達（一八七三年六月一四日）、Archives Départementales du Bas-Rhin, 105AL1551. また、同地における史料上の最後の視察申請の記録は、一九一四年七月、カナダ・ケベック（モントリオール）の政治家アンリ・ブーラサであり、イギリスの政治家である大法官ホールディン卿の斡旋により許可されたものの、大戦の勃発によって実現しなかった。外務省宛駐英大使リヒノフスキ報告（一九一四年六月二〇日）、外務省宛アルザス・ロレーヌ総督書簡（一九一四年七月二日）、Archives Départementales du Bas-Rhin, 105AL1550.

28 “Schul- und Bildungswesen im Reichslande seit seiner Entstehung (Geschictlichtes und Jetziges)”, (坂口手書きメモ), 外務省宛アルザス・ロレーヌ総督書簡（一九一一年一月八日）に添付、Bundesarchiv Berlin, R901/38493.

29 坂口は報告書の緒言において、ドイツ政府による視察拒絶について言及しつつ、実地調査において「官公私の各専門家か友人又は同科研究者として余に頒《わか》ち得たる一切の材料」を基礎として報告書を作成したと述べている（坂口昂『独逸境界地方の教育状況』朝鮮総督府、一九一三年、緒言一頁）。上記のアルザス・ロレーヌ高等学務局長アルブレヒトも、坂口に言語統計資料を提供しており、坂口は彼を「友人」と呼んでいる。坂口昂「エルザス・ロートリンゲンの現在および将来」同『世界史論講』岩波書店、一九三一年、二三二頁（初出『歴史地理』一九一四年）。他にも、戦後のアルザス再訪に際して再会叶わなかった旧友のストラスブール工業高校の教員「ドクトルT」がインフォーマントであったことが考えられる。坂口「アルザスの秋」『歴史家の旅から』中公文庫、一九八一年、二六七頁。ポーランド人については、小山哲によれば、ヨーロッパ渡航時に知り合ったジャーナリストがいたが、報告をめぐる接触については確認できないという。小山「『世界史』の日本的専有――ランケを中心に」（韓国語）、ド・ミョンへ、ユン・ヘドン編『歴史学の世紀――二〇世紀韓国と日本の歴史学』（ソウル、ヒューマニスト出版社、二〇〇九年六月）、五三―一二九、五三一―五三五頁。小山氏には日本語テキストを提供していただいた。記して謝意を表したい。なお関連する論考として、小山哲「実証主義的『世界史』」秋田茂他編『「世界史」の世界史』ミネルヴァ書房、二〇一六年、二七二―二九二頁、二八三―二八四頁、を参照。

30 吉田熊次『普仏戦争ト独乙ノ一般教育』文部省、一九〇五年、五〇―六二頁（後に『独逸の教育』冨山房、一九一五年、に再録）。

31 坂口『独逸帝国境界地方』、一八六―一八八頁。

32 同右、一九五頁。

33 同右、二〇二頁。

34 保科孝一『ポーゼン州国語教育』、一四一―一四二頁。こうした見解に対し、ルーマニア出身の教育学者オニシフォール・

ギブは、ヨーロッパにおける少数民族地域における言語教育の比較分析を行ったイエナ大学提出の学位論文において、初等教育においては、母語による教育を保障することを国家の責務としつつ、国家語の教育は社会的、教育学的観点からその必要性を判断すべきであると述べている。そこからは、アルザス・ロレーヌの政策は評価される一方（ギブ自身ストラスブール大学に学んでおり、フランス時代のアルザスの事例も多く紹介されている）、プロイセン領ポーランドは批判の対象となるが、標的となるのは何よりも故郷のトランシルヴァニアにおける「マジャール化」政策であった。Onisifor Ghibu, *Der moderne Utraquismus oder die Zweisprachigkeit in der Volksschule*, Langensalza 1910; 戦後ルーマニアにおける彼の教育行政官としての言語政策については、Irina Livezeanu, *Cultural Politics in Greater Romania*, Ithaca/London 1995, S.155-161.

35 保科孝一『エルザス・ロートリンゲン州国語教育』、三一頁。この点については、アルザス・ロレーヌについて拙稿「『郷土』と『祖国』――ドイツ第二帝政期アルザス・ロレーヌ民衆学校における『地域』」『歴史評論』594（一九九九年）、および朝鮮について、國分麻里『植民地期朝鮮の歴史教育――『朝鮮事歴』の教授をめぐって』新幹社、二〇一〇年を参照。

36 坂口、前掲書、九五、一六一頁。

37 黒田、前掲論文、二五四頁。この点について、小山哲は、政策提言に禁欲的な坂口の「ランケ流の実証主義」的、換言すれば「価値中立性」自体が、植民地支配を支える学術的基盤であった点を指摘している。小山、前掲論文。なお、坂口のストラスブール訪問の前年に、一〇年間のストラスブール大学での留学を終え帰国した仏教学者渡辺海旭は、無神論者を中心とする宗派・宗教横断的なフォーラム「自由思想団（Freidenker）」を中心に、（アルベルト・シュヴァイツァーも含む）地元宗教家と交流し、カトリックとの対話も行っていたが、中央党に組織化された政治カトリシズムを「坊主党」と呼び、反動的性格であるとしてきわめて批判的であった。前田和男『紫雲の人、渡辺海旭――壺中に月を求めて』ポット出版、二〇一一年、一六六―一九〇頁。

38 駒込武『植民地帝国日本の文化統合』岩波書店、一九九六年、三二―三三頁、小熊英二『日本人の境界』新曜社、一九九九年、八三―八八頁。

39 アルザス・ロレーヌ高等学務局宛同行政長官通達（一九〇〇年二月二六日）、Archives Départementales du Bas-Rhin, 105AL1551. 森孝三はベルリン大学に学んでおり、カール・ヘルフェリヒ『殖民行政組織改革論』博文館、一九〇五年の翻訳者でもあった。

40 槇山については、ドイツへの渡航日記が近年刊行されたが（『百年前の留学記』新風舎、二〇〇五年）、一部抜粋され掲載された見聞記にはアルザス・ロレーヌの訪問に関しての記載はない。

41 本庄太一郎「欧米教育制度調査基調報告」（一九〇八年四月）『後藤新平文書デジタル版』（東京都市政専門図書館所蔵）

42 ドイツ外務省宛日本大使館覚書（一九一四年五月一四日）、Politisches Archiv des Auswärtigen Amtes, R62924.

43 植民庁宛ドイツ領東アフリカ総督府報告（一九一四年六月六日、Bundesarchiv Berlin, R1001-7315.

44 Armin Owzar, "Swahili oder Deutsch? Zur Sprach- und Religionspolitik in Deutsch-Ostafrika", in: Mark Häberlein / Alexander Keese (Hg.), *Sprachgrenzen – Sprachkontakte – kultureller Vermittler. Kommunikation zwischen Europäern und Außereuropäern (16-20. Jahrhundert)*, Stuttgart 2010, S.281-304. 一方、南西アフリカなどでは、ドイツ語のみの教育が実施されており、地域間で方針は異なっていた。なお、ドイツ植民地全体の先住民の学校教育の状況については、一九一一年に統計調査が行われ、その分析結果がちょうど一九一四年、ハンブルク植民地研究所の叢書において刊行されている。Martin Schlunk, *Die Schulen für Eingeborene in den deutschen Schutzgebieten*, Hamburg 1914. さらに植民地教育制度全般について ders., *Das Schulwesen in den deutschen Schutzgebieten*, Hamburg 1914.

45 台湾先住民教育の重層的なプロセスと蹉跌については、北村嘉恵『日本植民地下の台湾先住民教育史』北海道大学図書刊行会、二〇〇八年を参照。

46 持地六三郎『台湾植民政策』冨山房、一九一二年、二七九—二八二頁。

47 幣原坦『殖民地教育』同文館、一九一二年、二頁。

48 一例として、Paul Rühlmann (Hrsg.), *Das Schulrecht der deutschen Minderheiten in Europa*, Breslau 1926; ders. (Hrsg.), *Das Schulrecht der europäischen Minderheiten*, 5 Bde., Berlin 1930.

49 同様の反面教師の例として保科が挙げたアイルランドについては、やはり朝鮮総督府への報告として『愛蘭教育状況』が一九二〇年に刊行されており、同年には『亜米利加合衆国に於ける黒人教育の現状』についての報告も提出されている。

50 保科孝一『独逸属領時代の波蘭に於ける国語政策』朝鮮総督府、一九二一年、序言、一—二頁。同書の末尾にはアルザス・ロレーヌについて短い章が割かれているが、言語的、歴史的なドイツへの親近性から「独化政策は波蘭に比すると、遥かに成功したものと言って宜しい」と述べている（一三五―一四四頁）。

51 朝鮮総督府『旧独領波蘭統治概観』前篇（調査資料第九輯）、一九二四年、緒言一―二頁。このように、日本による朝鮮領有を欧米的な「植民地」とは区別すべきであるということは、三・一独立運動の数日前に刊行された、幣原坦の『朝鮮教育論』（六盟館、一九一九年）においても強調されており、沖縄との類似と（オーストリア領に併合された）ボスニア・ヘルツェゴビナとの相違が示唆されている。ただし、同書において、現状はまだ「朝鮮人教育」と「内地人教育」に差があるため、他の欧米の植民地との比較が可能であり、それによって「朝鮮教育の地位と真価」を確認する必要があると論じている。

52 ただし、一九二〇年代末の朝鮮での学校ストライキについては、世紀初のプロイセン・ポーランドの状況を想起させるものではあったが、問題は民族主義と共産主義のイデオロギー的結合と捉えられ、歴史的事例よりもむしろソ連の民族政策が参照されている。朝鮮総督府警務局『朝鮮に於ける同盟休校の考察』一九二九年。

53 ヴェ・ハ・ゾルフ『殖民政策』拓務局、一九三二年、同（長田三郎訳）『将来の植民政策』有斐閣、一九二六年。

54 たとえば、朝鮮総督府教育官僚の小田省吾が、プロイセン領ポーランドの事例から保科が強制的国語政策を推奨したのに対し、総督府の政策はむしろ自発的な関心を養う教育を行った、とその違いを強調している（久保田優子『植民地朝鮮の日本語教育――日本語による「同化」教育の成立過程』九州大学出版会、二〇〇五年、二九〇―一頁）。ここでは、自らの正当化の言説にとって、「反例」としてのモデルを果たしていることになるが、同様の言説は、プロイセン領ポーランドのドイツ語教育においても理念として語られており、実態として対照的なのか、それとも程度の問題なのかは検証の必要があろう。

55 ドイツ帝国を国民国家というよりは、むしろ大陸帝国と海洋帝国の混合として把握する議論として、以下を参照。Philipp Ther, "Deutsche Geschichte als imperiale Geschichte. Polen, slawophone Minderheiten und das Kaiserreich als kontinentales Empire", in: Sebastian Conrad / Jürgen Osterhammel (Hrsg.), *Das Kaiserreich transnational. Deutschland in der Welt 1871-1914*, Göttingen 2004, S.129-148.

第二部　国民国家の「辺境」と言語

第五章　アルザス・ユダヤ人の「同化」と言語
――一九世紀前半の初等教育政策を例にして

川﨑　亜紀子

はじめに

アルザス地方は、その長い歴史の中でフランスとドイツとの間で戦争が勃発するたびに帰属先が変更された地方としてよく知られており、現在はフランス領である。ただし、フランス領になってもドイツ領になっても維持されていたアルザス固有の文化、伝統、習俗などはドイツのそれらと酷似している。とりわけフランス革命以降、ヨーロッパにおいてナショナル・アイデンティティが徐々に醸成され国民統合が重要な課題となっていった中で、フランス領であったものの「ドイツ的な」要素の強いアルザスに対し、「フランス化」が求められるようになった。それは言語面においても同様である。アルザス住民が日常的に使用していたアルザス語はやはりドイツ語的な特徴を持っており、フランス革命直後の時期では、フランス領になってすでに一〇〇年以上経っていたにもかかわらず、彼らはほとんどフランス語を話せなかったからである。

ところで、常にキリスト教徒から差別と偏見の対象になっており、法的平等が与えられていなかったユダヤ人に関して、フランスではフランス革命中に彼らに市民権が付与され、これは「解放（émancipation）」と呼ばれた。彼らの「フランス化」すなわちフランスへの「同化」は、一九世紀以降フランスでは重要な課題であった。つまり、宗教に基づいた法規範を持ち自治共同体を構成していたユダヤ人は、自治を放棄してフランス社会に組み入れられなければならない、とされたのである。本論で考察対象とするアルザス・ユダヤ人は、二重の意味で周縁的な存在であったため、「同化」の問題はより深刻であったといえよう。それは、彼らはアルザス住民でなおかつユダヤ人だからである。彼らは、フランスのユダヤ人社会の中でもっともユダヤの伝統に忠実な共同体を構築していた。また、西南ドイツのユダヤ人と同様の特徴を持っており、アルザス・イディッシュ語と呼ばれる言語を日常言語として使用していた。

本章では、アルザス・ユダヤ人の歴史、そして言語状況を整理したうえで、彼らに対する初等教育のうち特に言語教育を見ることで何が求められたのか、解放以降一八四〇年ごろまでを考察時期として、その実態を明らかにしていく。教育、とりわけ初等教育は国民統合の観点からフランス革命期に取り組むべき重要な政策と見なされていたものの実現されずに終わり、第三共和政期に入って本格的な教育政策が講じられたが、実は王政復古期にすでに初等公教育の改革そのものは着手されていた。このような状況の中で、アルザス・ユダヤ人はどのように「同化」すべきと考えられたか、また、それはどのように進展していったのかについて考察することで、周縁的存在における統合の複雑さを浮き上がらせたい。

一節　アルザスにおけるユダヤ人共同体の発展

まず、アルザスにユダヤ人が居住するようになった背景や経緯について、フランス全体の状況とも合わせて簡単に説明していこう。

ユダヤ人はディアスポラ（これについては後述）以降世界各地に散在するようになるが、キリスト教世界において は「神殺し」として迫害の対象になった。本格的に彼らが迫害を受けたのは十字軍遠征の時である。異教徒に占領された聖地エルサレムを奪還すべく遠征に向かった十字軍が、その途中「遠くの異教徒より近くのユダヤ人」を攻撃対象にし、ユダヤ人共同体が襲撃された。その後、ローマ・カトリック教会による第三回ラテラノ公会議（一一七九年）と第四回ラテラノ公会議（一二一五年）において、ユダヤ人に黄章や特別の帽子などの着用を義務づけることやキリスト教徒との交流を禁止することが決められた。また、一四世紀半ばにペストが大流行した際には、ユダヤ人が井戸にその原因となる毒を投げ入れたとして各地で彼らが虐殺された。そのほか、キリスト教徒の子供の血がユダヤ人の行う儀式に用いられるとして、子供の誘拐騒ぎがあると、その犯人はユダヤ人だとして告発され、殺害されることもあった（儀式殺人）。こうして、一五世紀ごろになると、北西ヨーロッパから以上のような理由でボヘミア、ポーランド、リトアニアなどスラヴ地域へ移住していったアシュケナズィ系と、ローマ帝国との戦争をしていたころにエジプトやシリアなどに移住したが、イスラームの西方への勢力拡大に伴いイベリア半島へ移っていったスファラディ系の二つの集団に大きく分かれていった。スファラディ系は、イスラームの支配下で特別税を納めなければならなかったが、定住を許可され、宮廷への金貸しや学者、医師などとして活躍した。しかし、キリスト教国家によるレコンキスタが進展し、イスラーム国家を陥落させたポルトガルとスペインはユダヤ人も追放し、彼らはイタリアやオランダなどへ移住した。アシュケナズィ系とスファラディ系とでは同じユダヤ人とはいえ、文化、言語、宗教的儀式などの面で互いに大きく異なっていた。

フランスでは、四世紀終わりごろからユダヤ人の存在が文献で確かめられる。強制改宗などの迫害を彼らは受けたりしたものの、一一世紀ごろまでには各地に共同体が形成されたようである。しかしながら十字軍遠征の際フランス領でもユダヤ人は虐殺の憂き目に遭い、その後一一八二年国王フィリップ二世（在位：一一八〇—一二二三年）による最初の追放令が出された。これはやがて撤回されたが、国王が代替わりしても何度か追放令の更新と撤回が繰り返された。そして、「最終的追放（expulsion définitive）」と呼ばれた、国王シャルル六世（在位：一三八〇—一四二二年）による一三九四年の追放令以降、ユダヤ人の国内居住は原則的に禁止された。にもかかわらず、実際にはその後さまざまな理由で彼らはフランス国内に共同体を構築するようになり、アシュケナズィ系もスファラディ系もフランスに定着するようになった。

ボルドーを中心とした南西部はスファラディ系の避難先であった。彼らは先述したようにもともとスペイン・ポルトガルにいたが、追放されずに国内にとどまるには改宗せざるを得なかった。しかし改宗しても「マラーノ（豚という意味）」「新キリスト教徒」と呼ばれ、迫害の対象になり国外に逃げてきたのである。彼らは百年戦争による荒廃の立て直しに寄与したということで、一五五〇年の開封勅許状により居住が許可された。大西洋貿易で財を成した富裕層が多く、アムステルダム、ロンドン、ヴェネツィアなどのスファラディ系共同体と緊密な商業ネットワークを構築していた。一八世紀に入りユダヤ教の信仰が認められるようになるが、すでにフランス・カトリック社会に溶け込んでいる者は少なくなかった。南東部は、「最終的追放」の時点では教皇領や伯爵領として独立していた地域であり、ここも追放から逃れたスファラディ系の避難先になり、一六世紀後半に教皇領だったアヴィニョンなど四か所に制限するという形で彼らの居住が認められた。

一方、アシュケナズィ系は北東部に居住した。アンリ二世（在位：一五四七—一五五九年）が一五五二年にトゥール、ヴェルダン、メス（メッツ）の三司教区を獲得したことに伴い、兵士をメスに駐留させた。その兵士たちの軍資調達のために、一五六四年にユダヤ人の居住が許可され、その後開封勅許状によって確認された。ロレーヌは一七六六年にフランス領になったが、それ以前のロレーヌ公国時代に、商業振興を目論む当時のロレーヌ公レオポルトが一七二一年にユダヤ人の居住許可を出したことを契機にユダヤ人共同体が存在するようになった。そして、アルザスは、神聖ローマ帝国時代から聖俗諸侯によって領地が分立していた地域であり、ユダヤ人の居住は各領主の裁量に任されていた。ユダヤ人は、ストラスブール（シュトラースブルク）をはじめとする都市での居住は禁止されていたが、居住の許されている農村に分散して小規模の共同体を形成していた。アルザスの大半が三十年戦争の講和条約であるヴェストファーレン条約によってフランス領になった後も、政府は神聖ローマ領時代の慣行にすぐに手を触れることはできず、それはユダヤ人に対しても同様であり、結局彼らの居住は黙認されていった。

以上のような歴史をたどったフランスのユダヤ人のおおよその居住人口について、アンシァン・レジーム末期の一七八〇年ごろの時点で、南西部で四〇〇〇〜四五〇〇人、南東部で二五〇〇人、ロレーヌで七五〇〇人、パリで五〇〇人、そしてアルザスでは二万二五〇〇人ほどであったとされている。

こうして見てみると、他地域のユダヤ人については、それぞれ特殊な事情を持ち一種の特権を享受する形で居住が認められたのに対し、アルザスでは既存のユダヤ共同体がフランス領になって以後もそのまま残存し、さらに発展していったという点で独自の特徴を持っていた。また、ボルドーやアヴィニョンのユダヤ人がフランス革命前にすでにフランスへの同化傾向を示していたのに対し、アルザスのユダヤ人は様々な面でユダヤの伝統にもっとも忠実であったとされ、ロレーヌのほかに同じアシュケナズィ系である南西ドイツやスイスのユダヤ人共同体とも密接な関係を結んでいた。そして、アルザスはフランス国内でもっとも多くのユダヤ人が集まる地域でもあり、ユダヤ人の非ユダヤ人に対する人口比重も他地域に比して高かった。

都市の居住が禁止されていたので、フランス革命まではアルザスのユダヤ人共同体は農村地域に形成されていた。軍馬や糧秣などの大規模卸売商として活動した富裕な者もいたが、彼らの大半はアルザス農民を相手に複数の村々を回り、行商や金貸しなどを営み、きわめて質素な生活を送っていた。彼らはユダヤ人であることで非ユダヤ人からは嫌悪と侮蔑の対象であったが、その一方でユダヤ人はアルザス住民の生活のために不可欠な存在でもあった。例えば、アルザス最大の都市ストラスブールは当然ながらフランス革命勃発までユダヤ人の市内居住を禁止し、彼らに対し非ユダヤ人との信用取引も禁止していたが、日中に限りユダヤ人は市内に入ることができ、馬や食料品など一部の商品の現金取引をおこなうことは認められていた。ストラスブールはきわめて反ユダヤ的な政策を講じ続けていた都市であるが、ユダヤ人の経済活動に対するストラスブール住民の需要について市は無視することができなかったのであろう。農村においても、ユダヤ人はただ農具や金物、古着などを売るだけでなく、各農村を巡回することで、地域の消息を住民に伝える役割も果たしていた。このように、彼らは非ユダヤ人のアルザス住民と接触する機会が頻繁にあったのである。

二節　イディッシュ語、アルザス語、「アルザス・イディッシュ語」

アルザス地方のユダヤ人が使用していた言語は、アシュケナズィ系ユダヤ人の日常言語であるイディッシュ語の

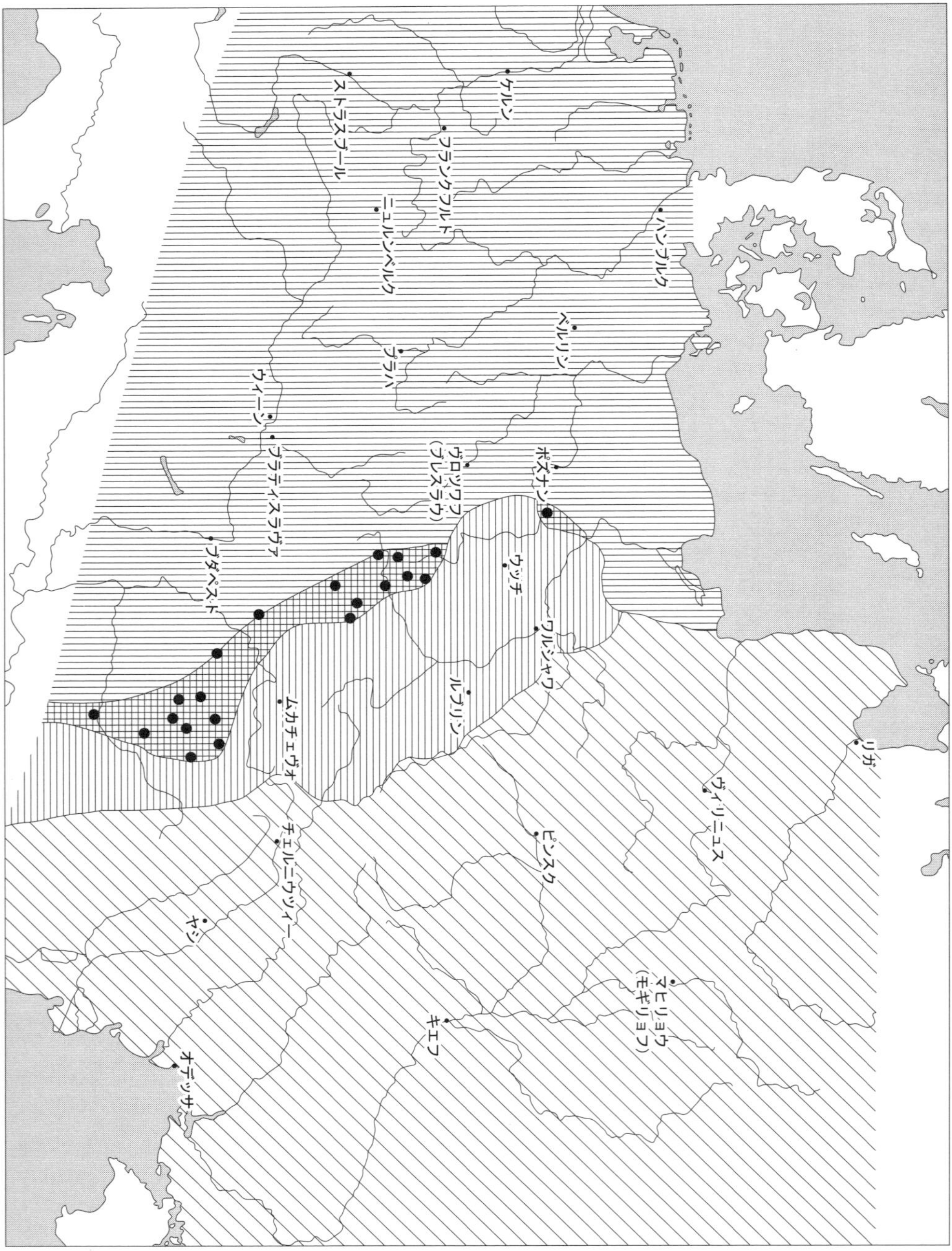

he Language and Culture atlas of Ashkenazic Jewry Volume I: Historical and Theoretical Foundations,
übungen, 1992, p.52.

一種であった。まず、このイディッシュ語について簡潔に説明しよう。そもそもユダヤ人は、紀元七〇年の第二神殿の破壊と一三五年のエルサレム壊滅により、いわゆるディアスポラという、中東各地やローマ帝国領内に離散せざるを得ない状況に陥った。彼らはもともとヘブライ語やアラム語を話していたが、このディアスポラの過程でそれぞれの定着先の言語と混交した言語が生まれていき、イディッシュ語もその過程の中で生まれた言語である。

イディッシュ語の起源は九―一〇世紀のライン・ドナウ流域と言われ、ユダヤ人がメス、ケルン、マインツ、ヴォルムスなどの都市に居住し人口が増加していく中で、次第に一つの言語として形成されていったようである[1]。したがって、イディッシュ語は文法的にはドイツ語に非常によく似ている。彼らは神聖ローマ帝国領内各地に居住するようになったが、その後十字軍遠征やペストの大流行などの際に迫害を受けるようになり、東方へ移動するようになった。そして、一五世紀以降ボヘミア、モラヴィアからポーランド、そしてリトアニアやウクライナ、ルーマニアなどに定着するようになっていく。この結果、イディッシュ語も広範囲にわたって話されるようになった。また、語彙の面でも、基本的にドイツ語起源のものが多いが（約七五％といわれている）[2]、ヘブライ語起源、アラム語起源、スラヴ系言語起源のものが混交しており、まれではあるがラテン語起源の単語も存在する。そして、当然ながら方言的差異も生じ、大まかにいえば、現在のベラルーシ、バルト三国、ポーランド、ルーマニアなどで話される東イディッシュ語、チェコ、オーストリア、スロヴァキア、ハンガリーなどで話される中央イディッシュ語、そしてドイツ、デンマーク、オランダ、スイスなどで話される西イディッシュ語に分かれるようになった[3]。このうち、西イディッシュ語は一八世紀以降の啓蒙主義、その影響を受けたハスカラ（Haskalah）と呼ばれるユダヤ啓蒙主義の普及により、「くずれたドイツ語」、「ゆがめられたヘブライ語」とされ衰退していった一方、東欧諸国のイディッシュ語は共同体が繁栄していくにつれ、単なる日常言語のみならず、学問的言語としての地位も確立されるようになった[4]。このことにより、書き言葉として正書法なども整備されるようになっていく。さらに、一九世紀末以降、一八八〇年代から一九〇〇年代初頭まで発生したポグロムや、いわゆるナチスによるホロコーストの影響でアメリカやイスラエルに移住した東欧のユダヤ人が非常に増加したことを受け、彼らの話していたイディッシュ語が標準イディッシュ語となった。そして、彼らが自分たちの境遇を発信するため、あるいは自分たちの文化を守るため、イディッシュ語新聞・雑誌などの出版、演劇や文学、あるいは音楽などが非常に発展した。現在俗にイディッシュ語と呼ばれる言語は、基本的にポーランドやリトアニアで話されていた東イディッシュ語を指している。

このように、イディッシュ語は、ヘブライ語やアラム語とドイツ語が混交したものにさらにアシュケナズィ系ユダヤ人が定着した先々の言語が混交してできあがった、一種の「クレオール言語」[5]ともいえよう。実際、この言語は、語彙の面ではインド・ヨーロッパ系語族のドイツ語起源が多いものの、文字はヘブライ文字を使用し、セム系語族のヘブライ語やアラム語などと同様、右から左へと書かれるという、まさに混交言語ならではの特徴を持っている。

それでは、アルザス・ユダヤ人の話していたイディッシュ語とはどういう言語だったのであろうか。いわゆる「アルザス・イディッシュ語（yiddish alsacien, judéo-alsacien, Elsässer Jüdischdeutsch）」は、オランダ、プファルツやバーデン、バイエルンなどドイツ南西部、あるいはスイスに定着したユダヤ人がそれぞれ話していたイディッシュ語と同様、西イディッシュ語に属し、イディッシュ語圏の最西端で話されていた言語である。イディッシュ語は定着先の言語と混交することで方言的差異を生み出していった言語であり、アルザス・イディッシュ語もまた、アルザス人の話していた言葉、いわゆるアルザス語と混交した言語である。ところで、アルザス地方は、先にも述べたがフランス領になる前は神聖ローマ帝国領であり、言語的にも文化的にもドイツの影響を強く受けている地方である。アルザス住民の話すアルザス語も、語彙の面などでフランス語の影響がみられるものの、基本的にはドイツ語の方言と言える言葉である。ただし、アルザス語は発音や語彙などにおいて標準ドイツ語と異なる部分があるので、この影響を受けたアルザス・イディッシュ語は、東イディッシュ語のみならず他の西イディッシュ語とは別の言語としてとらえるべきであろう。それでも、母音の変化のしかたやバイエルン方言の影響が入り込んでいる点などは、ドイツのイディッシュ語と同じ特徴である。しかし、アルザス・イディッシュ語では他のイディッシュ語と違い、ヘブライ文字で表記することが徐々になくなっていったようである。

その一方で、今度はアルザス・イディッシュ語とアルザス語との関係についてであるが、当然両者の類似関係は明白である。ただそれだけにとどまらず、アルザス語の語彙の中にはヘブライ語起源の単語も存在している。あるいは、全く同じ単語が両者において使用されているもののアルザス語には侮蔑的なニュアンスが付与されている場合もある[6]。いずれにせよ、アルザスでの非ユダヤ人とユダヤ人の意思疎通はほぼ問題なく普通に行われていたのは確かなようである。例えば、一九世紀後半のアルザス農村のユダヤ人の生活について書かれた書物によれば、ロドルフという人形づかいがアルザス・イディッシュ語で旧約聖書の物語を村々で語って聞かせ、聴衆の中にはユダヤ人も非ユダヤ人もいたという[7]。

南西部のユダヤ人たちは、もともとラディーノ語やジュデズモ語と呼ばれるスファラディ系ユダヤ人が話していた言語を話していたが、彼らはその多くが大西洋貿易に従事するなどして財産を獲得した富裕層に属し、業務を遂行していくうえでフランス語を話すようになっていった。フランス革命の最中にフランスのユダヤ人に法的平等が与えられ市民権を獲得したのは最初に述べたが、実は南西部のユダヤ人がアルザス・ユダヤ人を含む北東部のユダヤ人より先に市民権を獲得している[8]。この理由としては、両者の同化の程度に違いがあるとみなされたからであり、自分たちはかなり以前からフランスに定着しており社会的同化を果たしていると主張するなど、南西部のユダヤ人自身がそのことを強く意識していた。彼らは、フランス語と全く違うアルザス・イディッシュ語を話していたアルザス・ユダヤ人とは決して同一視されたくないと考えていたのである。

三節　ナポレオンの対ユダヤ人政策をめぐって

三―一　ユダヤ長老会の設置

革命期におけるフランスのユダヤ人の「解放」は、ヨーロッパ・ユダヤ史のうえで極めて重要な意味を持った。ユダヤ人はヨーロッパにおいて初めて法的平等を付与され、完全な平等とはいえなかったものの、彼らに対して居住、職業選択、不動産取得の自由などが認められるようになったのである。これ以後、他のヨーロッパ諸国においてもユダヤ人の解放が進展することとなった。

ただし、本格的にフランスのユダヤ人に対する政策を講じたのはナポレオンである。ナポレオンの対ユダヤ人政策そのものについては、これまで豊富に研究が存在するのでここでは詳述しないが、彼が打ち立てたコンコルダート体制、すなわちカトリック、ルター派、カルヴァン派（フランスでは改革派〔réformé〕と呼ばれることが多い）、そしてユダヤ教の四宗派を公認宗教とし国家が宗教を監督する制度は、一九〇五年のいわゆる政教分離法まで続いた。その間、復古王政時にカトリックのみが国教とされたこともあったが、ナポレオンの政策によって、ユダヤ教は初めてフランスにおける公認宗教の一つとなったのである。そして、国家によるユダヤ人の管理組織として「長老会体制」が設立され、ユダヤ人もまたフランスの法律に従うことが義務付けられた。すなわち、彼らは「ユダヤ人(Juif)」というより「フランス人のユダヤ教徒（Israélite français）」であることが求められるようになるのであり、フランス市民として国家への忠誠が要求されたことを意味する。そのためには、ユダヤ人社会全体のフランス社会への完全な同化が実現されなければならないと考えられ、長老会はそれを遂行する機関であった。

このフランスユダヤ長老会について、具体的にどのような組織であったか概略的に述べる。長老会は中央長老会と地方長老会から成り、ユダヤ人が二〇〇〇人以上いる県の中心都市[9]に地方長老会が設置され、中央長老会とは、各地の地方長老会を束ねる中心的組織であり、パリに設けられた。中央長老会は、三人のラビと二人の俗人から成り、各地方長老会は、一～二人のラビと三人の俗人で構成され、この俗人は高額納税者、三〇歳以上、高利貸しに従事した経験なし、という条件を備えた二五人の名士から選出された[10]。この結果、フランスのユダヤ人は少なくとも革命期まで一体としてまとめられることは不可能であったが、初めて長老会という一元的かつ中央集権的な組織によって国家が彼らを掌握することになったのである。長老会の主な役割は、大サンヘドリン[11]で決定された教義が遵守されているかどうかの監視、ユダヤ人コミュニティの秩序維持、ユダヤ人への「有益な職業（professions utiles）」（農業や手工業）の奨励、そして兵役を義務付けること、とされたが、ユダヤ長老会について研究したアルバートは、長老会の機能について、「行政的」「再生的」「警察的」に分類している[12]。ここでいう「再生」とは、ユダヤ人を「フランス国民にする」ため、ユダヤ的特徴をなくしてフランス社会への完全な同化を求めることである。つまり、同化を実現させるためにはユダヤ人の「再生」が必要不可欠だと考えられた。それを促進するための具体的なプログラムを実施したのが長老会だったのである。そして、そのプログラムの一つとして重視されたのが初等教育であった。

三―二　アルザス・ユダヤ人の同化の「遅れ」

アルザスのユダヤ人共同体は、フランスの他地域に比してより伝統的であり、固有の法や慣習に固執していたといわれる。アルザス・イディッシュ語の使用も彼らの伝統的な慣習の一つと見なされた。この状況は一七九一年の解放後もほとんど変わらないとして、非ユダヤ人側からは激しく非難された。例えば、一八〇六年にストラスブールの弁護士プジョル（Louis Poujol）によって書かれた論文『ユダヤ人一般、特にアルザス・ユダヤ人についてのいくつかの観察』では、アルザス・ユダヤ人は一七九一年以降も手工業にも農業にも従事していない、宗教的慣行の改革を実行していない、以前と同様のユダヤ教に基づいた教育を子供たちに施している、高利貸しを引き続き営んでいる、したがって彼らにはフランス市民権を享受する資格はなく、彼らの再生を彼ら自身に任せることは不可能であり、皇帝の法的措置によってのみ可能である[13]、と結論付けられている。

ナポレオンは、アルザスに赴いたときに地元住民のユダヤ人に対する強い嫌悪感に接する機会があった。そのことを通じて、彼は、アルザス・ユダヤ人はフランス国民にいまだふさわしくないと考えるようになったようであり、一八〇八年、主に彼らを対象とした法令を発した。この法令において、商業証書におけるヘブライ語の使用の禁止、徴兵時の際の兵役代理人の禁止、アルザスへの新たなユダヤ人の居住の禁止、土地を所有するか農業に従事しない限り、アルザス内でのユダヤ人の移動の禁止、営業活動をするための許可証の付帯義務（この許可証は毎年更新されるものであり、市町村議会と長老会の許可を必要とし、県知事によって発行された）、などが定められ[14]、その内容のゆえにユダヤ人側からは「恥辱的法令（Décret infâme）」と呼ばれた。恥辱的かどうかはともかくとして、「解放」によってひとたびフランスのユダヤ人は一元化されたにもかかわらず、この法令が出されたことで再びアルザス・ユダヤ人は他地方のユダヤ人と別個に扱われたのは事実である。ただし、この法令は時限立法であり、一〇年の効力を持つとされ、一八一八年にはナポレオンは失脚していたのでそのまま更新されず失効した。しかしながら、アルザス・ユダヤ人は、特別の法によって他地方のユダヤ人に比して遅れている「再生」を促進する必要があると考えられたのであった。

四節　初等公教育の開始とユダヤ人の「再生」

四―一　フランスの初等公教育とユダヤ長老会による初等学校の設立

フランスにおいて初等公教育が本格的に実施されるようになったのは、復古王政期以降である。ナポレオンは一八〇八年にフランス全土の教育機関を一元的に管理する帝国ユニヴェルシテ制度を創設し、初等教育もその管理対象として想定されていたが、結局実現することはなかった[15]。一八一六年二月二九日勅令《オルドナンス》は「フランス初等教育の憲章」と呼ばれることもあるが、各市町村に対し児童に教育を施す義務が課されることが決められ、教員に対しては初等教員免状の取得が義務付けられた内容である。そして、この勅令によって、初めて国家予算が初等教育に投入されることになったのである。「初等教育は、宗教、法の遵守、そして君主への愛情に基づく」(第三〇条)[16]という文言からわかるように、当時の政府は宗教教育を重要視した。実際には、この時点で初等学校の設置が順調に進んだわけではなかったものの、この勅令で制定された制度や監督機関等はその後の教育立法にも継承されている。

ところで、先述したように、ユダヤ長老会の任務の一つはフランス社会への同化を促進するためにユダヤ人を「再生」させることであり、初等教育の重要性についても強く認識していた。長老会の指導者は、初等教育は道徳的なものであるべきで、国家に忠誠を誓う自律的な市民を育成すべきである、という考えを持っており[17]、これは非ユダヤ人の考えとも合致したのである。そもそも、ユダヤ人自体は伝統的に子供の教育に熱心であり、革命前から彼ら独自の教育組織が存在しており、ラビなどによってもっぱらトーラー（モーセ五書）の講読やタルムードの解説[18]など、宗教的な教育が行われていたが、長老会がこういった伝統的な教育ではなく、政府による教育立法がユダヤ人にも適用されるべきと考えるのは当然のことと言えよう。しかしながら、一八一六年勅令はカトリック、プロテスタントについては言及されているが、ユダヤ人はその対象とされていなかった。長老会は、政府に対しユダヤ人にも適用してほしいと要望書を出したが、政府はユダヤ初等学校をつくることについてあいまいな態度を取り反対はしなかったものの、公的予算の使用については却下した[19]。この間、各地方長老会でも初等学校の創設について議論されるようになり、中央長老会にもその許可を求める運動がなされていたようである。結局、一八一九年六月二九日勅令によって、ユダヤ初等学校を創設する許可が出され、これを受け、中央長老会は同年八月一〇日の地方長老会への通達の中で、以下のように述べている。

初等学校は十分な数のユダヤ人が居住しているすべての市町村で開かれるように、貧しい両親の子弟は、これらの学校において、宗教的社会的義務、一般にユダヤ人、そして市民を形成するのに適した教育すべてが無償で行われるように、最後にこれらの子供たちに技芸（arts）、手仕事（métiers）、有益な職業への嗜好と愛情を早い時期に引き起こさせるように……[20]

この文言から、長老会の初等教育に対する考え方について明確に読み取ることができよう。すなわち、フランス市民にふさわしいユダヤ人を育成するために、そして将来「有益な職業」に就かせるために、初等教育が必要であり、それは宗教に基づいた教育であるべきだというものである。この方針は、新しいフランス市民を育成し、宗教教育を基本とする方針とも矛盾しないと考えられた。こうして、長老会のイニシアティヴによって、各地にユダヤ初等学校が設立されることになったのであった。

四―二　ストラスブールユダヤ初等学校の設立

このようにして、一八一九年の中央長老会の通達以後、パリやメスなど、フランス各地にユダヤ初等学校が本格的に設立されるようになった。アルザスでは、バ・ラン県知事、ストラスブールアカデミー管区長、そしてストラスブール長老会の間で頻繁に書簡が交わされたのち、一八二〇年八月にストラスブールに最初のユダヤ初等学校がストラスブール長老会の運営予算の下、設立された[21]。この間に取り交わされた書簡の中で、例えば長老会は、「我々が計画した施設（の設立）は急務の仕事である。若者は何も教育を受けず、富裕層には指導者が見つからず、貧困層は完全に見捨てられている」などとしており[22]、いかに初等学校の設立が必要であるかという彼らの熱意が強調されている。長老会は監督行政委員会を立ち上げ、この初等学校の教育カリキュラムの整備に取りかかった。

設立の際に作成された学校規則をみると、六歳から一二歳までが入学可能であり、この学校で教えられた主要な教育科目は、フランス語、ドイツ語、ヘブライ語の読み書き、算術、そしてトーラーの講読であった[23]。体罰は厳格に禁止された。また、「国王への尊敬、祖国への献身、法の遵守」と明記されているように[24]、ユダヤ人をフランス市民としてふさわしいように育成しようとする長老会の意図が盛り込まれていた。また、当然ながら宗教教育は初等教育の土台とされたが[25]、中央長老会からの通達で、宗教道徳教育に使う教則本は中央長老会によって許可されたもののみ使用することとされた。そして、教員は非ユダヤ人と同様の教員免状[26]を取得することが求められた。

教育方法については、一八二〇年代から三〇年代にかけてフランスで大流行した相互教授法が採用された。これは、年長の優秀な生徒に助教として教員の助手役を務めさせ、彼らが年少の生徒を教え、教員は全体を統括し助教を指導する、というイギリスから伝えられた教授法である。これがもてはやされた理由の一つは教員不足を解消する方法でもあったためであるが、その一方で、プロテスタント国家であるイギリスから輸入された方法であること、世俗的精神が非常に強いことなどを理由としてカトリックは大反対していた。ユダヤ初等学校においても、ストラスブールに限らず全国的にこの相互教授法が採用された。たとえば、一八一七―一八年に発行されたあるユダヤ系の雑誌において、「新しい教授法を普及させ増加させようとするプロテスタントの活動と熱心さに賞賛を送るべきである。……ユダヤ人若年層はこの素晴らしい教育に結び付いた長所をすぐにでも分かち合うであることを我々は期待しよう。これは根拠なしに述べているのではない」[27]と相互教授法に高い評価が与えられていることが見受けられる。ユダヤ人の中でも相互教授法が受容された背景には、やはり財政的な問題が大きかったようであるが、学校規則を見ると助教は授業開始までに準備を整えておくべき、助教は不注意行為やおしゃべりをする生徒を罰することができる[28]、などと規定されるなど、生徒の規律化に有効な手段であると考えられたことも理由として挙げられよう。さらにいえば、助教は生徒たちの理想のモデルとして機能したこともこの教授法の普及に一役買った。

一八二三年にこの学校では七〇人の生徒が在籍し、一八二四年の報告書をみると、「宗教的義務において彼らは、正当かつ明瞭な思想を持っており……宗教と道徳についての教えは、中央長老会によって採用されたカテキスムに沿って、明晰かつ正確に彼らの中で進展している」[29]などとされ、「労働への愛情、秩序と清廉さの習熟を教師の教えからくみ取ることで、彼らは待ち受けているであろう堕落の状態に対して、いつか成功裏に戦うことができるであろう」[30]として、おおむね好意的な評価を受けていた。

ただし、これはあくまでストラスブールの学校に限った状況のようである。オ・ラン県でも同様の初等学校を設立しようとする動きが当時のヴィンツェナイム長老会によって見られたが、バ・ラン県より富裕ユダヤ人が少なく、ユダヤ学校の設置に抵抗する風潮も強かったようで、なかなか実現しなかった[31]。また、教員免状をもたない教員によって専ら宗教的事柄だけが教えられた（当然中央長老会の許可した教則本は使用されていなかった）「非認可の」学校の問題が、アルザス農村部を中心にしばしば指摘された。一八二四年の報告書でもこの状況は取り上げられ、非認可の学校の教師がもたらす悪影響に鑑みて、監督委員会はこのような学校をなくすための努力をしなければならないと主張されている[32]。しかしながら、キリスト教徒の学校に行かせるよりはましだと考える親によって、この種の学校は必要だと考えられていたり、また長老会主導の学校では宗教教育が不十分であるとして長老会の教育方針に反対するユダヤ人もいたようであり、非認可の学校はなかなか消滅しなかったのも事実であった。

四―三　言語の問題

ユダヤ長老会は、初等教育における言語の問題についても重視した。ユダヤ人の「再生」、フランス市民としてみなされるためには、フランス語を正確に話し、読み書きできることが不可欠であると考えられ、とりわけアルザス・イディッシュ語を日常言語としていたアルザス・ユダヤ人に対しては、他地方より強く求められた。

ストラスブールに設立されたユダヤ初等学校では、教育言語はフランス語とされ、授業科目としてフランス語、ドイツ語、ヘブライ語が設置された。一八二〇年の学校規則では、「教員はできるだけ流暢に生徒が話せるようになるために、とりわけフランス語に注意を払わなければならない」[33]と規定されており、フランス語を重視していることがうかがえる。その一方で、「このことのため（フランス語に注意を払うこと）にドイツ語を無視してはいけない」[34]とも規定されており、授業時間もフランス語と同等の時間がドイツ語の授業に充てられた。ドイツ語の教育も必要であるとする認識はアルザスならではの事情が反映されているとみるべきであり、例えば、パリのユダヤ初等学校で教育科目として組み込まれていたのは、フランス語とヘブライ語のみであった。

このように、フランス語中心ではあるものの三言語を教育科目に組み込むことがアルザスのユダヤ初等学校では求められたのであるが、その一方で徹底的な駆逐を求められたのがアルザス・イディッシュ語である。これはハスカラの広まりによる西イディッシュ語の衰退と大いに関係がある。マスキリーム（Maskilim）と呼ばれるユダヤ啓蒙思想家の代表格であるユダヤ人哲学者、モーゼス・メンデルスゾーン（Moses Mendelssohn）は、ユダヤ人の地位向上のためには、自分たち自身の伝統的慣習の打破が必要であるという立場に立っており、聖書をドイツ語訳したことでも知られている。ハスカラにおいて、西イディッシュ語の主流であるドイツ・イディッシュ語は「くずれたドイツ語」「ゆがんだヘブライ語」であるとされ、文化的な言語ではないのでユダヤ人は標準ドイツ語を話すことが必要だと考えられたのであった。モーゼス・メンデルスゾーンの著書はフランスでも読まれるようになり、例えばミラボーは一七八七年に『モーゼス・メンデルスゾーンとユダヤ人の政治的改革について』という著書を出版しているなど、ハスカラはフランスにも普及していき、エリート層のユダヤ人を中心に共有された。したがって、同じ西イディッシュ語であるアルザス・イディッシュ語についても、それが「くずれたことば（jargon）」と見なされたのは当然であろう。

また、アルザス・イディッシュ語のもつドイツ語との近親性も大きな意味を持った。すなわち、この言語はよそものの言語でありフランス市民にふさわしい言語ではないと考えられたのである。単にユダヤ人の話す特殊な言語というのみならず、それがドイツ語に似た言語であるということも、とりわけフランス革命期にアルザス・イディッシュ語に対する警戒感が強まる結果となった。

ストラスブールにユダヤ初等学校が設立された際には、ドイツ語との近親性を理由としたアルザス・イディッシュ語を弾劾する議論はほとんど見受けられない。いずれにせよ、長老会の姿勢としては、自分たちはフランス市民としてフランス語を話すべきで、「くずれたことば」であるアルザス・イディッシュ語はすぐにでも一掃すべきというものであり、そのためには初等教育の段階からアルザス・イディッシュ語を追放することが重要だと考えられた。

こうして、学校の場からのアルザス・イディッシュ語の追放が実行されたのであるが、一八二四年の報告書によれば、「彼ら（生徒）が話す言語は、もはや滑稽で粗野な言葉ではない、古くから野蛮なままであるこのヘブライ語–ドイツ語は、入学前は彼らによって話されていたが、現在はそれを話すことを恥じている」[35]とされており、言語面においてもストラスブールの初等学校は一定の評価を受けていたようである。

五節　ギゾー法以降のアルザス・ユダヤ人の初等教育

五—一　ギゾー法の頃のユダヤ初等学校

一八一六年三月二九日勅令以降、シャルル一〇世（在位：一八二四—一八三〇年）の反動政治を反映して、再びカトリックの教育現場での権限を強める教育立法が次々と制定された。例えば、一八二八年四月二一日勅令では、正規教員になるためにこれまでの教員免状に加え、品行方正証明書と宗教教育証明書が必要とされた。また教職許可権や学校監督権などは司教や司祭に帰属するようになっていた。この状況が変化したのは、七月革命で政権が交代してからである。まず、一八三〇年一〇月一六日勅令で、学校監督機関における教会の影響力が弱められ、宗教教育証明書は廃止された[36]。そして、ユダヤ初等学校を奨励するための組織を整備すると規定され、その後一八三二年四月の規則によってユダヤ初等教育も完全にフランス国家の教育制度の中に組み入れられるようになった[37]。

一八三三年六月二八日法、通常ギゾー法と呼ばれているが、この法はフランス初等公教育が本格化した契機となった。これは、フランス教育史についての研究では必ず言及される有名な法であるが、簡単にその内容をまとめておこう。まず、各市町村には単独あるいは隣接する複数の市町村と共同で基礎初等学校を設立する義務を課した。学校の維持費や教員の給与も市町村の負担とされたが、市町村の資金が不足している場合には国も一部負担することになった。そして、すべての県は少なくとも一つ以上の師範学校を設置しなければいけないとされた。また、国家が公認した宗派によって開設された学校は、市町村の学校として公教育大臣による認可を受けることになった。

このギゾー法により、これまで以上に国家が大きく初等教育に介入するようになった。ただし、聖職者は学校監督機関から完全に排除されたわけではなく、また教育科目も講読、書写、フランス語、算術のほかに宗教・道徳教育の重要性が規定され、結局のところ教育の非宗教化は実施されなかった。また、貧困層を除けば無償教育も行われなかったこと、予算不足に悩む市町村が多くなかなか学校の設置が進まなかったこと、また教員の給与も非常に低く、師範学校卒の教員はなかなか増加せず、修道士など聖職者の教員が依然として多かったことなどにより、「義務化・無償・非宗教性」という公教育の原則が確立されるのは一八八一―八二年のフェリー法を待たなくてはならない。それでも、フランス教育史においてやはりギゾー法の内容は重要なものであり、ユダヤ人の初等教育もフランス公教育制度の枠組みの中で取り扱われるようになったのである。

ところで、ギゾー法の施行に際して、政府は全国各地の初等学校の実際の状況についての調査を実施している。この調査は、学校の設備や教育内容はもちろんのこと、教員の給与や生活状況、学校と市町村との関係など、六〇ほどの調査項目があるかなり詳細なものであり、当然ユダヤ学校についても実施された。アルザス二県とロレーヌのモーゼル県のユダヤ学校の調査結果についてまとめられた内容が、一〇〇年後に発行されているユダヤ機関誌に掲載されている[38]ので、これに沿って当時の状況について言語の問題とも合わせて見てみよう。一八三三年の時点でバ・ラン県、オ・ラン県、モーゼル県の三県に五二のユダヤ学校があったが、そのうち一二校は非認可の学校であった。また、九校に五〇人以上の生徒が在籍しており、メスの初等学校の在籍生徒数は一一五人、ストラスブールは約九〇人であった。ただし、この数は冬の数字であり、常に学校に通っていた生徒はおよそ四分の三にとどまった。それでも、他宗派の学校に比較すると繁忙期の生徒の通学率は高かったという。ただ、授業料はユダヤ学校では高額だったようであり、カトリックやプロテスタントの学校では平均して月五〇サンチーム程度であったが、ユダヤ学校の場合はストラスブール一・四七フラン、ローテルブール一・一五フランなど、たいていの場合月一フラン以上の授業料であった。そのため、貧困層は学校に通うことができない、とも報告されているが、その一方で貧困層に対しては無償にしている学校もあり、例えば、ストラスブールの学校は六〇人を無償で受け入れていた。それから、ユダヤ系であるにもかかわらずリボヴィレの学校など、プロテスタントやカトリックの子どもが入学しているケースがあり、その反対にボルヴィレール、ニーデルブロン、ヴィサンブールなど、ユダヤ学校があるにもかかわらず、ユダヤ人の子どもがカトリックやプロテスタントの学校に通っているケースもあった。このように、意外にも自分たちの宗派とは別の学校に行く場合が、ユダヤ人においても非ユダヤ人においても少なくなかったようである。

学校の設備については——もっとも他宗派の学校でも大して変わらなかったようであるが——ストラスブールやメス、ビシャイムなどの学校を除けば良好とは言えず、黒板も地図も腰掛けも満足にそろえられない学校が多かった。場合によっては教室さえ確保できず、教師の家で授業が行われるという「学校」もあった。

教育内容については、ストラスブールの学校で教えられていたフランス語、ドイツ語、ヘブライ語の講読と文法、宗教、算術、地理、そして線画といった科目がほかの学校に対するモデルとなった。これだけの科目すべてが教えられていなくとも、少なくともフランス語の授業は農村部の極めて小規模な学校でも重視された。また、他宗派の学校よりフランス語の授業は多く教えられていたようである。例えばドゥルムナックの学校について、「教えられている科目内容と生徒たちのまことに驚くべき進歩によって非常に注目すべき学校である。全員がフランス語をよく読み、半分以上の生徒がフランス語を容易に話している。もっとも出来のいい生徒たちは二つの文法（フランス語とドイツ語）を使って歴史や地理について答えている」と報告されており、生徒のフランス語の水準の高さがうかがえる。しかしながら、長老会が常に問題視していたにもかかわらず残存し続けていた非認可の学校では、フランス語教育は深刻な状況であった。この背景には、フランス語、ドイツ語、ヘブライ語を正確に教えることのできる教員をそろえる難しさがあった。また、そのような学校においては、フランス語よりヘブライ語の教育が優先される傾向にあり、ヘブライ語の講読とドイツ語しか教えられていない学校や、「子供たちはフランス市民が知らなければならないことは何も学んでいない」と指摘された学校などについて報告されている。

以上、一八三三年の報告内容について概観したが、「ユダヤ人若年層の教育を近代化し、将来のフランス市民を準備」し、「ユダヤ初等学校をカトリックやプロテスタントの初等学校なみの水準に合わせる」[39]という長老会の意図の下設立されたストラスブールの学校は、一定の成果を収めるようになり、その他にもある程度の水準をもつ学校はいくつかあったようであるが、それは大規模なユダヤ共同体を持つ市町村に限られていた。農村部の小さな市町村では、満足に設備を備えられない学校やフランス語がほとんど教えられない学校が少なからず存在し、また非認可の学校も残存したままであった。

五―二　ギゾー法に対する反応

ギゾー法の施行により、これまでアカデミーの認可を受けていても主に長老会の予算で運営されていたユダヤ学校が、市町村あるいは国家の予算を受けられるようになった。したがって、ユダヤ人側はこの法を歓迎した。ストラスブールのユダヤ系新聞『再生』は、一八三六年に「一八三三年六月二八日法は新しい生活の夜明けであった。多くの場所でユダヤ学校が建てられているのが見受けられる」と述べている[40]。実際、バ・ラン県では一八四三年までに七校、オ・ラン県では一八四五年までに六校が市町村による学校になった[41]。これらの学校の「公立化」には、一八二九年から一八四七年までストラスブールアカデミー管区長を務めていたコタール（Louis Cottard）の功績も大きかったと言われている。彼は、ユダヤ学校には、世俗的科目を教える教員とヘブライ語、聖書を教える教員の二種類の教員をそろえるべきであるので、他宗派の市町村学校より多くの公的援助が必要である、これにより財政基盤が改良されればユダヤ学校のさらなる公立化が期待されるとし、公教育大臣へ国庫による援助を何度も要請していた[42]。

ただし、ユダヤ学校の公立化に際しては、市町村がどのような対応をしたかで状況は著しく異なるものになった。例えば、すでにそれなりの成果を出している学校があるアグノーやユダヤ人住民が多数派を占め市町村議会にもユダヤ人が多くいるようなシルオッフェンなどでは、当然ながら公立化は問題なく実施された[43]。その一方で、ある程度の規模を持つユダヤ共同体を抱えていながら市町村による反対によって公立化が実施されない例もあった。マルムティエのように、市町村の予算不足を理由に反対する例は少なくなかったが、そのほかにもいくつか興味深い反対理由が挙げられている。例えば、ブルマットは、現在ある非認可の学校ではフランス語が正確に教えられていないので、このまま公立化するより、キリスト教徒との宗派混合学校をつくるべきだと主張している[44]。また、セレスタではユダヤ人のための学校はカトリックやプロテスタントの住民の親たちの偏見を深めるだけであるから[45]、として公立化反対の意見が出されている。このように、ユダヤ学校の公立化には様々な反応が見られたが、ユダヤ人側のみならず、アルザス両県知事はもちろんのこと、政府も初等学校を公立化して教育水準を充実させていくことでアルザス・ユダヤ人の再生＝道徳的改善が促進されると考え、一八四〇年代以降になると政府からアルザスの市町村へ働きかけをするようになっていき、バ・ラン県では一八五四年までに二八の学校が市町村による学校となった[46]。ただし、そのペースは緩慢なものにとどまったようであり、オ・ラン県ではなかなか公立化は進展しなかったようであり、一八六一年一二月に行われたストラスブール、コルマール、メス、ナンシーの四つの長老会による合同会議においてもなお、議事内容に、一定数以上のユダヤ人のいる共同体すべてに市町村の学校を設立することが含まれていた[47]。

五―三　アルザスにおける初等教育と言語

アルザス・ユダヤ人の日常言語であったアルザス・イディッシュ語は、恥ずべき言語とされ、それを使用し続けることによって社会的統合の障害になるとされ、この考えはユダヤ人においても非ユダヤ人においても強く意識されていた。それでも実際は、都市部ではアルザス・イディッシュ語はだんだん使用されなくなっていったものの、一九世紀半ば頃でもアルザス・イディッシュ語は農村部を中心にユダヤ人の使用言語であり続けた。例えば、ストラスブール長老会が農村部のユダヤ共同体と取り交わす文書や、共同体内部の公用文書はアルザス・イディッシュ語で書かれることが少なくなかった[48]。

したがって、アルザス・ユダヤ人がフランス市民としてみなされるために、初等教育の段階から彼らへのフランス語教育を徹底化させ、彼らが正確なフランス語を使えるようにすることが、長老会をはじめとするユダヤ人指導者の責務とされたわけである。ストラスブールの初等学校に限らず、各地の初等学校においてアルザス・イディッシュ語の撲滅が図られた。例えば、コルマールの学校では、生徒がアルザス・イディッシュ語を話していないかどうか学校外まで監視する助教が専用におかれた[49]。

学校で教えられた授業科目について、当然ながらフランス語の教育に力点がおかれた。フランス語の講読や書写はもちろんであるが、トーラーやヘブライ語の祈祷書について、宗教教育は不可欠であったのでその内容についてはもちろん教えられたが、それらのフランス語への翻訳も授業内容に組み込まれた。また、言語の授業以外の科目

（算術や地理歴史など）は、必ずフランス語で教えられた。

その一方で、繰り返しになるが、ヘブライ語とドイツ語も常に教えられていた。ヘブライ語は、単に言語としてのみならず、宗教教育のためにヘブライ語の知識も必要だと考えられており、これは、「再生」を促進するための世俗教育の重要性を主張していた者たちもこの考えを共有していた。ドイツ語については、アルザス・ユダヤ人は将来ドイツ語圏でも業務活動に従事する可能性があるので、やはり習得が必要だと考えられた。各地の学校の時間割を見ても、フランス語のみならず、ヘブライ語とドイツ語の講読と書写の授業はほぼ毎日組み込まれている[50]。

それでも、当時の視学官シュヴルーズ（Chevreuse）が一八四三年の報告の中で、アルザス・イディッシュ語で教えている学校が存在していることを非難し、この言語は、ユダヤ人大衆をフランスの世界から切り離す真の原因となっていると指摘するなど[51]、残存したままであった非認可の学校を中心に、相変わらずアルザス・イディッシュ語が使用され続けていた。もっとも、フランス語教育を行おうとしてもフランス語教則本が不足していたり、フランス語を教えられる教員をそろえるのが困難だったことも関係していた。

ところで、アルザスでは、非ユダヤ人についても同様の言語的問題があった。すなわち、アルザス人の日常言語がアルザス語だったこと、書き言葉としてドイツ語が使用されていたことである。フランス最初の師範学校は一八一〇年にストラスブールに創設されているのだが、その際にイニシアティヴを取った当時の県知事、ルゼ＝マルネジア（Lezay Marnésia）の考えに基づいて、フランス語とドイツ語が教えられた[52]。初等学校においても、一八三五年にコタールによって出された規則では、フランス語とドイツ語の講読と書写が授業プログラムに組み込まれていた[53]。フランス革命以降、アルザスでフランス語化政策が進展したのは確かであるが、必ずしもドイツ語の廃止を意味したわけではなかったのであり、初等学校におけるドイツ語教育は、ユダヤ学校でも非ユダヤの学校でもほぼ同じような状況であったといえよう。その一方で、アルザス語は政府から厳しく弾劾された。アルザス語は「方言

(patois)」であり、「文化的言語」ではないとされたのである。しかしながら、アルザス語はその後も消滅することはなく、アルザス人の話しことばとして存続し続けたのであった。

おわりに

以上、これまで明らかにした点を簡単にまとめておこう。アルザス・ユダヤ人に対しては、ナポレオンの政策以降どこよりも強くフランス社会への同化が長老会を中心に求められていた。そのために、フランスの初等教育政策の枠組みの中でユダヤ人に対して新しい教育制度を実施し、アカデミーの認可する初等学校を設置することが解決策の一つとされた。教育内容については、トーラーの購読などといったユダヤ人の伝統的な宗教教育そのものは排除されなかったものの、世俗的科目が導入された。また、教育言語はフランス語とされ、言語に関する教育科目としてフランス語、ドイツ語、ヘブライ語が設置された。他地域のユダヤ初等学校においてはフランス語とヘブライ語、アルザスの非ユダヤ初等学校においてはフランス語とドイツ語が教えられていたことと比較すると、アルザス・ユダヤ人ならではの状況が反映されていることがうかがえる。そして、アルザス・イディッシュ語は野蛮な言語であるとして、その使用は厳禁された。しかしながら、実際の状況は地域差が大きく、例えばストラスブールに設立された初等学校に通う生徒は、非ユダヤ初等学校に通う生徒よりフランス語を流暢に話すなどと評価されたのに対し、農村部を中心に非認可の学校が存在していた。そのような学校では、教員免状を持たない教員がアルザス・イディッシュ語を使用して教育活動を行っていた。

一八四〇年代以降も、長老会を中心とするアルザス・ユダヤ人のエリート層にとって、自分たちを再生させ、国家に忠誠を誓うフランス市民として育成することは、他地域のユダヤ人よりも切実な課題であり続けた。フランス語を話すようにすることは当然ながら重要であり、そのための手段の一つとして、初等教育の充実は常に意識され続けたのである。また、アルザス・ユダヤ人はユダヤ人でありアルザス人であることで、二重の意味でフランスの周縁的存在だったのであり、非ユダヤ人のアルザス人よりフランス社会に同化しているとアピールすることは大きな意味を持ったのであった。

註

1 ジャン・ボームガルテン（上田和夫、岡本克人訳）『イディッシュ語』、白水社、一九九六年、一四頁。

2 *Encyclopédie de l'Alsace*, vol.7, Strasbourg, 1984, p. 4354.

3 ボームガルテン前掲書、三二―三三頁。

4 Astrid STARCK, « Le yidich alsacien : un patrimoine à sauver », *Les Cahiers du CREDYO*, 1, 1995, p.87.

5 Jean BAUMGARTEN, « Langues juives ou langues des juifs : esquisse d'une définition », in ALVAREZ-Péreyre, Frank et Jean BAUMGARTEN (dir.), *Linguistique des langues juives et linguistique générale*, 2003, Paris, p.22.

6 例えば、bajes という単語はアルザス・イディッシュ語では「家」を指すが、アルザス語では「あばら家」という意味になり、achle という単語はアルザス・イディッシュ語では「食べる」という意味であるが、アルザス語では「がつがつ貪り食う」という意味になった。STARCK, « Le yidich alsacien », p.92.

7 STARCK-ADLER, Astrid, « Le yidich alsacien et l'alsacien », in Freddy RAPHAEL (dir.), *Regards sur la culture judéo-alsacienne. Des identités en partage*, Strasbourg, 2001, p. 185.

8 南西部のユダヤ人は一七九〇年一月二八日、北東部のユダヤ人は一七九一年九月二七日に法的平等が与えられた。

9 二〇〇〇人以上いない県については、複数の県をまとめて一か所に設置された。当初一三の都市におかれたが、ナポレオンの失脚による領土の縮小後、パリ、ボルドー、マルセイユ、メスなど七都市におかれた。アルザスでは、バ・ラン県の中心都市であるストラスブールとオ・ラン県の中心都市であるコルマール（当初はヴィンツェナイム）に設置された。

10 ALBERT, Phyllis Cohen, *The Modernization of French Jewry. Consistory and Community in the Nineteenth Century*, Brendeis, 2002, p.45.

11 大サンヘドリンとは、古代イスラエルで行われていた裁判機構をナポレオンが復活させたもので、一八〇六年八月末に七一人の全国のラビとユダヤ人名士がパリで召集され、ユダヤ人の守るべき教義が確認された。

12 ALBERT, *op.cit.*, p.122.

13 POUJOUL, Louis, *Quelques observations des juifs en général et plus particulièrement ceux d'Alsace*, Paris, 1806, cité par AYOUN, Richard, *Les Juifs de France : De l'émancipation à l'intégration 1787-1812*, Paris et Montréal, 1997, pp.233-234.

14 HALPHEN, Achille-Edmond, *Recueil des lois, décrets, ordonnances, avis du conseil d'Etat, arrêtés et règlements concernant les Israélites depuis la Révolution de 1789*, Paris, 1851, pp.44-47.

15 前田更子「一九世紀前半フランスにおける初等学校と博愛主義者たち――パリ、リヨンの基礎教育協会をめぐって」、『明治大学人文科学研究所紀要』70号、一二九頁。

16 GERARD, M., *La législation de l'instruction primaire en France depuis 1789 jusqu'à nos jour. Recueil des lois, décrets, ordonnances, arrêtés, règlements, décisions, avis, projets de lois, avec introduction historique et table analytique*, t.1, Paris, 1874, p.299.

17 HYMAN, Paula E., *The Emancipation of the Jews of Alsace. Acculturation and Tradition in the Nineteenth Century*, New Haven and London, 1991, p.99.

18 トーラー（モーセ五書）とは、ユダヤ教の聖典である旧約聖書のうち、創世記、出エジプト記、レビ記、民数記、申命記の五つの書物を指し、古代イスラエルの指導者モーセが記したという伝承から特に重要な書とされている。タルムードとは、ユダヤ法の解釈や生活慣習などについてまとめられたものである。

19 NAHON, Monique, « L'école consistoriale élémentaire de Paris, 1819-1833. La « Régénération » à l'œuvre », *Archives juives*, 35-2, 2002, p.30.

20 Archives départementales du Bas-Rhin（以下 ADBR), V511.

21 BLOCH-RAYMOND, Anny, « Les écoles primaires israélites en Alsace au XIXe siècle », *Archives juives*, 39, 2006, p.87.

22 ROOS, Gilbert, *Les relations entre les Juifs du Nord-Est de la France et le Gouvernement de la Restauration*, Paris, 2003, p.235.

23 ADBR, 1TP PRI 257.

24 TRESCHAN, Victor, *The Struggle for Integration: The Jewish Community of Strasbourg 1818-1850*, Ph. D., University of Wisconsin-Madison, 1978, p.76.

25 例えば、授業の開始と終了時には祈祷が行われた。

26 技能に応じた三段階の適正免状があり、初等学校教員になるためにはこのうちいずれかの免状を持っていなければならなかった。前田前掲論文、一三六頁。

27 NAHON, *op.cit.*, p.35.

28 ADBR, 1TP PRI 257.

29 LIBERMANN, M., *Précis de l'Examen qui a eu lieu, le 19 janvier 1824, à l'Ecole primaire israélite de Strasbourg*, 1824.

30 Idem.

31 HYMAN, *op.cit.*, p.101; ROOS, *op.cit.*, p.239.

32 LIBERMANN, *op.cit.*

33 ADBR, 1TP PRI 257.

34 Idem.

35 *Précis de l'Examen qui a eu lieu, le 18 janvier 1824, à l'Ecole primaire israélite de Strasbourg. Rapport sur l'Etat de l'école depuis sa création jusqu'à ce jour.*

36 GERARD, M., *op.cit.*, p.384.

37 HALPHEN, *op.cit.*, pp.94-96 ; Archives nationales（以下 AN）, F17 12514.

38 LEVY, Paul, « Les écoles juives d'Alsace et de Lorraine d'il y a un siècle », *La tribune juive*, 32, 1933, pp.519-520 ; 33, 1933, pp.540-541 ; 34, 1933, p.569 ; 36, 1933, p.600 ; 37, 1933, p.624.

39 LEVY, Paul, « Les écoles juives d'Alsace et de Lorraine d'il y a un siècle », *La tribune juive*, 32, 1933, p.519.

40 HYMAN, *op.cit.*, p.103.

41 BERKOVITZ, Jay R., *The Shaping of Jewish Identity in Nineteenth-century France*, Detroit, 1989, p.161.

42 Idem.

43 AN, F17 12516 1.

44 Idem.

45 TRESCHAN, *op.cit.*, p.100.

46 HYMAN, *op.cit.*, p.105.

48 BLOCH-RAYMOND, *op.cit.*, pp.88-89.

49 HYMAN, *op.cit.*, p.66.

50 SZAJKOWSKI, Zosa, *Jewish Education in France, 1789-1939*, New York, 1980, p.19.

51 ADBR, 1TP PRI 257.

52 HYMAN, *op.cit.*, p.65.

53 KLEIN, Pierre, *Langues d'Alsace et pourquoi les Alsaciens renoncent-ils à leur bilinguisme ?*, Haguenau, 2007, p.60 ; ウジェーヌ・フィリップス（宇京頼三訳）『アルザスの言語戦争』、白水社、一九九四年、六九頁。

54 KLEIN, *Ibid.*

第六章　ポーゼン州のドイツ語
――歴史的地域の失われた言葉を考える

割田 聖史

はじめに

本章は、ポーゼン州という歴史的地域における言語の問題を扱う。

ポーゼン州というのは、現在はポーランドに属するが、一九世紀にプロイセン＝ドイツの一部であった空間であり、現在はこの単位では存在しない。そのため、筆者は、ポーゼン州を「歴史的地域」として捉えている。

このすでに存在しないまとまりであるポーゼン州において、研究上で言語が問題になるのは、ドイツ語とポーランド語の対立関係であった。ポーゼン州は、その歴史的諸関係から、ポーランド語話者とドイツ語話者の混住地域であり、一九世紀のプロイセン＝ドイツ統治下においては、ドイツ語の優位が規定されたため、ポーランド語話者の抵抗が生じた。これは、ポーランドナショナリズムの現われであり、また、さらにこれに対抗するためにドイツナショナリズムも活発化した。このようなストーリーから、ナショナリズム研究の格好のケースなのである。

筆者も当然このような研究状況を踏まえつつポーゼン州の言語について検討するべきであると考えるが、この他にもう一つ基本的な問いが頭に浮かぶ。それは、ポーゼン州では、どのような言葉が話されていたのだろうか、という単純だが、歴史研究では答えるのが難しい問題である。

ナショナリズム研究の観点から生じるドイツ語とポーランド語の対立という問題は、言語の社会的地位を争う問題であり、社会言語学的観点における言語計画の「ステータス」を扱っている。これに対し、本稿における筆者の関心は、言語そのものにあり、言語計画的には「コーパス」の問題となる。

さらに、言語管理の方法に関しては、従来の研究の関心は、政策決定者による「実験室のなか（in vitro）」のものであり、このような分析は、政策決定の史料が残るため歴史研究の最も得手とするところである。これに対し、実際にどのような言葉が話されていたのか、という問いは、個々の社会実践という「生体のなか（in vivo）」から生まれるものをとらえようとするものであり[1]、史料というかたちで残ることが難しい。さらに、かつて「話されている」ものがわたしたちの目に触れるということは、口語を文字として残すという作業を必然的に伴っている。そのために、そもそも、「話されている」ものをとらえるということは不可能な作業であるのかもしれない。

このようなさまざまな限界を持ちつつも、ポーゼン州ではどういう言葉が話されていたのだろうか、という問題を検討していきたい。本章で具体的に検討の対象とするのは、ベルントという人物の『ポーゼン大公国におけるドイツ語』という著作である。書名からすでに明らかなように、ポーゼン州で話されていたドイツ語を扱っており、ポーランド語については扱っていないため、その面でも限界がある。しかし、ポーゼン州で話されていた言葉を記録している数少ない著作であり、検討に値すると思われる。

この検討を行うために、第一節ではドイツ語とポーランド語、ドイツとポーランドの歴史についての概要を述べる。第二節では、プロイセン＝ドイツ領ポーランドの歴史とプロイセン＝ドイツのポーランド語に対する言語政策を検討し、研究史上の関心を明らかにする。このような前提を踏まえたうえで、第三節『ポーゼン大公国におけるドイツ語』を見ていくこととする。

一節　ポーランドと「ドイツ」の歴史とその言語

ドイツ語は、インド・ヨーロッパ語族のゲルマン語派に属している言語であり、現在は主にドイツやオーストリアで話されており、スイス、ルクセンブルク、ベルギーなどでは公用語の一つである。四世紀後半に、ヨーロッパに東方からゲルマン民族が流入して来た。多くの部族からなっていたが、ドイツ語はそれらのなかから発展した。一二世紀のドイツ東方植民により、バルト海沿岸から東方へと広まった。そして、中央ヨーロッパでは商業のための言語として、主に都市において流通した。その後、一六世紀以降、文法が確立していった。

ドイツ語がゲルマン語派に属しているのに対して、ポーランド語は、インド・ヨーロッパ語族のなかでもスラヴ語派に属している言語で、ロシア語やチェコ語と同じ語派となる。

まず、ポーランドの歴史を振り返っておきたい。ポーランドは、九六六年、カトリックに改宗したことで、ヨーロッパの歴史のなかに姿を現した。この王朝が最初の王朝のピャスト朝である。一三八五年、ポーランド女王ヤドヴィガ（在位：一三九四―一三九九）とリトアニア大公ヨガイラ（ポーランド王としてはヴワディスワフ二世ヤギェウォ、在位：一三八六―一四三四）が結婚し、ポーランド＝リトアニア連合を形成した（クレヴォの合同）。この結果、東方

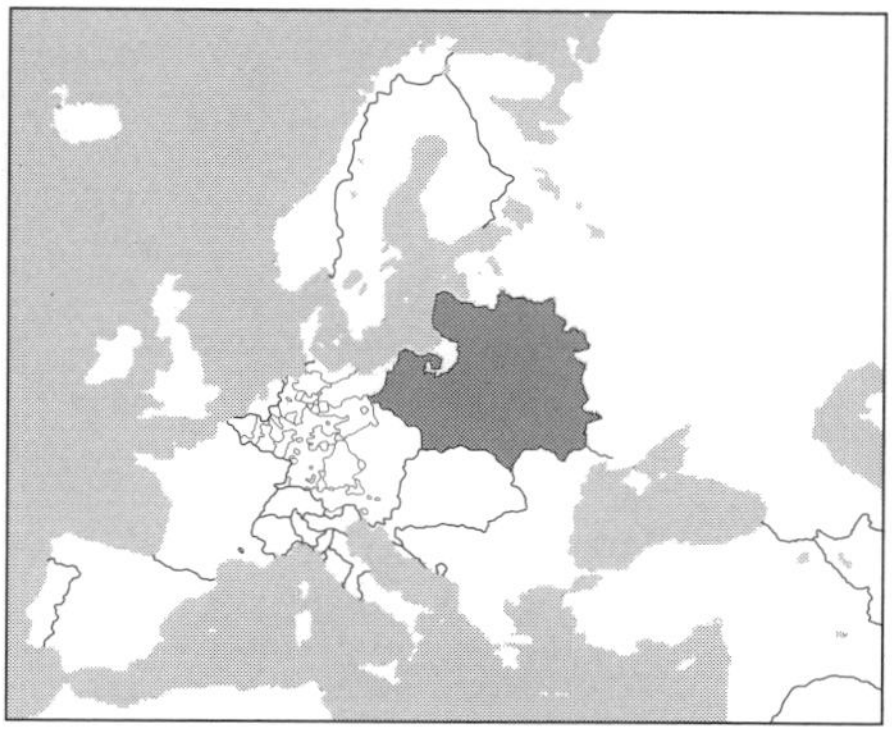

図１　18 世紀前半のポーランド

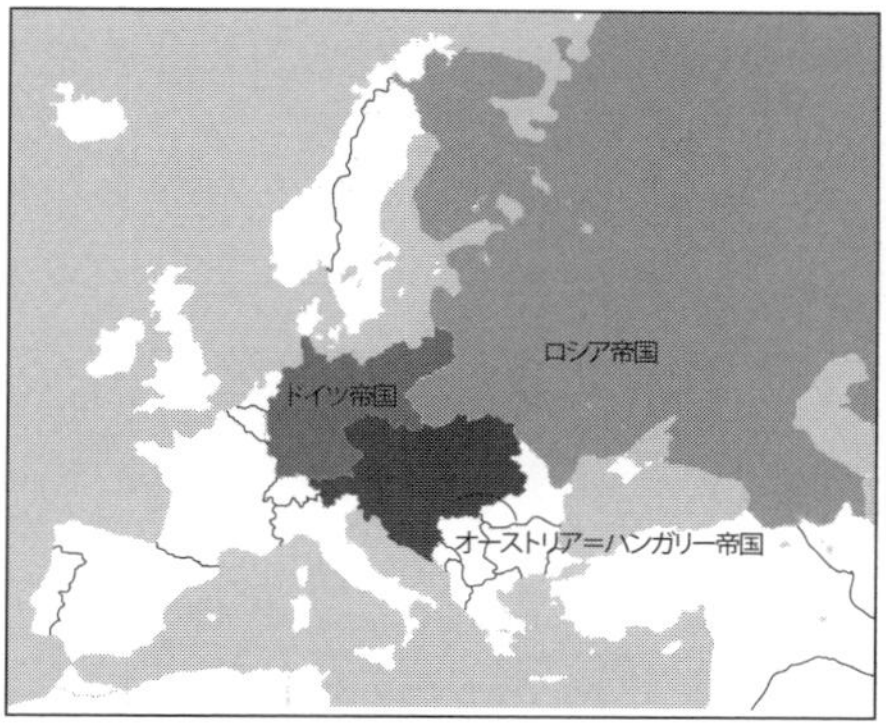

図２　19 世紀の中東欧

へ領域が拡大した。そして、一五六九年、ポーランド王国とリトアニアが合邦し（ルブリン合同）、領土的には、一六世紀から一七世紀にかけて、最盛期を迎えた。その後、一八世紀になると対外戦争などにより、その国力は衰えたが、一八世紀前半は広大な国土をまだ保っていた（図１）。ポーランド語はこの領域で使われていたのである。

しかし、ポーランドは、一七七二年の第一回、一七九三年の第二回、一七九五年の第三回分割により、ヨーロッパの政治地図から姿を消した。一八〇七年には、ナポレオンによって作られたワルシャワ公国が成立するが、ナポレオンの敗北により、ワルシャワ公国は崩壊した。そして、ポーランドは、一八一五年のウィーン会議の決定により、再びロシア・プロイセン・オーストリアの下に置かれ、一九世紀を通じて復活することはなかった（図２）。

本章で扱うのは、一八一五年にプロイセン領となった地域であり、第二節でその詳細を述べる。

ポーランドの国家としての復活は、第一次世界大戦後である。ポーランドを分割支配していたロシア・ドイツ・オーストリアの三帝国が崩壊し、一九一九年ポーランドは独立を達成した（図３）。しかし、一九三九年、ドイツの侵攻により再び消滅し、第二次世界大戦後の一九四五年に再び復活したが、その領域は、一九一九年の領域から、西へずれたもの

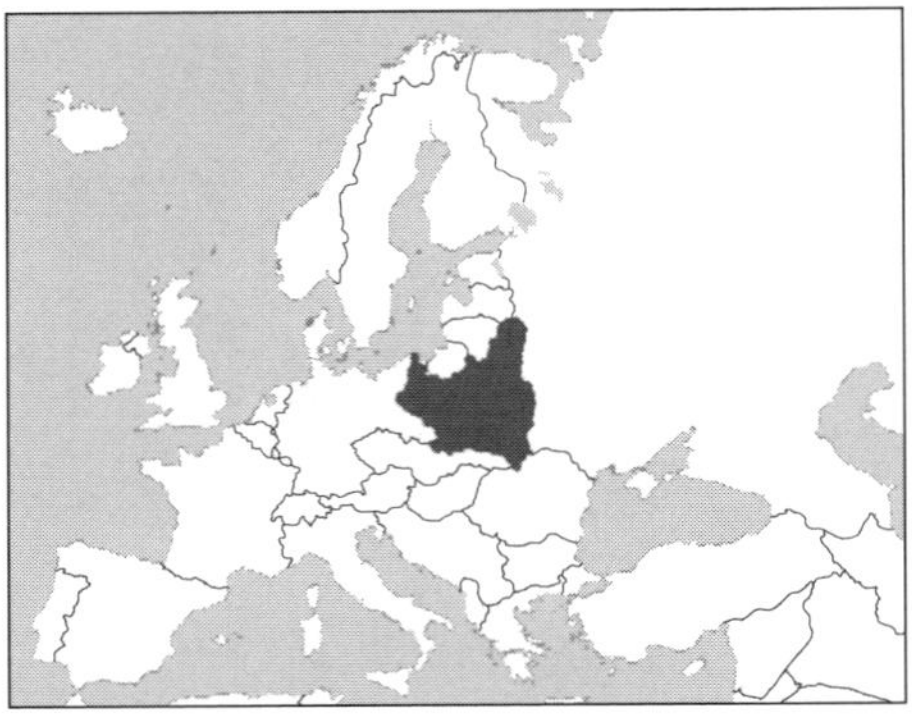

図３　両大戦間期のポーランド

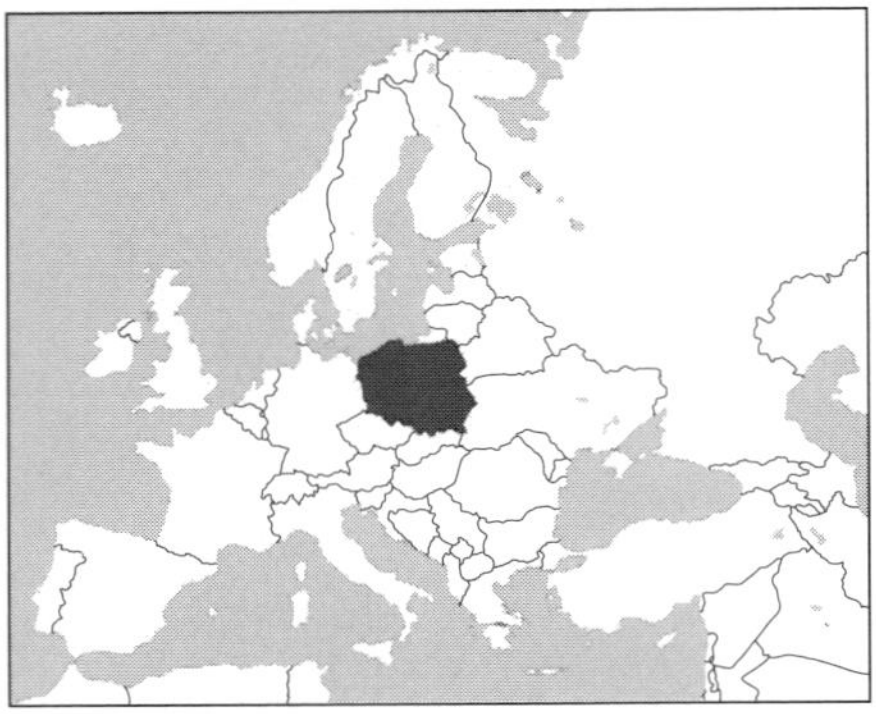

図４　現在のポーランド

であった。この国境が現在の国境となっている（図４）。

現在、ドイツ語とポーランド語の母語地域は、現在の国境とほぼ一致するとされている。これに対し、第二次世界大戦以前のドイツ語の広がりを示した図５を見てほしい。実線は、一九三〇年の国境を示している。

第二次世界大戦後のポーランド国境の変化を示した図６と比べると、一九三〇年当時のドイツ国境は、現在のドイツ―ポーランド国境よりも、全体として東に位置していることが分かるだろう。そして、一九三〇年では国境よりもさらに東にドイツ語圏が広がっていることが確認できる。なお、本章で扱うポーゼン州の辺りを丸で示しておいたので比べてほしい。

一九三〇年当時のドイツ東部国境地域は、現在、ポーランドの一部となっている。そこで、ポーランドの現在の国内の方言の区分の地図（図７）と照らし合わせてみると、「ヴィエルコポルスカ方言」の西端と「新混合方言」とされる地域にあたっている。つまり、現在、この地域で話されている言葉は、ドイツ語ではなく、ポーランド語なのである。

「ヴィエルコポルスカ方言」とは、ヴィエルコポルスカと呼ばれるポーランドの一地方の方言を示しており、ヴィエルコポルスカ地方については、後に再び触れる。これに対し、「新混合方言」とされる地域

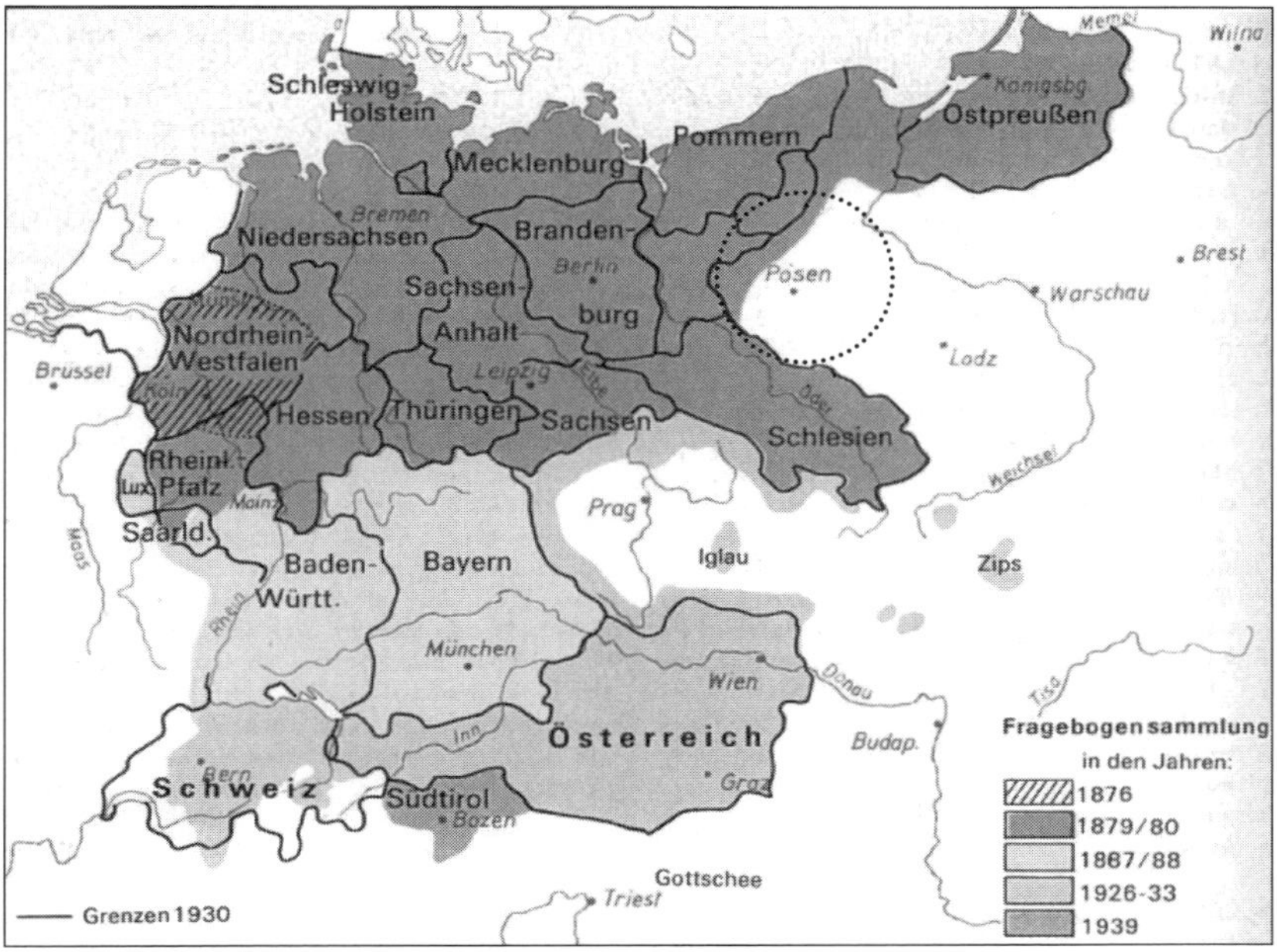

図5　19世紀から20世紀前半にかけてのドイツ語圏の広がり

（*dtv-Atlas zur deutschen Sprache* (München, 1978), S.138の図より作成）

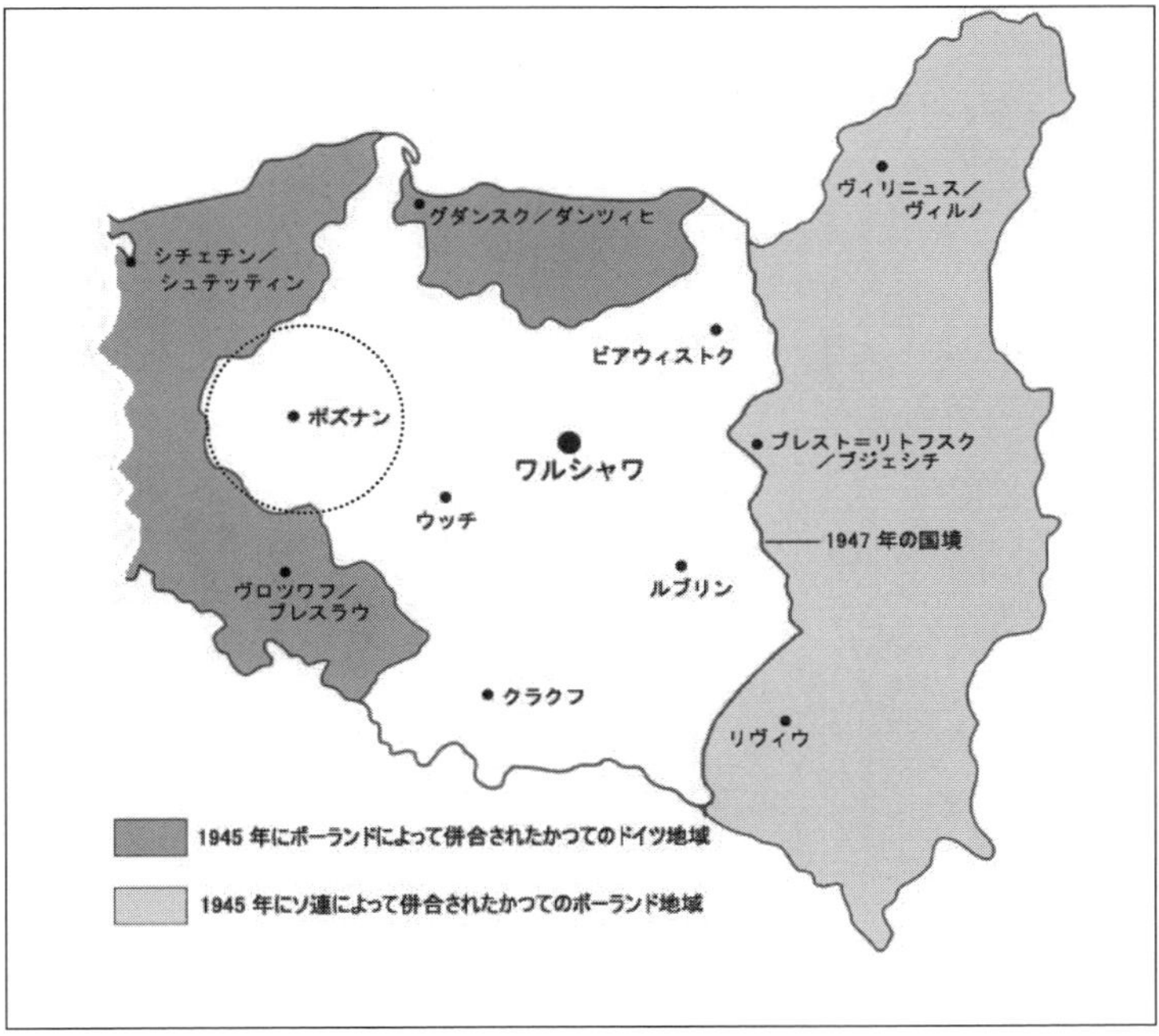

図6　第二次世界大戦後のポーランド国境の変化

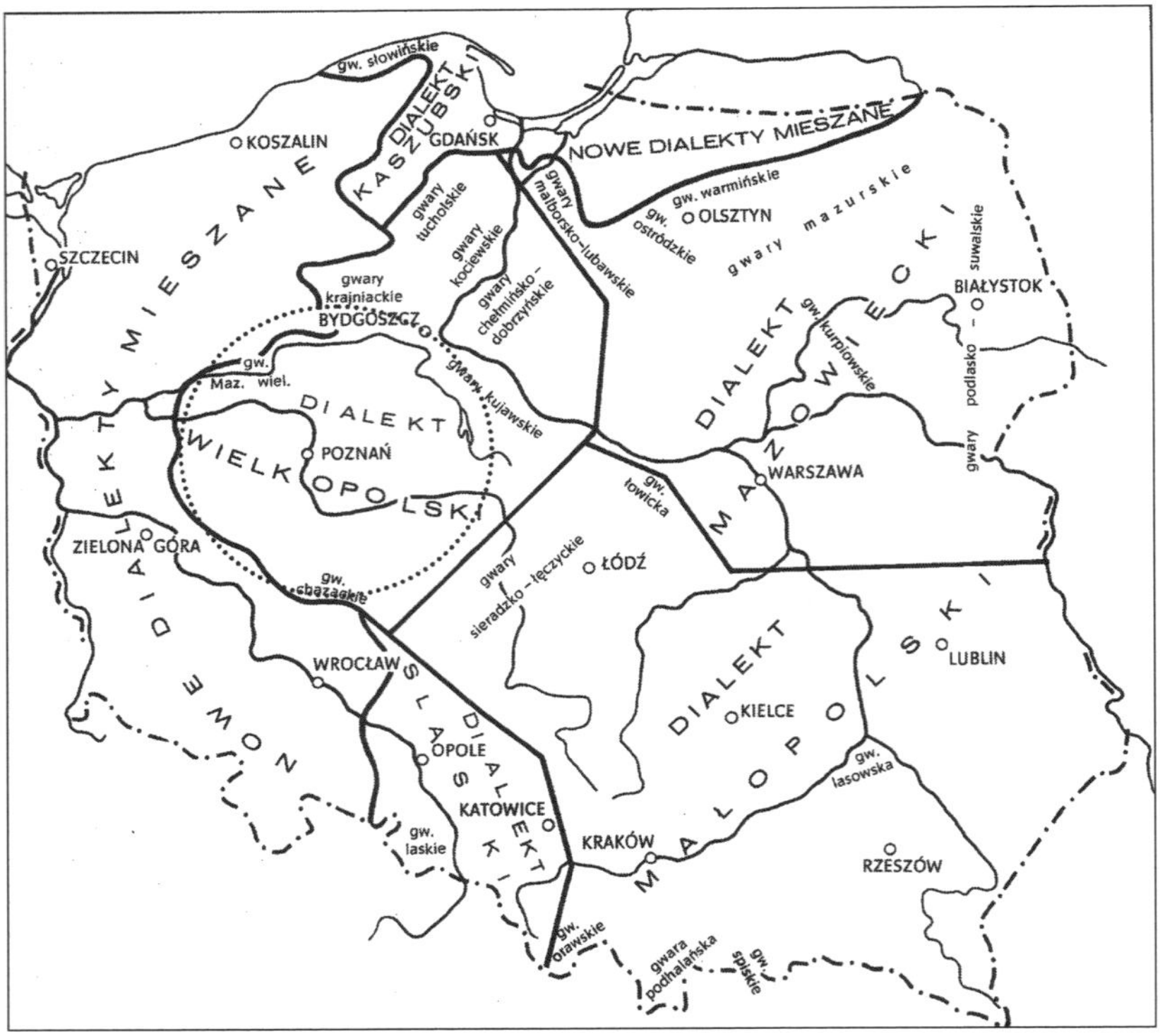

Dialekt Kaszubski　カシューブ語
Dialekt Wielkopolski　ヴィエルコポルスカ方言
Dialekt Mazowiecki　マゾフシェ方言
Dialekt Małopolski　マウォポルスカ方言
Dialekt Śląski　シロンスク方言（シロンスク語）
Nowe Dialekt Mieszane　新混合方言（第二次世界大戦後に獲得した領土の言葉）

図7　ポーランド語の方言分布
（*Encyklopedia języka polskiego*, wyd. 3 (Wrocław- Warszawa-Kraków, 1999, s.461 の図より作成）

は、第二次世界大戦後にドイツから獲得した領土である「回復領」と呼ばれる地域とほぼ一致する。この地域には、第二次世界大戦前まで、ドイツ語を話す住民が存在したが、第二次世界大戦後、この地域のドイツ語話者の住民は追放により、ドイツ国内へと移住していった。そして、この地域には、戦後ソ連に併合された旧ポーランド領からの移住者も含むポーランド各地からの住民が流入することとなった。そのため、「回復領」において話されている言葉はポーランド語なのである。また、図5から「回復領」の東側にもドイツ語話者が存在したことが推測できるが、その地域からもドイツ語話者の多くは追放された。この結果、「回復領」をはじめ、現在のポーランドにおいて、ドイツ語話者はほとんど存在しないこととなる。

二節　プロイセン領ポーランド、ポーゼン州における言語政策

この節では、プロイセンおよびドイツ政府によるポーランド分割領における言語政策をヘルムート・グリュック(Helmut Glück) の研究に基づいて整理しておきたい。先に述べたように、プロイセン＝ドイツ領ポーランドにおける言語問題とは、ドイツ語とポーランド語の位置づけ（「ステータス」）の問題であるということができる。

プロイセン＝ドイツ領ポーランドと呼ぶ地域を確認しておきたい（図8）。この地域は、ドイツ帝国期には東部四州として、ポーランド人が存在する州として認識されるが、それぞれがプロイセン領となった経緯は異なる。

まず、オストプロイセン州は、一五二五年にドイツ騎士団国家からプロイセン公国になり、一六一八年にブランデンブルク選帝侯がプロイセン公を兼ねることでホーエンツォレルン家の所領となった。その後、一六六〇年ポーランド王の宗主権から脱し、一七〇一年にこの地を基にしてホーエンツォレルン家はプロイセン王位を獲得した。

次に、シュレージェン州は、一七四〇年から一七四八年のオーストリア継承戦争、および、一七五六年から一七六三年の七年戦争で、プロイセンがハプスブルク家から獲得した。

第三に、ヴェストプロイセン州は、一七七二年の第一回ポーランド分割でプロイセンが獲得した地域からなっている。

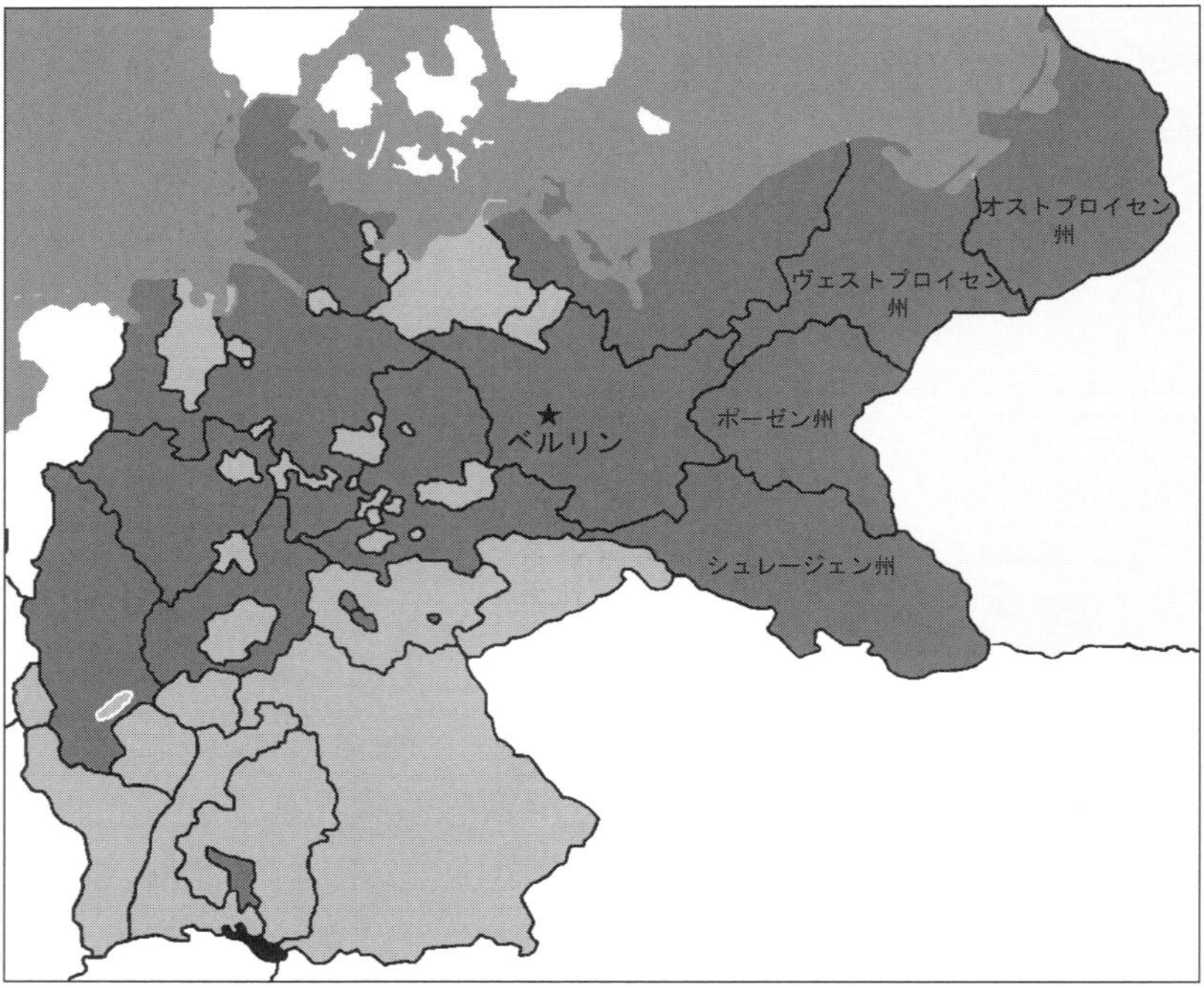

図8　ドイツ帝国（1871-1918）（濃い部分がプロイセン王国。名前の入っているのは東部4州）

最後に、ポーゼン州である。後にポーゼン州となる地域は、第二回ポーランド分割によって一旦プロイセンに編入された。その後、一八〇七年から一八一三年の間、ワルシャワ公国の一部となり、ナポレオンが敗れた後に一八一五年のウィーン会議により、再びプロイセンに編入され、その際にポーゼン州として編成された。ポーゼン州の大部分は、ポーランド分割以前もポーランド王国時代には、ヴィエルコポルスカ地方という地域であった。この地域は、ポーランドの王国発祥の地であり、住民の多くはポーランド語を話していたと考えられる。ただし、都市ではドイツ語も話されており、また、神聖ローマ帝国と境を接しており、その境に沿ってドイツ語話者の多い地域が広がっていた。一八一五年にポーゼン州として編成されてからは、ポーゼン州の西部・西北部がドイツ語話者の多い地域にあたった。図９は、郡別のドイツ系住民の割

図9　1860年代のポーゼン州におけるドイツ系住民の郡別の割合
（Siegfried Baske, Praxis und Prinzipen der Preussischen Polenpolitil vom Beginn der Reaktionszeit bis zur Gründung des Deutschen Reichs, *Forschungen zur osteuropäischen Geschicte* 9 (1963), S. 23の図より作成）

合を示しているが、ドイツ語の広がりも同様な形であったと考えられる。

二―一　プロイセンの言語政策（一七七二―一八七一）

まず、一七七二年から一七九五年のポーランド分割によって獲得した地域においてプロイセン政府の言語政策は「寛容」であった。その方針は、純粋に実用的な観点に基づいており、たとえば、裁判記録は、「言わずと知れたように、ポーランド語もしくはラテン語で作成されるべき」とされた。また、刑事規定において、裁判語はフランス語とラテン語（58条）であるが、他の「通用している言語を話すものには」（59条）通訳が付けられるとされていた。[2] この時期のプロイセンは、言語という問題に関心を持っていなかったということが可能であろう。

その後、フランス革命、ワルシャ公国を

経て、ナポレオンが敗れ、そのあとのヨーロッパの秩序を決めることとなるウィーン会議およびウィーン条約では、ポーランド国家の存在は認められなかった。そこで、プロイセンは、ウィーン条約により、かつての分割領の一部を「再編入」することとなった。それがほぼポーゼン州の領域である。プロイセンのポーランド政策は、内政の問題であると同時に外交上の問題となった[3]。

ウィーン条約では、ポーランド人は「市民的（政治的）存在（bürgerliches Dasein/ d'existence politique）」と規定された。そのため、ポーランド人の存在に一定の配慮を示さなければならなくなったのである[4]。その例として、「領有宣言」が挙げられる。この宣言は、ドイツ語とポーランド語で発布され、「祖国」・「言語」・「ナショナリティ」が住民に保障された[5]。

さらに、一八一七年二月九日の「ポーゼン大公国における司法行政に関する規定」では、「ドイツ語とポーランド語の両言語は必要に応じて裁判の業務語である」ことが規定された[6]。このコンセプトで目指された言語状況は、「二言語的（diglossisch）」と特徴付けられる。しかし同時に、住民のなかでは、「言語政治的活動の結果」ではなく、「基本的な経済的・社会的必要性」から生じた「より広範で「自然な」バイリンガリズム」が認められた[7]。

一八三〇年代に入ると、この状況が大きく変化した。州長官にフロットヴェル（Eduard von Flottwell）が着任すると、言語政策がポーランド語に対して攻撃的になり、ドイツ語化が要求されるようになった。

その事例が、一八三二年四月一四日の「言語令」である[8]。この規定は、州における行政の業務語をドイツ語とした。また、一八三三年と一八三六年の行政改革は、住民に、支配者の言語としてのドイツ語と被支配的民衆の言語としてのポーランド語という言語の社会的・政治的差異を意識させ始めることになった。また、中等教育機関であるギムナジウムのドイツ語化が開始され、さらにカトリック教徒とプロテスタントの異宗派婚問題という宗派的差異の問題も政治化された。

しかし、全体として、この段階では、貴族層以外のポーランド民衆に対して、プロイセン政府の言語政策はほとんど影響しなかった。複数の言語が使用されている地域では、バイリンガル化・言語交換が、双方向に「自然な」プロセスとして行われていたためである。この点で、一九世紀の国家的言語政策にとって重要な二つの装置、すなわち民衆学校と軍隊は、まだ大きな役割を果たしていなかったということができる[9]。

ドイツ語化の傾向は、一八三〇年代以降継続するが、常に一定していたわけではなく、一八四〇年代は、いったんポーランド語に宥和的な状況が生まれた。

しかし、一八五〇年代は再びドイツ語化が進み、一八五二年以降ポーゼン県およびブロンブルク県の布告、規定、法律がドイツ語のみで発行されるようになり、また一八五二年には刑事裁判がドイツ語で行われることが規定された。さらに、学校の教育語に関していえば、一八五六年以降ギムナジウムの授業語としてのポーランド語が次第に抑圧されていった[10]。

プロイセン政府の言語政策の最終目的は、少数派の完全な「ゲルマン化」であったと考えられる。この政策は次第に先鋭化していったが、一八七一年以降に比べれば、図式的なものではなく、あくまでも理念的なものにすぎず、以前と同様にナショナリティ対策という面では寛容であった。政府は、国家機構の「ゲルマン化」を目指してはいたが、国家権力に直接関わらないところには干渉せず、介入は体系的ではなかったといえるだろう。ポーランド語話者への抑圧は、確かに経済的・社会的・文化的に次第に強まってはいたが、この段階では、強制的なバイリンガル化やそれに対する集合的抵抗はなかったのである[11]。

二―二　ドイツ帝国期の言語政策

一八七一年にドイツ帝国が成立すると、プロイセンの領土全体がドイツ帝国の一部となり、ポーランド人の居住地域もドイツ帝国の一部となった。そのため、ポーランド人は、ドイツ帝国の「ドイツ国民化」政策の矢面に立たされることとなる。ポーランド人政策は、大きく分けて、対カトリック教会、「土地闘争」、言語の三つの領域で現れた。

最も深刻だったのは、文化や個人の内面の問題と関わる言語の問題である。それが現れた場は多様であり、官庁、学校などで特に顕著であった。言語の領域においてもポーランド人に対する政策は、帝国創設期から始まった。

一八七二年一〇月一六日に、ポーゼン州上級学校の宗教授業はドイツ語と規定された。また、一八七三年一〇月二七日のポーゼン州知事通達は、ポーゼン州の初等教育期間である民衆学校の全児童の授業語をドイツ語とした。ポーランド語は補助語と位置付けられ、宗教と聖歌の授業はポーランド人児童にはポーランド語が認められたが、それらの授業も、中・高学年ではドイツ語で行われた。授業科目としてポーランド語は認められたが、ドイツ語のほうが圧倒的に多かった[12]。

一八七六年八月には、「公用語法」が規定された[13]。この法律は、国家行政、すべての公的機関においてドイツ語を唯一の公用語とするものである。確かに、一部地域では、ポーランド語の使用が一定期間認められてはいたが、これによりポーランド人地域における行政のバイリンガル制は撤廃されることとなり、ポーランド語話者はいわば「第二級国民」という位置付けを強いられることとなった。ただし、国家に関わらない公共生活・私的生活ではポーランド語は容認されていた。

学校という場において、このような軋轢が最高に達したのは、「学校ストライキ」である[14]。この学校ストライキは、一九〇一年の「ヴレッシェン事件」に端を発する。

一九〇〇年、学校教育の正規カリキュラム以外における私的なポーランド語の読み書き授業が禁止され、民衆学校において中・高学年の宗教授業に再びドイツ語が導入され、学科としてのポーランド語授業も廃止された。個人の内面の問題に言語の側面で国家が介入しようとしたのである。このような状況を背景に、一九〇一年五月、宗教授業での生徒の消極的抵抗に対し、教師が生徒たちを籐の鞭で打った。これが、「ヴレッシェン事件」と呼ばれる地域の学校ストライキへ発展した。

その後、一九〇六年から一九〇七年に学校ストライキが全面的に展開した。一九〇六年の復活祭の際、ポーゼン州でまだドイツ語による宗教授業が実施されていなかった二〇三校に対して、その導入が強行された。これに対し、一九〇六年一〇月一四日に大司教スタブレフスキが教書を発し、母語による宗教授業の重要性を訴えかけた。それを契機に、学校ストライキが起こり、一〇月下旬から一一月中旬に最高潮に達し、その後一年余り継続した。このストライキには、総計一六〇〇校以上、九万三〇〇〇人の児童が参加した。初等学校という民衆が通う教育施設において、宗教教育という信仰と人間の内面に関わる領域にまで使用言語の強制が及んだとき、民衆が大きな反応を示したといえよう。

プロイセン＝ドイツにおけるポーランド語に対する言語政策についてまとめると、まず、言語の「ステータス」という観点でみれば、ポーランド語に対するドイツ語の優位を確保するという目的が基本的に一貫している。第二に、その言語の担い手という側面を見てみると、対象とする社会層が貴族や知識人層から民衆へという方向がある。第三に、言語が使われる局面に関しては、公的領域にとどまっていた時期から、信仰を含めた人間の内面へとその範囲をより深化させていったといえる。このような観点で見ていくと、広範な民衆に対して、信仰という内面の問題に対するドイツ語の使用強制が、プロイセン＝ドイツの対ポーランド語の言語政策の頂点であるといえる。この頂点が、民衆学校における宗教授業のドイツ語化であり、これに対するポーランド人民衆の反応が学校ストライキという形で現れたのである。

言語政策という観点から見ると、「ドイツ語」と「ポーランド語」の存在が措定されており、この双方の関係、すなわち、言語の「ステータス」という側面が、言語政策当事者および研究者の関心の中心であった。そのため、実際には、どのような言葉が話されていたのか、ということについてはあまり関心が払われてこなかったといえよう。そこで、以下では、ベルントの『ポーゼン大公国におけるドイツ語』という文献を取り上げ、ポーゼン州ではどのような言語が話されていたのか、という点に少しでも光を当てたい。

三節　ベルント『ポーゼン大公国におけるドイツ語』（一八二〇年）

以下では、ベルント『ポーゼン大公国におけるドイツ語』を題材に、ポーゼン州のドイツ語について考えていきたい（なお、ポーゼン大公国とポーゼン州は、ここでは同義ととらえる）。ポーゼン州のドイツ語といっても、扱っている研究はほとんどない。唯一、ポーゼン州のドイツ語を独自のものとして扱っているのは、この著作のみであろう。そこで、以下では、その内容を考察したい。

三―一　ベルント

まず、著者であるベルント（Christian Samuel Theodor Bernd）について述べておきたい。

ベルントは、一七七五年に後のポーゼン州の一部となるメゼリッツ（Meseritz）（ポーランド語、ミェンジジェチ〔Międzyrzecz〕）で生まれた。一七九四年からイエナで神学を学び、一七九六年から家庭教師として生計を立てる。一八〇四年から一八一一年まで、カンペ（Joachim Heinrich Campe）の依頼でブラウンシュヴァイクにおいて、『ドイツ語辞典（*Wörterbuch der deutschen Sprache*）』（全五巻、一八〇七―一八一二年）の編纂に協力した。その後、一八一一年、ブレスラウの図書館に職を得ている。一八一三年五月カリシュのギムナジウムの教授となり、一八一五年一〇月ポーゼン市のマリア・マグダレナ・ギムナジウムの教授となった。そして、一八一八年秋、ボンに設立されたばかりのライン・フリードリヒ・ヴィルヘルム大学の図書館長として就任し、一八二二年に同大学で古文書学、印章学、紋章学の教授となった。一八五四年にボンで死去した。

以下に、ベルントの著作一覧を示しておく。

『ポーゼン大公国におけるドイツ語』*Die deutsche Sprache im Großherzogthume Posen* (Bonn, 1820).
『ゲルマン語とスラヴ語の近縁関係』*Die Verwandtschaft der germanischen und slawischen Sprachen* (Bonn, 1822).
『ドイツ語における双生動詞』*Die doppelförmigen Zeitwörter der deutschen Sprache* (Aachen 1837, Bd. 1).
『紋章学』*Allgemeine Schriftenkunde der gesamten Wappenwissenschaft* (Leipzig 1830-41, 4 Bde.)
『ライン州における紋章』*Wappenbuch der preußischen Rheinprovinz mit Beschreibung der Wappen* (Bonn, 1835, 2 Bde.; Nachtrag 1842).
『ライン州に伝承される紋章』*Beschreibung der im Wappenbuche der preussischen Rheinprovinz gelieferten Wappen, nebst eine Farbentafel* (1835).
『紋章学要綱』*Die Hauptstücke der Wappenwissenschaft* (Bonn, 1841-49, 2 Bde.).
『三つのドイツの色と一つのドイツの紋章』*Die drei deutschen Farben und ein deutsches Wappen* (Bonn, 1848).
『紋章学ハンドブック』*Handbuch der Wappenwissenschaft* (Leipzig, 1856).

ベルントの著作の多くは紋章学に関するものであり、その主著は『紋章学要綱』であるとされる。ベルントは、言語学者としてよりも紋章学者として知られているといえよう[15]。

三―二　『ポーゼン大公国におけるドイツ語』

紋章学者としての方が知られているベルントであるが、言語については研究生活の初期に著している。その一つが、以下で取り上げる最初の著作である『ポーゼン大公国におけるドイツ語』(以下、本書)である。

①本書の構成

まず、全体の構成を示しておく。【本書は大きく二つに分かれているが、第一部や第二部、またそれぞれの各箇所にその内容を示すタイトルは付けられていない。以下の構成で示している各タイトルは、筆者(割田)がその内容から補ったものであり、(　)にいれて示している。】

構成

(前書き)

(第一部)

導入

I　(ラテン文献に現れたスラヴ語起源の言葉)

II　(ゲルマン語起源の言葉)

III　(アジア起源の言葉)

(ドイツ語の各アルファベットの発音の特徴)

（第二部）

　（ポーゼン州のドイツ語）

　付録（外来語。特にホルシュタインの言葉に見られる）

　追加と補足

筆者が構成として、大きく二部に分類したのは、ページ数が新しく割り振られているためである。そのうちの第一部とした部分は全体として解説部であり、第二部はポーゼン州のドイツ語のグロッサリー（小辞典）である。

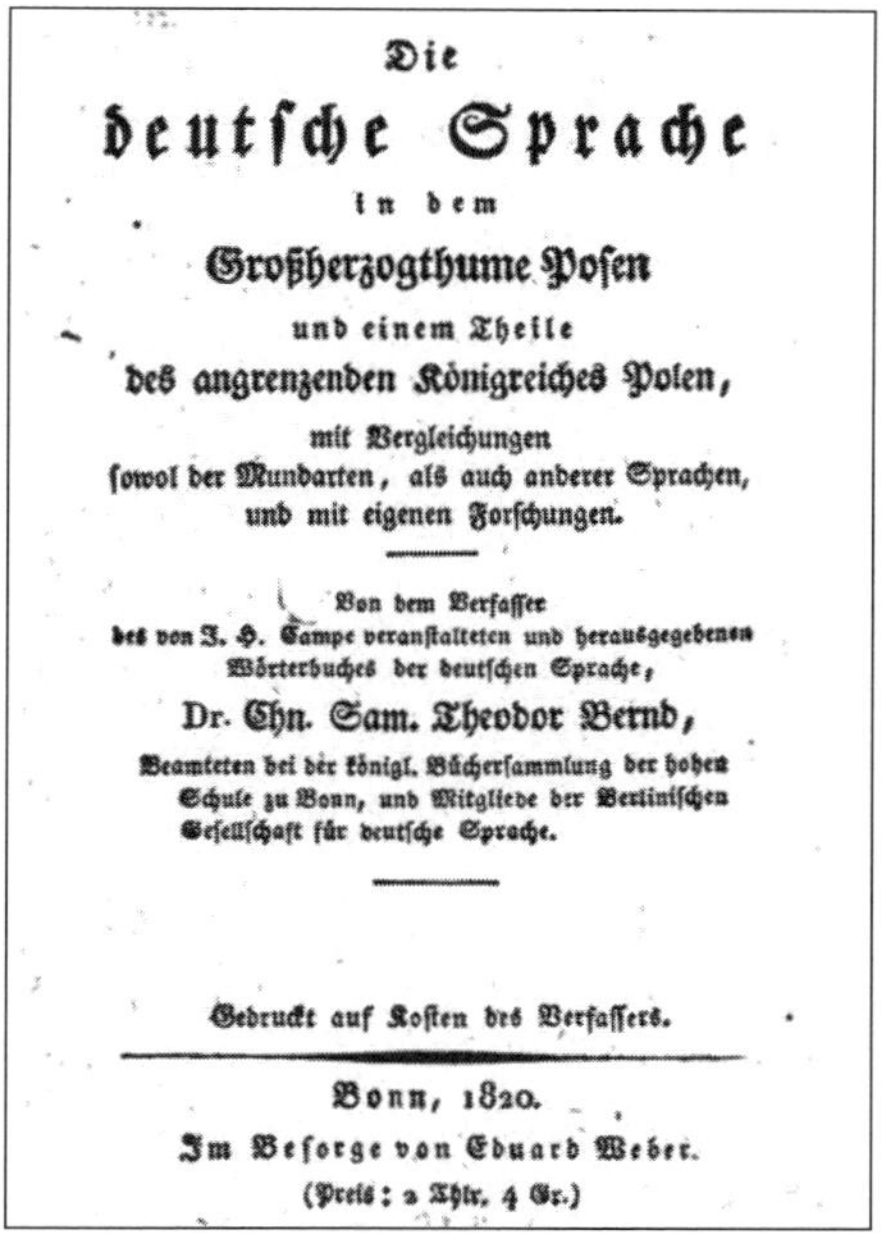
Die
deutsche Sprache
in dem
Großherzogthume Posen
und einem Theile
des angrenzenden Königreiches Polen,
mit Vergleichungen
sowol der Mundarten, als auch anderer Sprachen,
und mit eigenen Forschungen.

Von dem Verfasser
des von J. H. Campe veranstalteten und herausgegebenen
Wörterbuches der deutschen Sprache,
Dr. Chn. Sam. Theodor Bernd,
Beamteten bei der königl. Büchersammlung der hohen
Schule zu Bonn, und Mitgliede der Berlinischen
Gesellschaft für deutsche Sprache.

Gedruckt auf Kosten des Verfassers.

Bonn, 1820.
Im Besorge von Eduard Weber.
(Preis: 2 Thlr. 4 Gr.)

図10　ベルント『ポーゼン大公国のドイツ語』の表紙

②執筆の目的

第一部に本書の目的や理論的な解説が示されているため、まず第一部から検討していく。【なお、本書の引用頁は（ ）内の数字で示す。】

「前書き」では、本書の執筆の意図が示されており、ここで述べられていることが全体の執筆意図であるといえる。

　プロイセン国家の西での、新しいミューズの場で、私は新しいことを試みる。そして、民族を一つにする（völkervereinigende）言語と

いう紐帯によって、プロイセン全体とドイツ全体に、その東を結びつけ、緊密にすることを望む。(V-VI)

ベルント自身はプロイセン国家における東部のポーゼン州出身であるが、彼の新しい職場であるボンはプロイセンの西部にある。そこでベルントは、プロイセンの東と西を結びつけることを目的とし、「民族を一つにする」機能を持つ「言語」に着目するのである。

「民族を一つにする言語」への着目の方法として、ベルントは、自身の出身であるポーゼン州のドイツ語が話されている地域のドイツ語を具体的な検討の対象とする。それは、「地方語（landschaftliche Sprache）」の「ドイツ語の全体」への寄与を示すためである。そして、自身が生まれ育ち、またカリシュなどでも勤務した際に記憶した地方語を基に、それを他の地方語と比較・検討するとした（S.3-4）[16]。

また、ベルントは、「当然の疑問」として、「なぜこの仕事を他の協力者が出るまで待てないのか」と説明的に自問し、将来は不確定であると答え、「この手付かずの土地を最初に鍬を入れ、故郷（väterlandliche Gegend）の地方語の最初の辞書を作る」という自身の望みを明らかにする（S.5）。

その上で、「地方語の収集は、ポーゼン大公国やポーランドにおけるドイツ人の後裔や他のドイツ語話者に必要で有用か」という問いを立て、以下のように応えている。

（1）　特殊性や特徴。他の口語方言（Mundarten）にはもはやないが、ドイツ言語全体に属しているようなものが含まれている。

（2）　形式や発音。多くの共通であるが一般的ではなく、他のゲルマン諸言語にしばしば見られるようなものが含まれている。

（3）ラントのポーランド語（polische Sprache）や独特の言語から他の地方語や一般言語に移ったものが示されている。
（4）ドイツ語の歴史に不可欠なもの、その中の空隙を満たすことができるものがある。
（5）ドイツ語からスラヴ語へ、またはその反対への移行の程度を示している。また、両言語をさらに関連付け、相互をよりよく理解させるために利用できる。
（6）ラントの住民と入植（Anbauung）の歴史を示唆している。（S.5-6）

そして、「ポーゼンとポーランドにおいて個別の地方語を見出だすならば、ドイツのほとんどすべての部分において、それぞれ個別の口語方言があるということができる」(S.6-7) と述べ、ドイツ語のなかにおける地方語や口語の偏在を指摘している。

その上で、ポーゼン州のドイツ語はどのようなものかについて、「一般的にポーゼンにおけるドイツ語の口語方言は、他のすべての口語方言の多様性に富んだ混合物である。一部は変わらないまま、一部はお互いに入り混じり、多様な面で変化している」と述べている（S.7）。同時に、「ポーランドにおけるドイツ語の地方語が、ポーランド語やスラヴ語のドイツ語との結びつきに役立ちうるという証拠は乏しい」(S.8) とポーランド語とドイツ語の直接的な連関性には一定の留保を示し、ポーゼン州のドイツ語はあくまでもドイツ語に属すものであり、ポーランド語の変種ではないことを強調している。

しかし、他方で、「カール大帝の以前」からの歴史的諸関係、地域的隣接関係に基づいて、ドイツ人・ドイツ語とポーランド人・ポーランド語は密接な交流を続けてきた。「この結びつきが彼らの言語（ポーランド語）に大きな影響を与えたことは、すでに、スラヴ語の辞書を一瞥しただけで明らか」であり、「ポーランド語における約五〇〇〇の外来語のうち、ほぼ半数がドイツ語、もしくは、ゲルマン系諸語（ラテン語、フランス語、ギリシア語ではないもの）であり、その受け入れの際に用いられた形態や規則について知っており、ドイツ語の口語方言を知っていれば、大部分はドイツ語として容易に認識できるものである」(S.8-9) とする。

しかし言語面での交流と異なり、実際は、ドイツ人とポーランド人の間には懸隔がある。これは、一方では、ドイツ人側のポーランド人への優越意識のためであり、そのようなドイツ人は「非難されるべきである」。他方で、ポーランド人側もドイツ人に対する嫌悪がある。そのため、ポーランド人側は、ドイツ人のみでなく、西ヨーロッパ人にも、「彼らが持っている教育と知識を持つすべてを負っている」ことを認めなければならない、とした。ベルントはさらに、「キリスト教が彼ら（ポーランド人）に浸透した時代」から「すべてのよいことは西からのみ来た」と述べ、文明の価値は西が優位であるという確信も示している。

③ポーランド語に対する見解

ここで、いったん話が変わり、ポーランド語へと話が移り、ポーランド語の重要性が強調される。ベルントは、Thomas Reinesius の *Variarum Leutionum Libri* という一六四〇年に刊行された文献において、スラヴ語が指摘されていることを見出し、Ⅰ（ラテン文献に現れたスラヴ語起源の言葉）では、主に Pierre Carpentier と Charles du Fresne du Cange が編集して一七六六年に刊行された *Glossarium novum ad scriptores medii aevi cum latinos* という文献に現れたポーランド語の語彙を抜粋している。

そして、次に、「ポーランド人もまた、その知識層に関して、重要な知識の媒介や獲得の手段としてのドイツ語の重要性や卓越性を確信している」として、ポーランド人にとってのドイツ語の重要性を示そうとする。そこで、Ⅱ（ゲルマン語起源の言葉）では、ゲルマン語形の諸語に起源を持つと思われる語彙を挙げている。そこで挙げられているのは、英語、ドイツ語、アングロサクソン系諸語、オランダ語といった言語である。また、ラテン語起源と思われる言葉もこのカテゴリーに入っている。

また、反対に、スラヴ語とポーランド語は「ドイツ語よりもアジアの言語からより多くの啓蒙や利益を引き出している」という考えもあるとし、ゲルマン民族よりも後にアジアからヨーロッパに到達したスラヴ民族や言語は、他のものとの「混交が比較的少ない」と考えられる（S.17）。そこで、III（アジア起源の言葉）は、より「東」の言葉とされる諸語、ペルシア語、アラビア語、ヘブライ語をはじめ、クルド語、ヒンドスタン系の諸言語、ツィゴイナー語（「ジプシー」の言葉とされる）などの言語に起源を持つとされるものが並べられている。

ここまで、第一部の導入を見てきたが、ベルントは、ポーゼン州のドイツ語は、ドイツ語全体の一部を構成するとして考えている。そのため、ドイツ語全体の結びつきを確認するために、ポーゼン州のドイツ語がどのようなドイツ語であるかを示すことが本書の課題であった。

ただし同時に、ベルントにとって、地域的に近接し、自身も接してきたと考えられるポーランド語も考察の対象とならざるを得ない。ベルントの観点によれば、言語は東から西へと進んできたものである。つまり、アジアの諸言語↓スラヴ語↓ドイツ語という流れがベルントのなかでは想定されている。そのため、スラヴ語は、より古い形態であるアジアの諸言語の要素を西の言語よりも多く残していることとなる。

しかし、ベルントは同時に、文明の価値は西が上である、という確信を持っている点も指摘できるだろう。

④ポーゼン州のドイツ語

以上の長い前提を終えて初めて、ポーゼン州のドイツ語が扱われることとなる。ベルントによれば、この後に集録されているポーゼン州のドイツ語の語彙を集めたグロッサリーは、ドイツの他の地域の方言との比較や収集によって、さらに、オーバーラウジッツやニーダーラウジッツの未刊行資料を利用して作成された。

また、様々な地域で話される地方語は、「ドイツ語を話す平民の市民や農民の言語」であるのに対し、知識人の言葉は、ドイツの多くの地域と同様に、「一般的に地方語の語彙や特徴から解放された言語」であるとされた。たいていの地域語は、「さまざまなドイツ語の口語方言の混合物」であるが、これらをできるだけ一定の形式にすることで、発音などが相互に類似・一致していくのと同様に、「知識人の言葉もまた、口語方言のなかのよりよいものと書記言語の一般性の統一物である」(S.86-87)。そして、知識人や中産階級が話している多くの語彙が、ドイツの各地で受け入れられていくと、発音も共通なものとなっていく、として、ドイツ語のアルファベットの発音が示される。このドイツ語の共通の発音が、ポーゼン州のドイツ語の発音の規範となることが前提とされている。

その後から、第二部として、ポーゼン州のドイツ語をアルファベット順にソートしたグロッサリーが始まる。小辞書といっても、全部で四二〇ページに及ぶものである。

筆者は、ドイツ語とポーランド語に明るいわけではないので、ポーゼン州のドイツ語の特徴がどこにあるかと言い切ることはできない。しかし、このグロッサリーを目にしていて気づいた点をいくつか挙げておきたい。

まず、ポーゼン州のドイツ語は、発音の面では、ポーランド語と非常に似ている語彙が多いという点である。例えば、Der Hallaß（「騒音」「喧噪」の意）という語がある。ドイツ語には、同じ意味を示す言葉として、der Lärm, das Gechrei という言葉がある。Der Hallaß という表現は、ポーランド語で同義の言葉 Hałas と明らかに共通している(S.87)。また、「ポーランド人男性」を意味する Der Polak という言葉は、一般的なドイツ語では der Pole である。これは、ポーランド語での同じ意味の言葉 Polak の影響を受けていると考えられる（S.213)。このように、日常的に使う語彙は、表記の仕方は異なるが、予測される発音としてはポーランド語と似ている語彙が多々ある。

また、ユダヤ教徒の言葉についても、Der Boocher（若者）(S.28)、Die Matze（安息日のための酵母を入れないパン）(S.171)、Schabbes（ユダヤ教徒の安息日）(S.246) といった基本的な語彙がいくつか取り上げられている。また、schachern（商売をする〔handeln〕）という言葉には、「ユダヤ人についてでない場合は、特権のない小営業についてのみ」と解説が付されている (S.246)。なお、この語は、現在では、「あくどい商法をする。暴利をむさぼる」といった含意がこめられている。ユダヤ教徒以外からのユダヤ教徒への視線が垣間見れるが、これは、ポーゼン州ではそれだけユダヤ教徒との接触があった証左ともいえるだろう。

ポーゼン州のドイツ語のグロッサリーを見て気づくのは、その語源への言及である。これは、ベルントによって他の文献で調査されたものであり、ポーゼン州のドイツ語への接近方法は文献学的な方法であるといえるだろう。また同時に、集録されている語彙は、話者への直接聞き取りを行ったものではなく、ベルントの経験によっているということも指摘されなければならない。このことは、ベルントが「ポーゼン州のドイツ語」として、本書で示した以外にもポーゼン州に固有な言葉や語彙が無数に存在していた可能性を示している。

結論

ベルントの後「ポーゼン州のドイツ語」がそれ自体として取り上げられた研究について、筆者は寡聞にして知らない。ベルントの後に「ポーゼン州のドイツ語」の研究がなかった理由は、言語政策において重要なのは、「正しい」ドイツ語と「正しい」ポーランド語の「ステータス」の問題であり、「地方語」であるポーゼン州のドイツ語の固有性はその関心の外にあったためである、と考えられる。

そのため、ポーゼン州のドイツ語の固有性は忘れ去られ、さらに第二次世界大戦後には、この話者たちが物理的に移動させられた結果、「地方語」であるポーゼン州のドイツ語そのものが消滅するという運命を辿る。この結果、ベルントの著作が、ポーゼン州のドイツ語に関するほぼ唯一の研究となったといえよう。

ベルントの著作についてまとめておきたい。

まず、ベルントは、「ポーゼン州のドイツ語」を無数のドイツ語のなかの口語的バリエーションの一つととらえ、ドイツ語全体を構成する一部であると考えている。

その方法は、インタヴューなどによって直接的に言葉を収集するというものではなく、既存の辞書・辞典・グロッサリーなどから主に語源を調べるという文献学的な手法であった。このため、ポーゼン州のドイツ語として提示されている語彙は、ベルント自身の個人的経験に基づくという限界があり、本書に示された語彙以外にもさらに無数の口語方言がポーゼン州には存在したとも推測される。

同時に、ベルントは、ポーランド語を軽視することはなく、ポーランド語も西ヨーロッパ世界に認められている言語であり、研究の対象とすべきと考えている。それは、ゲルマン語に比べて、後からアジアから来た言語であるスラヴ系諸言語は、より古い言語の特徴を残している可能性があるためである。

本書に見えるベルントの価値観は複雑である。一つは、ポーランド語をはじめとするスラヴ語の重要性を見出す立場である。この立場は、ドイツ語の優位とポーランド語の劣位を強調する言語政策といった従来のナショナリズム研究における言語間関係における立場とは異なっている。この要因は、時期的に一八二〇年代は、ナショナリズムに基づく両言語の対立がまだ始まっていなかったこと、さらに、言語の系統論がまだ完全に確立していなかったことが考えられる。そのために、ベルントは、ゲルマン語とスラヴ語の近縁性を強調する立場をとっていた。この立場は、ベルントの第二の著作『ゲルマン語とスラヴ語の近縁関係』へと展開していく。

もう一つの立場は、文明の価値に関わっている。ベルントは、「よいことはすべて西から」という確信を持っており、これはナショナリズムやロマン主義的価値観というよりもむしろ、啓蒙主義的な価値観に基づいているといえる。

このようなベルントの立場は、現在の私たちのものとは異なったものである。まず、「ゲルマン語とスラヴ語の近縁関係」に関する現在の研究上の理解は、ベルントが見出そうとした直接的な近縁性とは異なっている。また、「西」優位という価値観は、現在では大きな疑問を感じざるを得ない。

ベルントの著作は、すでに存在しない「歴史的地域」のすでに存在しない「歴史的言語」を扱っているためだけでなく、著作に刻まれている視野や価値観という点からも、一八二〇年という時代の産物であったといえるだろう。

註

1 「ステータス」と「コーパス」、「実験室のなか（in vitro）」と「生体のなか（in vivo）」という概念については、ルイ＝ジャン・カルヴェ『言語政策とは何か』西山教行訳（白水社、二〇〇〇年）【文庫クセジュ 829】、同『言語戦争と言語政策』砂野幸稔他訳（三元社、二〇一〇年）参照。

2 Helmut Glück, *Die preussische-polnische Sprachenpolitik. Eine Studie zur Theorie und Methodologie der Forschung* (Hamburg, 1979), S.196-198.

3 Glück, S.201.

4 条約全体は、*Gesetzsammlung für die Königlichen Preußischen Staaten*（以下 GS と略）1815, S.128-157. 引用部分は、GS 1815, S.132.「ナショナリティ」は通常「国民性」のようにとらえられるが、ここでの意義は多様であり、その解釈については、拙著『プロイセンの国家・国民・地域：一九世紀前半のポーゼン州・ドイツ・ポーランド』(有志舎、二〇一二年)、第一章参照。

5 GS 1815, S.45-47.

6 GS 1817, S.37-56.

7 Glück, S.210.

8 *Amtsblatt der Königlichen Regierung zu Posen/Dziennik Urzędowy Królewskiey Regencyi w Poznaniu*, 1832, Nr.22, S.195-197.

9 Glück, S.217.

10 Glück, S.230-231.

11 Glück, S.235-236.

12 伊藤定良『ドイツの長い一九世紀——ドイツ人・ポーランド人・ユダヤ人』〔シリーズ民族を問う1〕（青木書店、二〇〇二年）、八八—九二頁。

13 GS 1875, S.393-394.

14 伊藤定良「ドイツ第二帝政期におけるポーランド人問題」油井大三郎他『世紀転換期の世界　帝国主義支配の重層構造』

（未来社、一九八九年）参照。

15 F. L. Hoffmann, Christian Samuel Theodor Bernd. In: *Serapeum. Zeitschrift für Bibliothekswissenschaft, Handschriftenkunde und ältere Literatur*, 30. Jg, Nr. 24, (Leipzig, 31. Dezember 1869), S. 375-381/ Alfred Nicolovius / Linda Bernd, *Der deutsche Heraldiker Theodor Bernd. Ein Lebensbild* (Bonn 1893).

16 対象地域は、ポーゼン州の中でも以下のように限定されている。①ポーゼン市とその周辺からヴァルタ川を通じて、マルク＝ブランデンブルクの境界まで。②そことシュレージェンからヴァルテンベルクまでの境界。③そこからカリシュ（Kalisz）まで。④そしてそこからポーゼン州で。これらの線を結ぶ地域である。「この地域の言葉は、国境に向こう側のポーランド王国で話されているものほぼ同じである。また、プロイセン州の境界の地方語とも似ている。さらに、オーバーシュレージェンとオーストリアポーランドにおいて、オーバーシュレージェン人とオーストリア人にも受け入れられている」（S.4-5）とされている。

第七章

ドイツ人とポーランド人の狭間に生きた人々
――マズール人の言語・宗教・民族的アイデンティティ

川手圭一

はじめに

マズーレンは、現在ではポーランド北部の自然の豊かな湖沼地帯を指す地名として知られ、ヴァルミンスコ・マズルスキェ県（Województwo Warmińsko-Mazurskie）に位置する。ここにかつて第二次世界大戦の終わりまで、マズール人と呼ばれる人々が居住していたことは、今日ポーランド人の間でも一般的にはあまり知られていない。他方、ポーランド人であれドイツ人であれ、この地域の歴史を知る者は、マズーレンが一九四五年まではドイツ領「東プロイセン」[1]の南部地域であったことに気づき、就中ドイツ人の中にはかつてのドイツ騎士団にまで遡る「プロイセン＝ドイツ」の歴史を見出そうとする者も少なくないだろう。しかし、一九世紀半ばに初めてマズーレンの歴史と文化を学問的に検討したマックス・テッペン（Max Töppen 一八二二―一八九三）が『マズーレンの歴史』（一八七〇年）の中で、「マズーレンという名称は現在ではプロイセンの一部を指すために非常によく用いられるが、比較的最近になってようやく一般に使用されるようになった」と記したように、マズーレンないしはそこに生きるマズール人の存在が意識的に広く認められたのは一九世紀に入ってからのことであった[2]。本章は、この歴史の中のある時期に姿を現し、今やほぼ忘れ去られてしまっているマズール人に焦点を当て、このドイツとポーランド双方のナショナリズムの綱引きの対象として翻弄された人々の言語的・宗教的、そして民族的アイデンティティを明らかにすることを目的としている。

このマズール人は、一九世紀後半以降にはドイツ・ナショナリズムとポーランド・ナショナリズムの狭間で双方にとって都合よく解釈されていくことになるのだが、そもそもその存在は、ドイツ人かポーランド人かといった近代以降のナショナリティで単純に理解できるものではなかった。現在のドイツとポーランドにおけるマズール人研究は、後述するように、一九世紀のマズール人がプロイセン王国への帰属意識をそれなりに有していたというが、それは一八七一年に成立したドイツ帝国への帰属意識と重なるものでもなかった。そもそもプロイセン自体が多民族的であったということについては、わが国でも今野元が、これをいったんその後のドイツ・ナショナリズム、「プロイセン＝ドイツ」の歴史から切り離して明らかにしている[3]。

本章は、このマズーレンに生きたマズール人というエスニックな少数派が、その言語と宗教を通じてどのようなアイデンティティを保持していたのかを辿ることで、ナショナリティの枠組みでは理解できないその独自性を明らかにする。なお、マズーレン、マズール人は、ドイツ語ではMasurenだが、ポーランド語ではMazury（地名）、Mazurzy（マズール人）となる。しかし本章で取り上げるほとんどの時代、ここはプロイセン・ドイツに属したので、以下では地名については「マズーレン」、本章で主題とする少数派の人々については「マズール人」を表記として用いることとする。

一節　マズール人の発見

マズール人の起源についてテッペンは、元々この地には古プロイセン人が定住していたが、一四世紀末から一五世紀にかけて隣接するマゾヴィエン公国からポーランド人が移住してきたという[4]。すでに一三世紀の末にはのちのマズーレンの全域がドイツ騎士団の支配下に入っていたが、こうしてドイツ騎士団の支配の下で、古プロイセン人、植民してきたドイツ人に加えて、非常に高い割合でポーランド人が定住することになった。このマゾヴィエン公国からのポーランド人移民に、マズール人という名称の由来も帰せられる。テッペンによれば、一六世紀にはプロイセン公国のマズール人住民とポーランド人住民の区別が文書でみられるようになるという。例えば、プロイセン公国創立者のかのアルブレヒト公は、「密猟を行い、処罰されるべき数人のマズール人について」の命令を出し、一五七一年のアンゲルブルク（Angerburg）市の都市特許状にも「マズール人諸都市」に関する言及があった。一五八七年にゲオルク・フリードリヒ（Georg Friedrich）選帝侯がリク（Lyck）に創立した学校は、「ポーランド人とマズール人のため」と両者が区別されており、この学校を一六三八年に視察した視察官は、「堕落したマズール語を除去し、純粋なポーランド語を導入すること」を述べていた[5]。もっとも、こうした区別がどのような意味でなされたかは必ずしも明瞭でない。その後、ドイツのマズーレン研究がドイツ・ナショナリズムの影響下で論じられるようになると、マズール人は殊更にポーランド人とは別個の存在として示されることとなった[6]。

ナポレオン戦争後の一八一八年には、プロイセンは新しい郡区割りでグムビネン（Gumbinnen）県六郡とケーニヒスベルク（Königsberg）郡三郡を設置したが、マズーレンという名称はこの頃から一般に使用されるようになった。

マズーレンの地理的範囲については、一九世紀に入ってさまざまな見解が示されてきたが[7]、今日ではドイツの研究でもポーランドの研究でも次のように理解されている。それは、第二帝政期ドイツの郡名で示せば、以下の通りであり、地図1を併せて参照いただきたい。一九〇五年に新たに東プロイセンに設置されたアーレンシュタイン（Allenstein）県に属するナイデンブルク（Neidenburg）（ポーランド語〔＝ポ〕：ニジツァ Nidzica）郡、オルテルスブルク（Ortelsburg）（ポ：シュチュトノ Szczytno）郡、ゼンスブルク（Sensburg）（ポ：ゾンヅボルク Ządzbork〔ムロンゴヴォ Mrągowo：一九四六〜〕）郡、ヨハニスブルク（Johannisburg）（ポ：ヤニスボルク Jańsbork〔ピシュ Pisz：一九四六〜〕）郡、さらにリク（Lyck）（ポ：エウク Ełk）とレッツェン（Lötzen）（ポ：レッツ Lec〔ギジィツコ Giżycko：一九四六〜〕）郡、アンゲルブルク（Angerburg）（ポ：ヴェンゴジェヴォ Węgorzewo）郡とゴルダップ（Goldap）（ポ：ゴウダップ Gołdap）郡の郡部が加わる。これら地域は、ドイツ騎士団の進攻以前にはザッセン（Sassen）、ガリンデン（Galinden）、ズダウエン（Sudauen）と呼ばれた地域であった[8]。

このマズーレンを含めた東プロイセンには一六世紀以来、福音派教会が拡がったが、これは最後のドイツ騎士団長アルブレヒト・フォン・ブランデンブルク（Albrecht von Brandenburg）の時代にまで遡る。彼は一五二五年、クラクフにおいて伯父でもあったポーランド王ジグムント一世（Zygmunt I）の封建的臣下となる一方、ドイツ騎士団を世俗化し、ここにプロイセン公国が誕生した。彼にこうした助言を与えたのは、かの宗教改革者マルティン＝ルターであり、その過程でプロイセン公国には宗教改革が導入された。アルブレヒト公は、プロイセン公国内にルターの教えを住民それぞれの母語で広めようとし、ルターの重要な教義はポーランド語、リトアニア語、あるいはプロイセン語に翻訳された。以来、プロイセン公国は福音派教会の地となり、マズーレンにも福音派の教会が設立

地図1　両大戦間期の東プロイセン

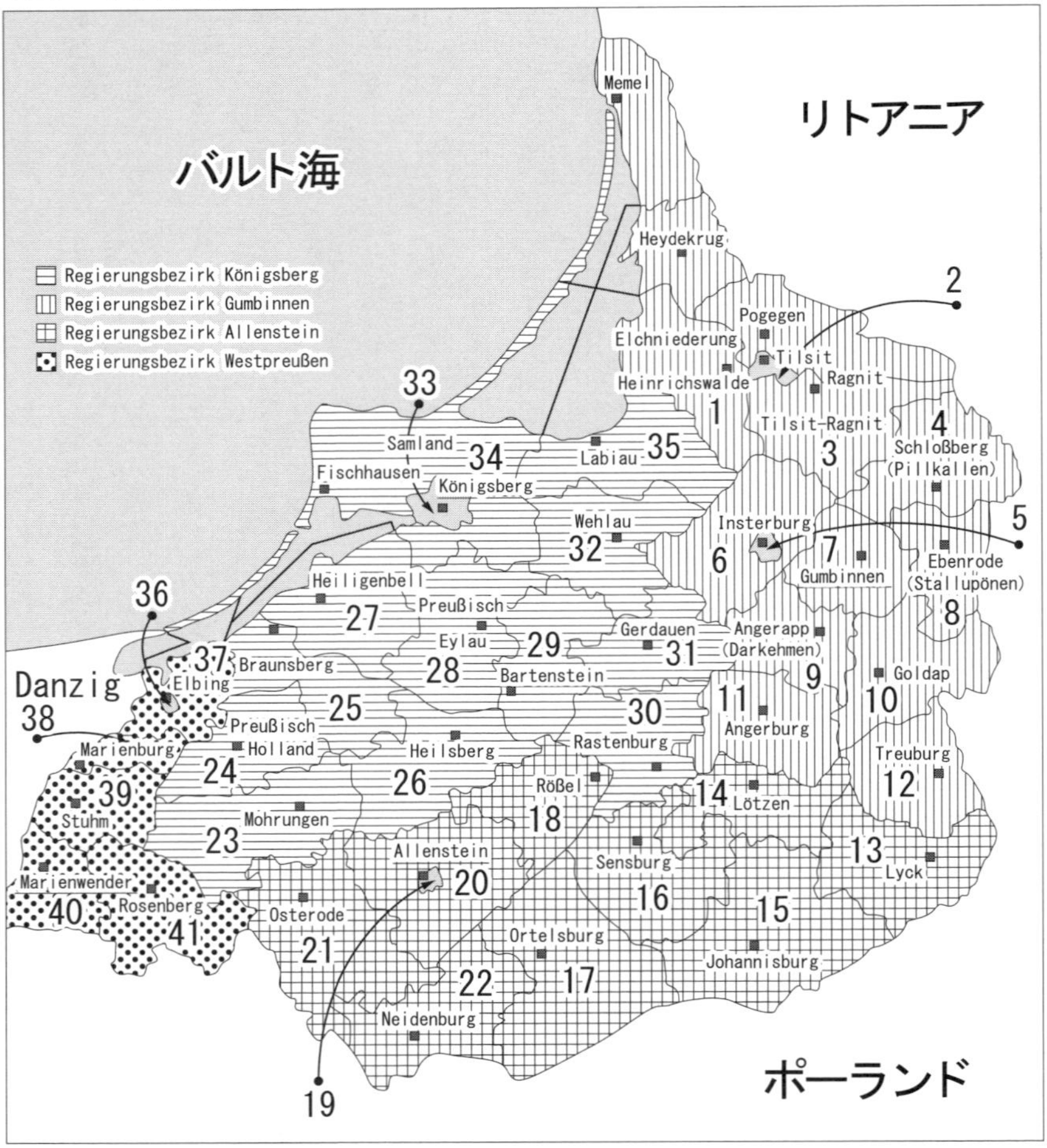

地図中の地名一覧

Regierungsbezierk Gumbinnen　グムビネン県

1. Niederung (1938年〜Elchniederung) ニーデルング(1938年〜エルヒニーデルング)郡
2. Tilsit　ティルジット市
3. Tilsit-Ragnit ティルジット-ラグニット郡
4. Pillkallen(1938年〜Schloßberg(Ostpr.)) ピルカレン(1938年〜シュロスベルク)郡
5. Insterburg インステルブルク市
6. Insterburg インステルブルク郡
7. Gumbinnen　グムビネン郡
8. Stallupönen (1938年〜Ebenrode) シュタルウペネン(1938年〜エーベンローデ)郡
9. Darkehmen (1938年〜Angerapp) ダルケメン(1938年〜アンゲラップ)郡
10. Goldap　ゴルダップ郡
11. Angerburg　アンゲルブルク郡
12. Oletzko (1933年〜Treuburg) オレツコ(1933年〜トロイブルク)郡

Regierungsbezierk Allenstein　アーレンシュタイン県

13. Lyck　リク郡
14. Lötzen　レッツェン郡
15. Johannisburg　ヨハニスブルク郡
16. Sensburg　ゼンスブルク郡
17. Ortelsburg　オルテルスブルク郡
18. Rößel　レッセル郡
19. Allenstein　アーレンシュタイン市
20. Allenstein　アーレンシュタイン郡
21. Osterode(Ostpr.)　オステローデ郡
22. Neidenburg　ナイデンブルク郡

Regierungsbezirk Königsberg　ケーニヒスベルク県

23. Mohrungen　モールンゲン郡
24. Preußisch Holland　プロイシッシュホランド郡
25. Braunsberg(Ostpr.)　ブラウンスベルク郡
26. Heilsberg　ハイルスベルク郡
27. Heiligenbeil　ハイリゲンバイル郡
28. Preußisch Eylau　プロイシッシュアイラウ郡
29. Bartenstein　バルテンシュタイン郡
30. Rastenburg　ラステンブルク郡
31. Gerdauen　ゲルダウエン郡
32. Wehlau　ヴェーラウ郡
33. Königsberg　ケーニヒスベルク市
34. Samland　ザムラント郡
35. Labiau　ラビアウ郡

Regierungsbezirk Westpreußen　ヴェストプロイセン県

36. Elbingエルビング市
37. Elbingエルビング郡
38. Marienburg　マリエンブルク郡
39. Stuhm　ストゥーム郡
40. Marienwerder　マリエンヴェルダー郡
41. Rosenberg　ローゼンベルク郡

マズーレンは、ほぼ次の地域：10,11,12,13,14,15,16,17,21,22
エルムラントは、ほぼ次の地域：18,19,20,25,26
地図では、ドイツ語の地名のみを表記した。引用：拙稿「第一次世界大戦後の東プロイセンにおける民族的相克——ドイツ人とポーランド人の関係をめぐって」『東京学芸大学紀要人文社会科学系II』第63集、2012年、85頁の地図。

されていくこととなった。そして一九世紀には、テッペンと同時代にマズール人についてまとめたF・クロスタ（Friedrich Krosta）が「マズール方言が福音派教徒によって話される限り、その者たちがマズール人である」と記したように[9]、ポーランド語と福音主義がこの地のマズール人の特徴として一般に理解されることとなったのである。しかし教会が、福音派の教えをマズーレンに拡げるためにポーランド語を話す牧師を必要としながらも、現実には二〇世紀に至るまでその不足に苦しんだように、マズール人の中への福音派の導入は決して容易なものではなかった。

一七〇一年フリードリヒ三世が国王フリードリヒ一世を名乗り、プロイセン公国はプロイセン王国となった。そして一七七二年にフリードリヒ二世がロシア、オーストリアとともに行った第一次ポーランド分割によって、プロイセンはマズーレンの北側エルムラント（Ermland: ラテン語、ポーランド語ではヴァルミア Warmia）を含めた領土をポーランドから獲得、翌一七七三年には、マズーレンを含めた旧来のプロイセン領と新たに獲得した領土に対して、それぞれ東プロイセンと西プロイセンの概念が導入されることとなった。この時、東プロイセンは、新たな行政単位として大きく三つの行政郡（ザームラント郡〔Samländischer Kreis〕、ナタンゲン郡〔Natangischer Kreis〕、オーバーラント郡〔Oberländischer Kreis〕）を設置したが、マズーレンに相応する地域は、ナタンゲン郡に属するラステンブルク（Rastenburg）、オレツコ（Oletzko）、アンゲルブルク（Angerburg）、リク（Lyck）、ヨハニスブルク（Johannisburg）、ライン（Rhein）、レッツェン（Lötzen）、ゼーステン（Seehesten）、ノイホフ（Neuhof）、そしてオーバーラント郡に属するホーエンシュタイン（Hohenstein）、ナイデンブルク（Neidenburg）、ゾルダウ（Soldau）、オルテルスブルク（Ortelsburg）、ギルゲンブルク（Gilgenburg）であった（地図1を参照）[10]。

なお、この第一次ポーランド分割に際してプロイセン領となったエルムラントは、その南側の突起した部分がマズーレンの北側に直角に組み込まれる形をとり、アーレンシュタイン、ブラウンスベルク（Braunsberg）、ハイルスベルク（Heilsberg）、レッセル（Rössel）の諸都市をつなぐ地域である。ここは、かつてのドイツ騎士団領の中にありながら、一二五〇年にエルムラント司教区が設立されており、一四六六年の第二次トルンの和約以来、エルムラント侯国としてポーランド王冠の下にあった。アーレンシュタイン周辺の南エルムラントは、元々北エルムラントに比べてドイツ人入植者が多くないところであったが、和約後の政治情勢の中で一六世紀の半ば以降にはポーランド人の入植が活発に行われるようになる。こうした歴史的背景から、マズール人が福音派教徒なのに対して、エルムラント人はカトリック教徒として対比的に位置づけられた。[11]

マズーレンは一七世紀後半にペストの大流行に襲われ、人口が大きく減少したが、一八世紀に入ると、新しい植民の波が押し寄せた。一七四〇年からは、マズーレン植民の最後の時期と言われる。たとえば、七年戦争のあとには、オルテルスブルクのポーランドとの国境地域に幾つかの村が建設されている。こうした植民はもっぱらポーランド語を話す者たちによるものであって、一八世紀にマズーレンの言語的「ポーランド化」はいっそう進むこととなった。[12]

「マズール語」が公式にセンサスの中に登場するのは一八九〇年であった一方、すでに述べたように、ポーランド語の方言としてのマズール語という捉え方は一八世紀には用いられ始めていた。そして一九世紀になると、東プロイセン南部のスラブ系入植者をマズール人と名付ける、「マズール人」概念が成立することになった。[13] こうした中でマズーレンに関する本格的な研究がダンツィヒの歴史家テッペンによって始められた。彼が一八七〇年にまとめた『マズーレンの歴史（Geschichte Masurens）』は、すでに述べたようにナショナリズムにとらわれずに描いたものとして、ポーランドの側からも高く評価されている。同時にテッペンは、一八六七年には『マズーレンの迷信（Aberglauben aus Masuren）』を描き、マズール人の間に伝わる迷信ばかりでなく、風俗、習慣、その宗教性、さらにはメルヒェンを紹介した。[14] 他にもこの時代には、ケーニヒスベルクのギムナジウム教師クロスタが『マズーレンらのマズーレンへの接近に警戒感をみせながらも、「ポーランド語のマズール方言」を話すマズール人とその方言、また地名の由来について冷静な分析を行った[15]。

しかしその後のドイツ人の研究は、非常にナショナリスティックなものとなった。特に一八九四年にドイツ東方のゲルマン化を推し進めるオストマルク協会が設立されるとそのゲルマン化政策と結びつき、その後も第一次世界大戦直後のこの地域の帰属をめぐる住民投票、そして第二次世界大戦後には「被追放民」問題などと絡んで極めて政治色の強いものとなったのである。それは、言い換えれば、マズール人とポーランド人の結び付きを否定するものでもあった。たとえば、一九二五年にヴィトシェル（L.Wittschell）が、「プロイセンのマズール人は、言語的にも文化的にも独自の道を辿った。福音派の教えを受け入れたことでマゾヴィエンからの移民は、故郷とのあらゆる繋がりを失い、それによってマゾヴィエン人（ここではマズール人と同義に用いている＝川手）とポーランド人の古い対立は、意識的で決定的な形をとった」と記したことはその典型的なものといえよう[16]。

他方、ポーランド・ナショナリズムの側でも、後述するヴォイチェフ・ケントシンスキ（Wojciech Kętrzyński）によってマズール人の問題が取り上げられることとなった。彼が一八七二年に発表した『マズール人について（O Mazurach）』[17]は、学問的研究かどうか議論があるものの、その後のポーランド人の研究の出発点となった。彼は、その冒頭で、「ほとんどのポーランド人がマズール人のことを知らない」と危機感を表明し、マズール人の「ポーランド性」を訴えた。

今日までのドイツにおけるマズール人研究の頂点は、二〇〇一年に出版されたアンドレアス・コッセルト『プロイセン人、ドイツ人、あるいはポーランド人？　エスニック・ナショナリズムの緊張領域におけるマズール人一八七〇―一九五六』である。本章も、これを大いに参考にしているが、同書は、ポーランド側の研究も十分にふまえ、ドイツとポーランドの狭間の中で、マズール人のアイデンティティを浮かび上がらせたものである[18]。このタイトルが、「プロイセン人、ドイツ人、あるいはポーランド人？」として、疑問を呈しているように、マズール人はナショナリティの文脈で捉えようとすると、見間違うことになる。また、現在のポーランドにおける研究においても、グジェゴシュ・ヤシンスキ（Grzegorz Jasiński）が、「地域」に根ざした「マズール人性（Mazurskość）」の歴史的生成過程を分析している[19]。

このマズール人に関して日本では、伊藤定良がドイツ帝国主義下にドイツ東部からルールに移動したポーランド人について研究した『異郷と故郷』のなかで取り上げている[20]。そこでは、ドイツ帝国のゲルマン化政策と、これに対抗するポーランド・ナショナリズムという対抗関係に、このマズール人の問題を入れ込むことによって、ポーランド人、マズール人という重層関係の中でポーランド・ナショナリズムをも相対化することを試みている。

こうした研究をふまえた上で、一九世紀に「立ち現れた」マズール人とは何者だったのかを検討するとき、前提として一般に示されたのが、「ポーランド語（マズール方言）を話し、しかしカトリックではなく、福音派キリスト教徒であり、プロイセンに忠誠を誓う民族」という理解であった。しかし、これもまたある意味では、あまりに単純化した理解であり、現実のマズール人の宗教と言語、そしてそのアイデンティティははるかに複雑なものであった。言うまでもなくマズール人をめぐっては、特に第二帝政期に入ってからはプロイセン＝ドイツによるゲルマン化政策の下に置かれたということを前提にしなければならないが、ひとまず次に、プロイセン＝ドイツ政府よりもいっそうマズール人に近いところにいた福音派教会の目を通してマズール人の宗教、そして言語の問題を考察してみたい。

二節　福音派教会のみたマズール人

ここでは一九世紀に福音派教会がマズーレンで行った調査旅行と、教会・学校視察を手がかりに、教会がマズール人の存在をどのように捉えていたのかを考えてみよう。

ナポレオン解放戦争後のマズーレンは、既述の通り新しい郡制度の下におかれた。当地の住民は一八六一年には約四二万人以上を数えたが、福音派教会によれば、福音派教徒の数は一八五六年に四〇万人、そのうち二四〜二五万人がポーランド語話者と見なされた。このように住民の大部分が福音派教徒でありながら、教会は特にここのポーランド語話者に対して厳しい不信の目を向けた。一八五五年にケーニヒスベルク教会役員会が示した次のような考え方にそれをみてとれよう。

マズーレンの村々では、住民は形式的には教会の教えを遵守し、伝統的に敬虔な慣習を厳しく保持しているようにみえる。しかし、彼らに福音派の救済の真理に基づく明確な意識があるわけではない。彼らは、福音主義への告白を戦わずして手に入れ、今日まで保持している。それは、内面的習得というよりも習慣からなのだ。それ故に彼らは、さまざまな精神的な誘惑を前に、それを守り続けることはできないであろう。確かにその貧しき者たちは、彼らの大部分が生きる閉ざされた空間により、またその言語により、あるいは彼らが本質的に持つ感情や、特にドイツ的と称されるあらゆることに対する根深い不信により、これまで合理主義の侵入に対して守られてきた。しかしこうした有利な結果をもたらした同じ理由が、教会の新たな硬直化をひき起こし、みずみずしく力強い信仰生活の保持を妨げようとしているのだ。[21]

このようなマズール人社会の中に入り込もうとする福音派教会にとっての最大の問題は、ポーランド語を操る牧師の確保が困難なことにあった。というのも、マズール人にとって母語（ポーランド語のマズール方言）は「教会の言語」であり、「神聖」であるがゆえに、彼らの母語で祈り、歌い、聖書を読むことが不可欠だったからである。

二―一　オルデンベルクの視察旅行

一八五〇年ベルリンに国王直轄で教会問題を扱う最高宗務会議（Evangelischer Oberkirchenrat）が設立されると、これは、「マズーレンにおける教会事情」という特別な記録簿を作り、それまで有効に対応できてこなかった「マズール人問題」に向き合うこととなった。特に衝撃を与えたのは、オレツコ郡マルコフスケン（Markowsken）村在住で平信徒として教会のために補佐的活動をする農民ヤン・イェンチィオ（Jan Jenczio）が一八六〇年九月一一日に最高宗務会議に送った手紙であった。その中で彼は、マズーレンにおける風紀と道徳の悲劇的状況を嘆き、その責任は教会にあると非難した。実はイェンチィオは、教会の教えをドイツ語からポーランド語に翻訳する翻訳者として最高宗務会議とも連絡を取り合う関係にあった。[22] この手紙は、同時に最高宗務会議からケーニヒスベルク教会役員会に転送された。役員会は、これを自らへの批判と受け止め、強く反発したものの、反論の一方で一八六四年には総教区監督（Generalsuperintendent）ベルンハルト・モル（Bernhard Moll）が、自ら三度マズーレンに視察旅行を行った。その過程で彼もまた、牧師がポーランド語を解さない「言語問題」が大きな障害であるとし、住民がカトリックの影響や迷信から脱出するためには、文化と教育のレヴェルを上げるマズール住民のゲルマン化が不可欠であると訴えることとなった。

そして一八六五年には、最高宗務会議のメンバーで、ドイツ福音派教会の内国伝道（Innere Mission）中央委員会創設者で委員長でもあったヨハン・ヒンリッヒ・ヴィヘルン（Johann Hinrich Wichern）のもと、まずはダンツィヒのアドルフ・ベルンハルト・フリーデマン（Adolf Bernhard Friedemann）が、主にマズーレンのドイツ語話者の教会と道徳的状態を調べるマズーレンの調査旅行を行い、続けて八月一四日〜一〇月四日にはケーニヒスベルク生まれのフリードリヒ・ザロモ・オルデンベルク（Friedrich Salomo Oldenberg）が、今度はマズーレンのポーランド語話者の状態を調査するためにベルリンから旅に出た。

旅を終えたあとオルデンベルクは、内国伝道中央委員会にあてた詳細な報告書『マズーレン便り（Zur Kunde Masurens）』を作成した[23]。ごく短期間の旅行であり、オルデンベルク自身はポーランド語を解さず、この時までマズーレンについての十分な予備知識を持っていたわけではなかった。その意味では、旅の見聞から得た表面的な知識なのだが、同時に彼は、旅の途中で先に述べたテッペンを彼の住むホーエンシュタイン（オステローデ郡）に訪ねるなど、情報収集に努力しており、彼の報告は、その後の福音派教会の方針と活動に大きな影響を及ぼした。その意味で、同時代の福音派教会の理解を代弁したものとなっていよう。そこで、ここではひとまず彼の報告するマズール人像をなぞってみることとしたい。

報告書は、マズーレンの「過去」と「現在」に大別され、まず前半部分の「過去」で古プロイセン時代に遡るマズーレンの歴史が跡づけられる。とりわけ宗教改革以来のマズーレンの歴史では、一方で福音派教会の組織的発展を辿りながらも、他方では、「マズーレンにおける宗教改革は、洗礼を受けたものの本質的にはいまだにキリスト教徒的でない住民のキリスト教化と同じことであった。……古プロイセンやポーランド-スラブの迷信、無教養、悪い習慣がはびこっていた」(S.80)、あるいは「さまざまなセクト（宗教的分派集団）が入り乱れている」(S.87)、「カトリック崇拝が残っている」(S.87)、「牧師も学校教師も今日に至るまで飲酒をやめない」(S.88)……といった批判を展開し、そのなかで教会の課題が問われているとした。

これに対して後半では、「現在」の状況として、彼が見聞したマズーレンの現実が紹介される。ここでは特に、「言語」と「ヤン・イェンチィオ」の項目を引いてみよう。すでに述べたように、イェンチィオは、マズーレンの村で福音派最高宗務会議、内国伝道のために協力する通訳者であり、オルデンベルクは旅行中に彼の家に滞在したのである。

「言葉」

マズール人の言葉が死に行く運命であることは明らかだとしても、いまだに住民の中に定着しており、その迫りくる死に対して長く抵抗していることもまた明らかだ。マズール人は、ポーランド人よりも語彙を不完全に発音する。たとえば、シィ（sz）を単純なス（s）、チィ（cz）を単純なチ（c）と、子音を弱く発音する。マズール方言の本質は、標準ポーランド語からかけ離れているところに特徴があるが、同時にさまざまな地域で多様でもある。標準ポーランド語と比べて、ひとつの言葉が付加的な意味を持っており、日常語の中には多くのドイツ語が入っている。一般的にマズール人の言葉は非常に貧弱である。それには文学がなく、その語彙は、日常の関係を除けば、聖書、讃美歌、説教集からだけ出てきている。少なくとも聖職者が口にする標準ポーランド語を、彼らはカトリックとみなし、好まない。完全に流暢なポーランド語を話す聖職者、教師、役人ですら、マズール人がそれを理解するようには話すことができない。……選挙のさいには、あちこちでマズール人の言葉で民衆に民主的なビラがまかれる。しかし、彼らはそれを理解できないのだから、何の意味もない。彼は、自分の王以外、何も知るつもりはない。それが彼にとって唯一の言葉だから。政府、議会、憲法などについて何も知らない。彼の言葉が彼を絶対主義者にしているのだ。[24]

この時代には、一般的には、マズール人は「ポーランド人」と特徴付けられており、「マズール語」という言葉もまだほとんど使用されていなかった。しかしここでは、ポーランド語の一方言としつつも、むしろその言語としての独自性が強調された。

「ヤン・イェンチィオ」

マルコフスケン村（オレッコ市から一・五マイル離れた村）に住み、教会の書物をポーランド語に翻訳するなど敬虔な活動をする福音派信徒だったイェンチィオは、反面で、マズール人の飲酒、不道徳に非常に批判的な人物であった。オルデンベルクは、滞在する家の様子から書き起こし、彼との会話からマズーレンの現状を述べている。

イェンチィオとの会話の中では、聖職者に対する批判的傾向が明らかであった。私が、「みなが教会に行くにもかかわらず、マズール人の宗教的生活はなぜこれほど低いのですか」、と尋ねると、彼は言った。「教会に行っても、多くの町村で事態はますますひどくなっている。多くを求めても、説教の中でごくわずかしか見いだすことができない。どこに理由があるのかを言おう。」彼は、ザルノフスキ（Zarnowski）の説教集を取り出し、本の積まれた机の後ろに置いて、熱心にポーランド語の一節を披露した。「どういう意味ですか」、と私が尋ねると、「その一節には、教会を良くすることが示されている」、という。「病人が医者に行くと、――そんな意味なのだが――医者は病気のお腹が良くなるようにするだろう。お腹が良くなれば、その人も良くなる。教会が病気なのは、そのお腹が病気だからなのだ。しかしそのお腹が聖職者なのだ。」……

「それは一五八〇年に書かれた」と私が言うと、「かつてそうだったことが、今日でもあてはまるのだ」と彼は答えた。「ザルノフスキがカトリックの神父に対して書いたことが、今日では福音派教会にあてはまるのだ。」……

イェンチィオの上の息子が入ってきた。しっかりとした肩幅の広い男で、顔には才気が浮かんでいた。彼は、彼の兄弟同様にドイツ語を話し、今や村の村長である。もちろん、彼の後ろに立った父親が元の村長であった。前のポーランド蜂起（一八六三年一月蜂起）のさい、ポーランド国境はプロイセン軍で埋まり、マルコフスケン村もまた同じような状況であった。この村長は、熱心にその愛国主義的な誠実さから行動し、王から勲章を与えられた。父親は、そのことを息子の前で、父親として誇らしげに、そして強い愛国心とともに語った。……[25]

イェンチィオは、さらにオルデンベルクに村の状況を憂えつつ、火酒の禁止や、村に秩序と規律を持ち込む改革を訴えた。このような彼の強い敬虔主義は、一九世紀のプロテスタントの信仰覚醒運動に通じるものであり、マズーレンでは「グロマドキ（Gromadki）運動」と呼ばれていく。「グロマドキ」とは、「集まり」という意味だが、その起源はプロイセンのリトアニア人地域にあった[26]。グロマドキ運動は、必ずしもまとまった組織を持たず、ポーランド語を話すマズール人の中で農民を中心としたさまざまな職種の平信徒を巻き込んで展開した。そこでは農民が説教者となったのだが、イェンチィオはこうした指導的説教者の一人であった。オルデンベルクから報告を受けた内国伝道のヴィヘルンは、自らイェンチィオに手紙を書き、彼自身がマズーレンの中で「真の教会を擁護するため」の伝道旅行を行うように要請した。イェンチィオは、自分は司牧活動の補助をするにすぎないと断りつつも、彼に課された「私的な使徒」としての役割を受け入れた。実際の彼の伝道旅行は、彼自身を取り巻くいくつかの理由から、一八六七年七月一七日から一〇日間ゼンスブルク郡に赴く短期の伝道旅行一回に終わるのだが、彼は教会の中でも名声を得ていく[27]。実は福音派教会の中では、グロマドキ運動自身が自由教会やセクトに類するものとして疑念の目をむけられるのだが、イェンチィオの敬虔主義的な信仰覚醒運動は、マズール人がさらに自由教会やセクトに走るのを妨げる役割も果たすという一面をもっていた[28]。

オルデンベルクの報告書に立ち戻れば、ここにはさらにマズール人の迷信やカトリック信仰への厳しい批判が綴られていた[29]。この報告書の中でオルデンベルクが求めたことは、マズーレンにおける諸問題に対処できる副総教区監督（Vizegeneralsuperintendent）の役職を設置することであった。オルデンベルクの報告を自らへの非難と受け止めてしぶるケーニヒスベルク教会役員会を尻目にリク市にこの役職が設置されると、最高宗務会議が白羽の矢をたてたのは、ポーゼン州オストロヴォ（Ostrowo）で教区監督を務めるカール・トラウゴト・レムス（Karl Traugott Remus）であった。彼は一八六八年七月一一日の着任後、早速、マズーレンの中の視察旅行を行い、各地で意見をかわすと、マズーレンにおける教会の新設や、ポーランド語を話す牧師の養成をケーニヒスベルク大学だけでなく、ギムナジウムにおいても行うことを提案した。

しかし一八六〇年代、ケーニヒスベルク教会役員会と総教区監督モルは、できるだけ早くマズール人の宗教と学校にドイツ語の浸透を図ることで一致しており、レムスの活動を危惧し、両者の確執は深まった。結局、レムスは、教会役員会との対立の中で自分の仕事への確信を失い、病も手伝って一八七六年には早々に引退する。彼の退職後、教会役員会はこのリク市の役職の存続を望まず、ケーニヒスベルク市からマズール人の「ゲルマン化」を進める立場をとることとなった[30]。

二—二　福音派総教会・学校視察

他方、一八五〇年の最高宗務会議創設後、東プロイセン教会管区と西プロイセン教会管区では、管区内の福音派教会とその宗派学校に対する視察が一八五三年から始まっていた。この「福音派総教会・学校視察」は、一八五九年からの中断の時期、また一八六三年から総教区監督モルが別の形で視察旅行を行った時期を除いて、ほぼ毎年、多い年には年数回行われた。

毎回の視察は、基本的にはベルリンの福音派最高宗務会議が作成した二七条からなる「プロイセン、ブランデンブルク、ポンメルン、シュレジエン、ポーゼン、ザクセンにおける福音派総教会・学校視察の規定」に基づき実施された。そこに示された視察の概要と段取りは次の通りである。

まず視察の目的として、福音派信仰の強化と、教会生活における弊害の調査と除去、自治体のすべての信仰状態を十分に調査することが掲げられた。視察委員会は、代表を務める総教区監督、教区の教区監督、さらに最高宗務会議などから任命された随行の牧師たちから成り、これに俗人数人も加わる。視察は、視察先の教区の中心地ないしは教区監督のいる場所で、事前に策定され伝えられた視察計画に従って、教会のミサとともに始まり、同じ教会のミサで終了した。視察の最後には、青少年に向けて、学校監督官、学校代表者と相談の上、学校を訪問するか、あるいは当地あるいは近隣の福音派の生徒と教師を招いた会合を教会で開き、教理問答を行った。また、視察にあたっては個々の小教区を対象にした特別視察も含まれており、これは、町など広い小教区の場合には数日かかることもあった。視察団は視察後、書式に沿って報告書をまとめたが、その全体像は『東プロイセン・西プロイセンにおける福音派総教会・学校視察一八五三～一九四四年』にみることができる[31]。

視察の対象地域には、当然ながらマズーレンも含まれたが、興味深いことにこの報告書の中では、世紀の変わり目になってもここのスラブ系住民を「マズール人」とする表記は滅多に出てこない。むしろ、「ポーランド人」「ポーランド語」とする場合の方が多いのである。すでに述べたように、一九世紀初めには彼らを指して「マズール人」

とする呼び方が広まり始めていても、行政や教会の反応はかなり鈍かったといえよう。その意味ではベルリンの最高宗務会議のほうがはるかに「マズール人」に対する「問題意識」を持っていた。

その中で、一八八四年五月九日から二九日にかけて総教区監督ツァルス（Carus）を団長としてオルテルスブルク教区に対して行った視察は、視察団が初めてマズール人の存在を大きく取り上げたものであった。

報告は、この地域が異なる言語とナショナリティが混在する地域であり、そのうちドイツ的なものが占める割合は全信徒の六分の一でしかないがゆえに、視察にも困難が立ち塞がったとしたうえで、マズール人の教会・宗教生活と、そのセクト主義・分離主義的傾向について言及した。

それは、一方でマズール人の信心深さに驚嘆しながらも、他方ではマズール人を「文化を知らない」「未開な民（Naturvolk）」として、その異様なまでの素朴さにセクト主義へと向かう契機をみるものであった。しかも、この視察報告書だけでは不十分だとして、詳細を別に記述するとしたのである。事実、彼は、同年九月一五日付けで、改めて「マズーレンにおける教会の状況」と題した長文の記録を執筆した。そこからは、ツァルスがマズール人とその宗教性にむけた眼差しを明瞭に見て取れる。長くなるが、その一節をみてみよう。

　マズーレンの下層民が宗教教育とキリスト教への認識の最低の段階に立っていることは否定できない。そこにセクト主義が入り込んでくる隙がある。彼らの生まれ持っての性格がこれに加わる。教育のある者には、当然ながらこの比重は下がる。というのは、より高い文化によって規律化されているからだ。しかし文化のない民衆には、それはますます直接的でナイーブなものになる。感情があらゆる印象、とくに宗教に左右されやすいと、一瞬の感情の表明も強く、激しくなる。よそから来た人間にとって、マズール人の教会のミサに同席することは非常に興味深い。祭壇から一番後ろの席まですべて席が埋め尽くされた教会では、あちこちに席につけなかった女性たちが地面にしゃがみこんでいる。歌が始まるが、これは歌ではなく、金切り声である。美しくなく、メロディーを無視しているが、心の底からの神への叫びである。応答祈祷、説教が続く。多くの者には、説教の中身を理解することは難しい。しかし、個々の言葉、「十字架、神の永遠なる世界、天国、罪、悔恨、慈悲、神の怒り、劫罰」といったものは、信者にイメージを与えるのには十分である。それらは、彼らの激しい表情や身振り、ときには、ため息であれ歓喜であれ、そのむせび泣く声やうめき声を伴う。溢れるような涙を流すために、死や墓、死んだ両親や子どもを思い出す響きだけが必要である。……未開な民の中にいるような気持ちになるが、彼らに対し、興味とシンパシー、そして愛情を示さずにはいられない。

より身近な者たちには、マズール人は子どものような印象を抱かせる。もちろん、それは子どもの愛すべき特徴ではなく、悪癖である。一方で感受性に富み、他方では頑ななまでに頑固である。上なる権威に対しては完全に従順でありながら、この権威を否定する誘惑者には、疑いながらも耳を傾ける。優位な者に対しては、たとえ心の底では恨んでいようとも、卑屈なまでに恭順する。もしも彼らが、その強さを恐れる必要がない場合でもそうする。マズール人は、セクト主義的な説教者にとって明らかに好都合で扱いやすい者たちなのである。……

マズール人が外面的なきらびやかさに魅了されるのも、その子どものような性格にある。その一定の方法をもって敬虔的に彩られた信心深さが私生活での贅沢を禁じていようとも、もし彼が神の家の荘厳さに出くわしたなら、ますますそれを喜ぶようになる。ちょうどそれによってかなり刻印され、多くの迷信的な要素と結びついたカトリック崇拝への道が示しているとおりである。

しかし、悲観的にならず、教会の力を弱らせるような動きに対して、力の結集を。……

> 少なくない小教区が何千という信者を抱えているが、このような教区に牧師は一人しかいないばかりか、彼は隣の教区の面倒もみなくてはならない。というのは、我々の州には八四の牧師の欠員があるが、そのうち一七はマズーレンにあるからだ。このような状況の下では、牧師の仕事は、町村のミサその他の教会職務、洗礼、婚礼、葬儀に限定される。特別な司牧、家庭訪問、聖書の時間、私的な教化集会のための時間もエネルギーもない。もし十分な面倒が必要ならば、少なくとも二人の正規の援助者が必要であり、さらに二人の平信徒の教会役員が牧師を助けなくてはならない。そうすることによって、セクト主義を終わらせることができるだろう。
>
> しかし、人と金が不足している。仮に神学部の学生が増えているにせよ、彼らがすべての欠員を埋めるまでには一〇年がかかる。その間は、平信徒の教会役員に適した人間を見つけ、役立てなくてはならない。
>
> ……[32]

このように現状への認識と課題を列挙する中で、ここでは国家に対応策を要請するとともに、自分たち一人ひとりがこれまで以上に信仰のために働くことを求めた。それは具体的には、セクト主義の台頭に対して、高圧的に対処するのではなく、中身のあるミサを行うことであり、時には歌の選択なども重要であった。

しかし、マズール人に対して最も重要な課題とされたことは、ミサなどの教会活動にさいして、言語の壁をどのように克服し、同時にセクト運動や分離主義運動に対峙していくのかということであった。そのことは、次のような苦慮に現れた。

> 嘆かわしい事態は、堅信[33]の試験にある。よくあるのは、ポーランド人家族の子どもがドイツ語を理解し

オストルダ（かつてのオステローデ）郊外の湖。　(2013年12月筆者撮影)

ていないことであり、それは彼が習った言葉を口にするときに現れる。彼は、その意味を理解しておらず、何ら心に響いていないのだ。上級クラスでは、宗教授業も含めてすべての専門でドイツ語を授業語にすべきという学校当局の布告はよい動機と意図に基づいており、のちの生活における子どもの利益にもなるものだが、これは司牧者が堅信授業を自由に行うことを排除するものではない。子どもの知性と心情によって母語を使用するほうが適している場合には、これは排除されるべきでない。……[34]

このようにドイツ語の使用を前提としつつも、母語の有用性が示されたのは、福音派教会がマズール人社会に分け入ることができなければ、セクト主義・分離主義運動に付け入れられるという危機意識があったからであった。その意味で、教会にとって母語の使用は重要であった。

しかし、この一八八四年のマズール人への大きな注目にもかかわらず、その後に続いたマズーレンを訪れる視察団の報告書からは、再び「マズール人」という表現は消えた。

一八八六年のオステローデ教区視察にあたっては、オステローデ小教区都市部でドイツ人信者は五七〇〇人であるのに対し、ポーランド人信者は六四〇人、同小教区の農村部では、ドイツ人信者が一〇〇〇人に対してポーランド人信者が四〇六〇人と示された。おまけにクルケン（Kurcken）小教区については、そこの牧師コショレック（Koschorrek）が、信者の八〇％がポーランド人であるのに、ポーランド語ができないこと、また彼の私生活上の問題が現地の教育ある人々の顰蹙を買っていることなどが問題視された。ここは、カトリック教徒が多くを占めるエルムラントの近くであるだけに危機意識は深刻であった[35]。

一八九二年のレッツェン視察にあっても、視察団はレッツェン教区の信者一万一〇〇〇人中、ポーランド人一五〇〇人と報告している。

これに対して、一八九五年のマルグラボヴァ（Marggrabowa）教区視察と、一八九八年のナイデンブルク（Neidenburg）教区視察では、「ポーランド語」とともに「マズール人」表記が登場する。マルグラボヴァについて報告は、「東プロイセンの多くがそうであるように、ここでもポーランド語は衰退傾向にある。年寄りを除いて、誰もがドイツ語を理解でき、その結果、堅信の話はもっぱらドイツ語で行うことができた」とした。だが、報告は、「しかし」と続ける。「しかし、マズール人は、特に教会での神との対話のためにそのポーランド母語を愛している。その結果、それまで堅信の授業をドイツ語で受けてきた者であっても、ほとんどすべてがポーランド語のミサに参加するようになる。

我々は、これからも長くポーランド語のミサを続ける考えである。彼らは、よき福音派であり、ドイツ人である。

彼らがそれにとどまれるかどうかは、活発なポーランド・カトリックの宣伝を前に、もし教会がこの母語への愛に向き合おうとしなくなったとき、とたんに怪しくなってしまう」と、母語の使用を訴えた[36]。

他方、一八九八年のナイデンブルク視察の報告書では、「ナイデンブルク教会会議区は一六の小教区を抱え、住民は圧倒的にポーランド人である。五万一九二人の信者のうち、マズール人は四万一二八人いる」と記した上で、各小教区については「ポーランド人」と「ドイツ人」というカテゴリーでそれぞれの数が示されていく。このように「ポーランド人」と「マズール人」という表記が区別なく混在しているのだが、両者は明らかに同義である。そしてその上で、ドイツ語の拡大が成果として掲げられた。

一世代前には郡のすべてがほとんどポーランド人で占められていたことを考えれば、四万一二八人のポーランド人と並んで、一万六四人のドイツ人が存在することは、強制的でないゲルマン化が非常に早く進行していることを示す。純粋なドイツ人が毎年増加し、ドイツ語に関心を抱くポーランド人が途切れることなく増加していることは、牧師、教師、分別ある地主が目撃するとおりである。

若い世代がドイツ語を完璧に理解するだけでなく、年長者も、たとえ彼らにとってポーランド語を使用するほうが牧師との対話の中でより容易くとも、ほとんど例外なくドイツ語を理解する。視察の間、彼らは群れをなしてドイツ語のミサを訪問し、大部分がドイツ語で行われるそのあとの集会にも参加し、純粋なドイツ語のミサで彼らを教化できるという印象を与えた。視察委員会は、国家行政、特に学校監督局がこれまで進めてきたことが完全に正しかったと確信した[37]。

二〇世紀に入っても、視察団の捉え方に基本的な変化はない。一九〇一年のアンゲルブルク教区視察でも、「この教会会議区はもともとマズーレンに属する。そして二五年前にはただポーランド語だけを話す住民が圧倒的に多かった」とした上で、「ここでもポーランド語によるミサと、ポーランド語を話す牧師の着任による友好的なやり方が、ゲルマン化を促進する最良の方法であることが証明された」と教会の活動が称賛された[38]。

一九〇八年のヨハニスブルク教区視察の報告書もまた、「四万七七五〇人の住民のうち、ポーランド人が三万四八三〇人」と記述した。そして、「困難ながらうまくいった学校の仕事のおかげで、三万四八〇〇人のいわゆるポーランド人のうち、ドイツ語のミサに参加できないのは、たいていは年配者のわずかな者たちだけである。視察の間、マズール人はドイツ語のミサを埋め尽くし、ポーランド語のミサにはほとんど参加しなかった。ドイツ語を身につけることに意識的に反対する者はほとんどおらず、ドイツ語の習得は神の祝福であるという認識がある。ミサと聖体授与における母語の必要性に教会が賢く対応することでゲルマン化が促進され、差し迫った大ポーランドの脅威を防いだ」と、述べていたのである[39]。

しかし、第一次世界大戦勃発の直前、一九一四年五月末から六月上旬にオステローデ郡の南半分にあたるホーエンシュタイン教区の視察の報告書では、表現は「マズール人」「マズール語」に統一されている。そこでは、「総計で二万四二二五人の信者のうち、マズール人は七一九五人」とし、次のように教会の二言語によるミサに言及した。

仲間たちの仕事を困難にしているのは、二言語のミサの必要性である。それは単に肉体的努力を必要とするだけでなく、マズーレン生まれでない者にとっては大きな精神的苦痛である。なぜならマズール語の特徴は、ドイツ語からの直接的な翻訳だけでなく、完全な文の構造の転換を必要とするからである。他方、マズール人ほど感謝する聴衆はいない。もし牧師が負担軽減のために教区監督ジーデル（Siedel）かバーツ（Baatz）牧師に翻訳を任せるなら、聴衆は、そのよそから来た牧師の唇からすべての言葉を読み取ろうと涙ぐましい努力をするのである。[40]

このように、福音派総教会・学校視察から浮かび上がるのは、独自の教会スタイルを作り上げているマズール人を前に、彼らを福音派教会に「真の意味」で組み込むために、政府の進めるドイツ語の強引なゲルマン化政策は必ずしも得策でないとして、マズール人の現実に対応した宗教活動と母語の使用を行う可能性を模索する教会の姿であった。また、福音派教会にとって、ポーランド人とマズール人の区別が長く必ずしも自明のものでなかったことも注意しておくべき点であろう。

三節　マズーレンにおける言語状況とマズール人

三―一　ゲルマン化政策とマズール人

福音派教会が、マズーレンにおいて現実的判断から母語への一定の配慮を示すことがあったとしても、一八七一年に創設されたドイツ帝国は、国民統合の観点からゲルマン化政策を押し進めていた。そのことを念頭に、ここでは先行研究が明らかにしてきたマズーレンの学校における「言語問題」とマズーレンの言語状況が一九世紀にどのように推移していくのかを素描してみたい。

元来、王への忠誠を示す臣民である限り、必ずしも民族的出自や言語を問わなかったプロイセン国家であったが、一九世紀初めのプロイセン改革以降、徐々に国家語としてのドイツ語を重視する傾向が現れてきた。一八三〇年には政府は、すべての民衆学校に週複数回のドイツ語授業が義務付けられると伝えている。そして一八三二年五月二二日には、ポーランド蜂起の余波をうけて、ポーランド人学校では少なくとも週八時間がドイツ語にあてられなくてはならないという政令を発した[41]。

一八三四年六月二五日になるとグムビネン県は「すべての児童は、例外なく、そして自宅でどんな言葉を聞いて話そうが、ドイツ語の授業を受けなくてはならない」とした。もっともその際には、同時に母語による授業も認められた。さらに一八三七年八月二五日の補足通達は、「もしドイツ語を解さない子どもの両親が、聖書の授業とドイツ語での知識も求める教理問答の授業をドイツ語以外の言語でも求めるなら、これは認められる。しかし、他の児童とともに、ドイツ語の授業も受けなくてはならない」としていた。

一八六五年一一月二五日のプロイセン文部省の省令も、それぞれの母語とともに、ドイツ語の授業を行うことを求めた。その理由として示されたのは、それぞれの繁栄は、プロイセン全体の文化的発展と進歩に加わらなければ成し遂げられないが、このためにはドイツ語が不可欠ということであった。もっとも、そこには、教育の実践的な効果という点からの母語への一定の配慮もあった[42]。併せてこの時期には、就学率の向上も図られ、一八四七年〜五七年にはマズーレンに二九の学校が新設された。

しかし一八七一年にドイツ帝国が創設されると、言語問題は新たに厳しい局面を迎えることとなった。一八七二年四月二日、プロイセン文部省は、民衆学校においてドイツ語で授業を行う全般的修正を導入した。早速、それを受けて、ケーニヒスベルク県、グムビネン県の一部の学校がその修正規定の適用を受けることになった。これをめぐって、プロイセン州長官ホルン（Karl Wilhelm von Horn）は、同年六月一四日、文部大臣ファルク（Adalbert Falk）にまとまった報告をしている[43]。このなかでホルンは、ドイツ語による授業がうまくいかない現状について、一学級に過剰な児童数、不定期な登校児童の就学等の問題を挙げた。背景にあるのは、学校の数が足りず、遠距離でひどい通学路を通わなくてはならないことや、夏には羊飼いや収穫にかり出されることなどの問題であり、併せて教師の能力不足などが指摘された。そして、ポーランド人児童がその母語の完全な使用を習うことができないということが厳しくみえても、プロイセン国家の中ではすべての国民は、まずはドイツ語を理解しなくてはならないことを強く求めたのである。

一八七三年七月二四日ホルンは、文部省の指示に従って「プロイセン州のポーランド語とリトアニア語を話す子どもの通う民衆学校におけるドイツ語で行う授業に関する規定」を公布した。それは、「●すべての授業（下級学年の宗教の時間を除く）で授業語はドイツ語であること。●宗教の時間については、非ドイツ人の子どもの下級学年では母語で行われるが、中級学年／上級学年ではドイツ語で行われる。●ポーランド語ないしはリトアニア語の読み書きの授業は、非ドイツ人の子どもの上級クラスで初めて行われる」とするものであった[44]。

この「規定」に対して、リトアニア語地域では直ちにリトアニア語の授業の要求が持ち上がり、福音派牧師たちも、グムビネン県で母語による宗教授業の完全な実施を求める誓願運動を行った。その結果、一八八一年八月一七日には、「一八七三年七月二四日の規定」のドイツ・リトアニア学校の授業に関する部分の「補足規定」が発布され、中級／上級学年のリトアニア人の子どもは堅信のための授業の暗唱教材を母語で習うことができ、リトアニア語の「読み方」は中級学年から始められることとなった[45]。

こうしたリトアニア地域の動きに対して、興味深いことにマズーレンでは「規定」に対する目立った反対の動きは生じなかった。一八八二年一〇月、ホルンの後任としてシュリークマン（Albrecht von Schlieckmann）が東プロイセン州長官に着任した[46]。一八七九年からグムビネン県知事を務めていた彼は、一連の問題を熟知しており、リトアニア語で宗教授業を行うことにも理解を示していたが、彼によれば、このことは直ちにマズーレンに適用されるものではなかった。はるかに難しい「ポーランド語問題」を徒に刺激したくないということがあるにせよ、彼が一八

表 1

マズーレン諸郡	1831	1861	1890	1900	1910
オルテルスブルク	7	13	24	24	33
ヨハニスブルク	8	18	23	27	35
ナイデンブルク	8	17	26	30	40
リク	12	21	36	44	54
ゼンスブルク	10	25	39	45	55
オステローデ	36	37	48	54	61
レッツェン	14	36	52	58	68
オレツコ	16	42	54	64	74
境界地帯の郡					
アンゲルブルク	60	84	93	96	--
ゴルダップ	76	91	97	98	--
ラステンブルク	91	100	98	99	--

住民 100 人につき、ドイツ語話者の割合を示す。
出　典：Leo Wittschell, *Die völkischen Verhältnisse in Masuren und dem südlichen Ermland* (Hamburg, 1925), 23 より。

七三年七月二四日の規定の変更をマズーレンに対しては認めたくない理由として挙げたのは、マズーレンの諸郡からは、この規定の変更や廃止を求める声があがっていないということであった[47]。

下級学年で宗教授業が母語で行われる中で、結果的にはこのことがドイツ語での理解にも繋がり、総じてマズーレン諸郡ではゲルマン化政策が順調に進行しているという認識は、一八八五年四月二二日にケーニヒスベルクで開催された広域学校会議で、文部大臣ゴスラー（Gustav von Gossler）によっても表明されていた[48]。

このようにプロイセン当局の側は、宗教授業では母語への配慮を示しつつ進められたマズール人のゲルマン化の進展に自信を深めていたようにみえる。そこには、マズール人自身がドイツ語の習得を自分たちに「有利なこと」とみなしていたこと、また伊藤が指摘するように、当局がマズール人をポーランド人と区別する中で、両者を分断する民族政策をとっていたことも関わってこよう。一九〇八年の帝国結社法にあっても、マズール語は適用外とされていた[49]。

しかし、このようなゲルマン化政策の中で、マズーレンにおけるポーランド語話者ないしはマズール語話者の数は、どのように推移していくのであろうか。従来、ドイツの文献では、マズーレンにおけるドイツ語話者の拡がりが強調されてきた。表1は、ヴィトシェル（Leo Wittschell）が示したマズーレン諸郡のドイツ語話者の割合である。しかし、ベルジット（Leszek Belzyt）は、算出方法も含めて統計に潜むさまざまな問題を指摘した[50]。

それに拠れば、プロイセンにおける言語調査は、グムビネン県で「ドイツ語を使いこなせない者」を調べた一八一七年の調査に遡る。一八三一年には東部七県（グムビネン、ケーニヒスベルク、ダンツィヒ、マリエンヴェルダー、ブロムベルク、ポーゼン、オペルン）で統一的な言語調査が行われた。こうした中で、プロイセン国家において国勢調査の枠内で最初の全般的な言語調査が行われたのは、一八六一年であった。そこでは家庭語を問う集計票が、教師ら集計人によって記録された。「別の言葉を話す者（die Fremdsprachigen）」は、「ドイツ語を話さない者（nicht Deutsch sprechende Personen）」というカテゴリーで表され、別の家庭語をもちながらもドイツ語を理解する者はドイツ人に数えられた。つまり、ドイツ語を解さない人間の把握が重要であるとともに、実際の「二言語話者（die Zweisprachigen）」の数が明らかにされずにドイツ語話者として数えられることで、民族的少数派は少なく見積もられたのである。こうした統計の不正確さに加えて、一八六一年の調査のもうひとつの問題は、多くの「使用人」は、自らの言語を問われたのではなく、その家の主人の言語が当てられたことにあった。

言語調査で個人が母語を質問され、「二言語話者」の数も定期的に公表されるようになったという意味で、調査方法がそれなりに「近代的」になったのは、一八九〇年の調査からであった。しかしその一方で、ナショナリズムによる対立が厳しさを増す時代に、調査は政治的圧力にさらされた。特に調査を担う民衆学校教師たちにとって、「ドイツ語話者」や「二言語話者」の増加は、学校のゲルマン化政策の成功と見なされ、逆に「二言語話者」の減少は彼らの重荷になった[51]。と同時に、この一八九〇年のセンサスで初めて、「マズール語（Masurisch）」という項目が設定されることになった。その意図は、もちろん、マズール語をポーランド語から切り離すことによって、「マズール人」を創出するというものであった[52]。加えて言えば、このときには、「カシューブ語（Kaschubisch）」も同様に登場してくる。

こうした言語調査では、一八九〇年には東プロイセンに三三万人のマズール人がいて、その約六五％がポーランド語を、三五％がマズール語を選択した。しかし、一九一〇年の調査では、この地域のマズール人三一万五〇〇〇人のうち、八〇％がマズール語を選択し、二〇％がポーランド語を選択したのである[53]。この変化は、何を意味したのか。実は、一八九〇年の国勢調査では、調査日直前になって住民には調査が母語で行われることが知らされた。その意味では外からの介入の余地が少ない中で、「マズール語」という概念を知らない住民がポーランド語を選んだともいえる。逆に言えば、一九一〇年の結果は、当局の介入、アジテーションが功を奏したのであった。

ちなみに、マゾヴィエンからやってきて、エルムラントに住むカトリック教徒のエルムラント人は、調査に「エルムラント語」という区分けがなかったので、常に「ポーランド語」を選択することとなった。

三―二　ポーランド・ナショナリズムとマズール人

このようにプロイセン＝ドイツによるゲルマン化政策の中でも「マズール人」と「マズール語」が固有な存在として認識されるようになった一方で、ポーランド人の側でも一九世紀後半には、ドイツ・ナショナリズムへの対抗から「マズール人」の「発見」がみられた。その先駆者が、ケントシンスキであり、彼からポーランドにおけるマズール人研究は始まる。ケントシンスキは一八三八年にマズーレンのレッツェンで、カシューブ・ポーランド系貴族の家族に生まれた。生まれたときには、アダルベルト・フォン・ヴィンクラー（Adalbert von Winkler）とドイツ人の名前であり、ドイツ語で成長し、ラステンブルク（Rastenburg）のギムナジウムからケーニヒスベルク大学に進学

ケントシンスキ通り：現在のニジツァ（かつてのナイデンブルク）市内にあるケントシンスキの名をつけた通り。（2015 年 12 月筆者撮影）

すると、そこで歴史学を専攻した。しかし、自らのポーランド出自に目覚めた彼は、自分の名前もケントシンスキと改め、一八六三年にはポーランドの一月蜂起に参加、一八七二年にはマズール人がスラブ系の民族出自をもつとする著作『マズール人について（O Mazurach）』を発表して、マズール人の「ポーランド性」を明らかにするために生涯活動することとなる[54]。彼は、この中で、ポーランド人が同類のマズール人をほとんど知らないという現実を前に、ポーランドとの結びつきを訴え、ドイツ人によるゲルマン化に抗していかなければならないとした。しかも、彼が併せてここで危惧したのは、マズール人自身が自らをプロイセン人とする自己意識をもち、ポーランド人に対して否定的な立場をとっているようにみえることであった[55]。彼の議論の根拠は、総じて言語的・文化的・民族的基準にあったが、その一方で歴史上ポーランドに属していなかったマズーレンでは、歴史

マズーレンの中心都市エウク（かつてのリク）の中心部と19世紀後半に建てられた学校（ギムナジウム）。（2015年12月筆者撮影）

的根拠も説得力を欠くものであった[56]。ちなみに、かつてのラステンブルクは、現在ポーランドでは、彼に敬意を払って、一九四六年からケントシン（Kętrzyn）という町の名称になっている。

しかし、マズール人をポーランド人の「兄弟」とみなすケントシンスキの主張は、長い間ポーランド民族運動の関心を呼ばなかった。むしろ、ゲルマン化政策に対するポーランド人の関心は、ポーゼンと西プロイセンに向かっていたのである[57]。

だが九〇年代になってドイツ・ナショナリズムの側では「ポーランド人の危険」をうたうドイツ・オストマルク協会が一八九四年に創設される一方、ポーランド民族運動の側でも、マズーレンにおける指導者のひとりアントニ・オスホフスキ（Antoni Osuchowski）のイニシアティブでワルシャワに「シュレジエン・カシューブ・マズーレンのための中央委員会（Centralny

Komitet dla Śląska. Kaszub i Mazur)」が創設された。この委員会の財政的支援を受けて、リクにマズーレンにおける最初のポーランド語新聞『民族新聞（Gazeta Ludowa)』が発行され、最初の編集長にカロル・バールケ（Karol Bahrke）が就任した。この日が、マズーレンにおけるポーランド民族運動の誕生の日とみなされる。一八九七年には、同じくリクにマズール人農民の利益政党としてマズール民族党（Mazurska Partia Ludowa）が創設されている。しかし『民族新聞』は、最高時にも二五〇〇部の発行にとどまり、ポーランド人の銀行の支援で無料版などを発行していたものの、当局の圧力で一九〇二年には停止に追い込まれた。また、マズール民族党も、一九〇七年にオルテルスブルクでさえ、わずか三〇人の党員を数えるだけであった[58]。こうした点からすれば、マズール人に対するポーランド・ナショナリズムの影響も、必ずしも強いとは言えなかった。

むしろ注目しなくてはならないことは、こうした二つのナショナリズムの狭間にあって、マズーレンには、「マズール人意識」と呼べる地域意識が芽生えつつあった点であろう。その起源のひとつは、すでに述べたマズーレンにおける福音派平信徒による「グロマドキ（Gromadki）運動」の中に見て取ることができる[59]。マズール人は福音派教会の教えの下にあるといっても、実際の宗教生活の中にはカトリックの習慣や多くの迷信が入り込んでいた。一九世紀末には、彼らが教会に反発し、時に教会から離反する事態もしばしば起きていたが[60]、かかる事態は、教会上層部にとって由々しきこととして受け止められていたであろう。であるからこそ、福音派教会上層部は、マズール人の教会からの「セクト主義・分離主義運動」を恐れる一方、教会における母語の使用に一定の理解を示したのである。グロマドキ運動は、明確な組織をもたず実態は必ずしもはっきりしないが、マズール人の約四分の一がそうであったという指摘もある[61]。

グロマドキ運動が土地の伝統的な習慣・慣習に根ざすものであったように、マズール人意識はマズーレンの土地と深く結びついていた。ヤシンスキ（Grzegorz Jasiński）は、このようなマズール人の土地への深い愛着をマズール人意識の根源にみた。彼に拠れば、一九世紀半ばには外からは「プロイセン人」とみられていたマズール人は、一九世紀末には「より身近な生まれ故郷（bliższa ojczyzna）」を共にする「マズール人」であることを意識するようになっていた[62]。

エピローグ

第一次世界大戦中一九一四年八月三〇日に東部戦線で戦われたタンネンベルクの戦いと、ドイツの敗戦後の一九二〇年七月一一日に、ヴェルサイユ条約に基づいて実施された住民投票は、ある意味では多くのドイツ人に「マズーレン」と「マズール人」の存在を強く認識させることとなった。住民投票は、すべてのマズーレン諸郡と、南エルムラントのアーレンシュタイン（都市部、郡部）、レッセル（Rößel）郡を対象とし〔ナイデンブルク郡南部ゾルダオ（Soldau）は住民投票に諮らずに、ポーランドに割譲〕、東プロイセンに残るかポーランド領になるかを迫ったが、マズーレン諸郡は、九九・三二％で東プロイセンに残ることを選択した。

ヴァイマル共和国期になって、マズール人の中でドイツ語は急速に拡がり、ドイツ国家国民党が圧倒的支持を受けた。この支持は、ヴァイマル末期にはさらにナチスへと傾斜していくこととなる。あえて乱暴に言えば、第二帝政期のゲルマン化政策の下でも簡単にその独自性を失うことのなかったマズール人は、ここに至って主観的にドイツ人となることを選んだといえないだろうか。しかし、ナチスのマズーレン政策は、マズール語を再びポーランド語と括ることとした[63]。「マズール人」の存在は否定されたのである。

第二次世界大戦後、ポーランドの公式的立場は「マズーレンの母国への復帰」であった。他方、ドイツに向かう「被追放民」の流れの中で、一九四六年にはマズーレン全体で戦前住民は大きく減少し、やがてそこにはソ連に割譲されたポーランド東部地域から多くの住民が移住してくることとなった。

一九世紀に「発見」されたマズール人は、再び姿を消し、今日マズーレンは再び「マズール人のいないマズーレン」[64]となっている。

註

1 「東プロイセン」の呼称は、プロイセン王国が一七七二年の第一回ポーランド分割で併合した地域を西プロイセンと名付ける中で、それと対をなすものとして従来からのプロイセンに対して用いられ始めた。一八二九年東プロイセン州と西プロイセン州は、公式に「プロイセン州」として行政的に統合されたが、五〇年後の一八七八年これは再び行政的に「東プロイセン州」と「西プロイセン州」に分かれた。Cf. Opgenoorth, Ernst (Hg.), *Handbuch der Geschichte Ost- und Westpreußens*, Teil III (Lüneburg, 1998), 22, 54.

2 Töppen, Max, *Geschichte Masurens*, Neudruck der Ausgabe Danzig (Danzig, 1870), Iff.

3 今野元『多民族国家プロイセンの夢——「青の国際派」とヨーロッパ秩序』(名古屋大学出版会、二〇〇九年)。

4 Töppen, *Geschichte Masurens*, 112ff; Kossert, Andreas, *Masuren: Ostpreußens vergessener Süden* (Berlin, 2001), 11. 特にポーランドとドイツ騎士団の間に戦われた十三年戦争にポーランドが勝利し、一四六六年に第二次トルンの和約が結ばれたのちには、マゾヴィエンからポーランド人農民・貴族が多く移民し、ポーランド語を話す者たちがこの地域を刻印付けるようになった。*Ibid*., 41,46.

5 Töppen, *Geschichte Masurens*, II.

6 Wittschell, Leo, *Die völkischen Verhältnisse in Masuren und dem südlichen Ermland* (Hamburg, 1925), 9f.

7 Töppen, *Geschichte Masurens*, VIf.

8 Kossert, *Masuren*, 11, 19f; Cf. Döhring, Artur, *Über die Herkunft der Masuren: Mit besonderer Berücksichtigung der Kreise Osterode und Neidenburg*, 14ff.

9 Krosta, Friedrich, "Land und Volk in Masuren: Masurische Studien. Ein Beitrag zur Geographie Preussens" in : *Bericht über das Kneiphöfische Stadt- Gymnasium zu Königsberg in Pr. während des Schuljahres 1874/75*, womit zu der öffentlichen Prüfung der Schüler aller Klassen am 19. und 20. März 1875, Königsberg, 1875, 5; Kossert, *Masuren*, 11.

10 Kossert, *Masuren*, 84.

11 Krosta, 5; Wittschell, 3, 6, 16ff.

12 Kossert, *Masuren*, 102.

13 Hubasch, Walter (Hg.), *Die evangelischen General-Kirchen- und Schulvisitationen in Ost- und Westpreußen 1853 bis 1944* (Göttingen, 1970), XVIII.

14 Toeppen, M., *Aberglauben aus Masuren* (Danzig, 1867).

15 Krosta, 2-21.

16 Wittschell, 14.

17 Kętrzyński, Wojciech, *O Mazurach*, Opracował i wstępem poprzedził Janusz Jasiński (Olszyn, 1988).

18 Kossert, Andreas, *Preußen, Deutsche oder Polen? Die Masuren im Spannungsfeld des ethnischen Nationalismus 1870 – 1956* (Wiesbaden, 2001). なお、これ以前のマズール人に関する学問的研究としては、Wehler, Hans- Ulrich, „Zur neueren Geschichte der Masuren“, in: *Zeitschrift für Ostforschung*, 11(1962), 147 – 162がある。また英語の研究としては、Blanke, Richard, *Polish-speaking Germans? Language and National Identity among the Masurians since 1871* (Köln, 2001)を参照できる。

19 Jasiński, Grzegorz, *Mazurzy w drugiej połowie XIX wieku. Kształtowanie się świadomości narodowej* (Olszyn, 1994).

20 伊藤定良『異郷と故郷――ドイツ帝国主義とルール・ポーランド人』(東京大学出版会、一九八七年)。

21 Jasiński, Grzegorz, „Einleitung“, in: Oldenberg, Friedrich Salomo, *Zur Kunde Masurens: Bericht für den Central-Ausschuß für Angelegenheiten der Inneren Mission aus dem Jahre 1865* (Dortmund, 2001), 14f.

22 *Ibid.*, 23f.

23 これは、ベルリンの福音派教会中央文書館でも閲覧できる史料だが、二〇〇〇年にポーランドで冒頭に解説を付して公刊され、二〇〇一年にはドイツ語版も出た。ここではドイツ語版を参照した。Oldenberg, Friedrich Salomo, *Zur Kunde Masurens: Bericht über den Central-Ausschuß für Angelegenheiten der Inneren Mission aus dem Jahre 1865* (Dortmund, 2001).

24 *Ibid.*, 96f.

25 *Ibid.*, 123 – 133.

26 Kossert, *Masuren*,142f.

27 Jasiński, „Einleitung“, in: Oldenberg, 47-49.

28 Kossert. *Masuren*,143; Zweck, Albert, *Masuren: Eine Landes- und Volkskunde* (Stuttgart, 1900), 218f.

29 Oldenberg., 133 -145. この報告の中では、マズール人が、ラステンブルク近くのカトリックの聖地 Heilige Linde に巡礼すること、あるいは病気や不幸を暗黒の運命の力と捉え、魔術の力によってそれを防ごうと、さまざまな迷信に走る様子が事細かに報告されている。さらにマズール人の迷信については、Cf. Toeppen, *Aberglauben aus Masuren*.

30 Jasiński, „Einleitung“, in: Oldenberg, 51-56.

31 Hubatsch, Walther (Hg.), *Die evangelischen General-Kirchen- und Schulvisitationen in Ost- und Westpreußen 1853 bis 1944* (Göttingen, 1970).

32 *Ibid.*, 100-102.

33 一定の教理教育を受けた青少年が他の成人信者の前で信仰告白を行って、教会の正会員として承認される一種の入会式。

34 *Ibid.*, 107.

35 *Ibid.*, 180, 186.

36 *Ibid.*, 408.

37 *Ibid.*, 487.

38 *Ibid.*, 560.

39 *Ibid.*, 731.

40 *Ibid.*, 867. なお、カメル（Richard Kammel）に拠れば、教会と行政では二〇世紀初めまで「ポーランド人」「ポーランド語」と表現されていたのが、一九一二年頃から「マズール人」「マズール語」に変わった。Kammel, Richard, *Die Muttersprache in der kirchlichen Verkündigung* (Witten, 1959), 171.

41 Toeppen, *Geschichte Masurens*, 476; Hubatsch, Walther, *Masuren und Preußisch-Litthauen in der Nationalitätenpolitik Preußens 1870-1920* (Marburg, 1966), 18.

42 Toeppen, *Geschichte Masurens*, 476ff; Hubatsch, Masuren, 18ff.

43 以下のプロイセン州長官ホルンの報告は、Hubatsch, *Masuren*, 41-44 に拠った。
44 Hubatsch, *Masuren*, 73f. ここに付録として条文が掲載されている。
45 *Ibid.*, 46, 77.
46 一八七八年、プロイセン州は、西プロイセンと東プロイセンに分かれている（註1参照）。
47 Hubatsch, *Masuren*, 47f.
48 Kammel, 177.
49 伊藤、一八六、二三八―二五二頁。
50 以下は、Belzyt, Leszek, *Sprachliche Minderheiten im preußischen Staat 1815-1914* (Marburg, 1998) を参照した。
51 *Ibid.*, 11.
52 Kossert, *Masuren*, 202; Kossert, *Preußen, Deutsche oder Polen?*, 55.
53 Belzyt, 21.
54 Kętrzyński, Wojciech, *O Mazurach*. Opracował i wstępem poprzedził Janusz Jasiński, VII – XXVIII.
55 *Ibid.*, 3f, 32.
56 Cf. Kossert, *Masuren*, 205-209.
57 Kossert, *Preußen, Deutsche oder Polen?*, 73.
58 Kossert, *Masuren*, 210; Kossert, *Preußen, Deutsche oder Polen?*, 67,74ff; Jasiński, Grzegorz, *Mazurzy*, 152-156.
59 Cf. Kossert, *Preußen, Deutsche oder Polen?*, 81-86.
60 Evangelisches Zentralarchiv(=EZA) 7/19.771. Königl. Consistorium der Provinzen Ost- und West-Preussen, Königsberg, 8. Februar 1886; EZA 7/19.417. Kelbassen, 24.Oktober 1898.
61 Ossowski, Mirosław, "Zwischen der Amtskirche und den Sekten, Zur masurischen Religiosität und zur Gromadki-Bewegung im 19. Jahrhundert und zu Beginn des 20. Jahrhunderts in der belletristischen Literatur", in: Jens Stüben (Hg.), *Ostpreußen-Westpreußen-Danzig: Eine historische Literaturlandschaft* (München, 2007), 383.

62 Jasiński, Grzegorz, *Mazurzy*, 144f.
63 Kossert, *Masuren*, 342.
64 *Ibid.*, 373.

第三部　前近代における文化移転と言語の形成

第八章

西欧における諸言語の形成と文化移転

――ケルト諸語を中心に先史時代から中世初期まで

原　聖

はじめに

本稿は、人の移動と文化移転との関係を言語の形成に関して、西欧の古代から中世にかけての事例を取り上げるなかで考察しようとするものである[1]。まずは、遺伝子研究*の進展により近年研究が著しく進んだ先史時代*のヨーロッパの言語について、現在までに推定されている形成過程を概観し、そのあとで、ローマ帝国の言語としてのラテン語とギリシャ語、ローマ帝国の周辺的言語としてのケルト諸語*とゲルマン系の諸言語について論じることにする（*印については本章末の基本語彙解説参照）。

一節　先史時代の欧州

先史時代では文字の証拠がないので、物質文化の推移を考古学的に観察するなかで、言語・文化の変遷を類推するしかない。先史時代においても、移住がスムーズには進まないこともありえた、おそらく集団間の抗争があったのである。その場合には、言語は移転することなく、集団間の境界が言語境界として存続したこともあったはずである。また、どちらかの言語文化が優勢で文化移転に結実することもありえただろう。本稿で課題とするのは、こうした文化移転が生起する、言語接触に際しての歴史的条件ということになる。

このいっぽうで、欧州を形質人類学*からみると、前八〇〇〇年頃の食料生産の開始に伴う形質的変化はほとんどなく、「基本的には一万年間定住社会」[2]だったという。最近の遺伝子調査によれば、欧州人の七割の祖先は後期旧石器時代*後半以前（前一万二五〇〇年）の到来であり、中石器*から新石器時代*が一一％（前八〇〇〇年から前三〇〇〇年）、青銅器時代*は四％にすぎない[3]。ブリテン諸島についてみると、新石器時代開始以前、すなわち前五五〇〇年以前からの居住者は、六〇―七五％にのぼり、とりわけアイルランドやブリテン島西部でその率が高いという[4]。このことは言語文化論的に何を意味するか、本稿の課題はここにもある。

一―一　印欧祖語論

一九五〇年代、リトアニア出身の米国考古学者マリア・ギンブタス（Marija Gimbutas 一九二一―一九四年）が、「クルガン仮説（*Kurgan hypothesis*）」を発表し、印欧祖語*はポンティック・カスピ海ステップ（黒海とカスピ海の北川の草原地帯、現ウクライナ・南ロシア）に発するという説を唱えた。クルガンとはロシア語で墳丘を意味する。「クルガン仮説」とは、こうした墳丘を備えた墳墓を構えて、欧州を侵略していったのが父権的戦闘的な印欧語族であり、それまでの母権的で女神崇拝をもつ「古きヨーロッパ」の平和な世界をかき乱すことになった、という主張である[5]。この仮説では、印欧祖語を話す人々の欧州への到来が紀元前四〇〇〇年頃と主張された。

これに対し、一九八〇年代に唱えられた説が「アナトリア仮説」である。これは、「レンフリュー仮説」とも呼ばれるが、先史言語学者・考古学者コリン・レンフリュー（Colin Renfrew 一九三七—現在）の提唱した仮説であり、印欧諸語は、農耕文化とともに欧州に流入した、すなわち、印欧祖語の誕生は、ギンプタスより三〇〇〇年近く遡り、前六七〇〇—前六五〇〇年である[6]。

農耕文化は、前三五〇〇年にはスコットランドの北、オークニー諸島に達していたので、この間三〇〇〇年に亘って、印欧諸語が欧州全域に徐々に進出していったとする。

しかし、印欧比較言語学者*のこれまでの立場を擁護しつつ、考古学の成果を踏まえてその革新をめざすデヴィット・アンソニーは、この仮説に満足しなかった。彼は馬の家畜化と馬車の出現に注目した。ロシアやウクライナのステップ地帯の墳丘から、前三〇〇〇年—前二〇〇〇年ころの二五〇台ほどの馬車、荷車が発見されているが、馬車の発明により、前三五〇〇年以降、ヨーロッパ全域の村落の交流がはじまったと考えられる。牧畜の役割は決定的に重要で、前三五〇〇年—前三〇〇〇年の車輪の発明以降、鋤（牛馬の曳く耕作用）、羊毛用羊、酪農、馬による運搬により、欧州全域が変化した[7]。比較言語学者の多くは、馬、荷馬車、鋤などの語彙が措定できる印欧祖語の誕生が、この移住に符合すると考えたのである。最初期の鋤、酪農は、欧州では前三五〇〇年以前と考えられるが、馬の家畜化は、この時代では東方のステップ地帯のみであり、レンフリューの理論では説明できない。

けれども、最初のアナトリアからの農耕民が印欧祖語話者ではなく、アフロ・アジア語族*だとすると、アナトリアの非印欧語族先住民の言語の存在が説明可能となる。これがミュンヘン大学の比較言語学者フェナマン（Theo Venneman 一九三七―現在）の説である。すなわち、欧州には氷河期直後（一万一〇〇〇年前）にさかのぼる基層言語文化があり、それは多くの川の名前から推定できるが、現在のエウスカル・エリア（バスク）地方周辺から北・西・東に拡散した。ブリテン諸島に最初に到達した人々も、こうしたエウスカル・エリア（バスク）語に類する非印欧語系の言語を話す人々だったと推定される。[8]

一―二　印欧語のなかのケルト語派

ケルト考古学者カンリフ（Barry Cunliff 一九三九―現在）は、海洋鐘状ビーカー文化*がケルト諸語を話す人々と考え、彼らがブリテン島を含む大西洋岸地域に進出したのが、新石器時代後期の前二四〇〇年だと主張する。[9]

前三八〇〇年からいわゆる巨石文化*が開始されるが、その最初はドルメン（支石墓*）であり、前三五〇〇年からは羨道墳*が出現する。前三二〇〇年になるとストーン・サークル（環状列石*）が生まれる。これはブレイス（ブルターニュ）やケルノウ（コーンウォール）、南カムリー（ウェールズ）、アルバ（スコットランド）南部などケルト語文化圏と重なるが、これまではケルト以前の文化とされてきた。

前三〇〇〇年というのは、縄目文土器*や戦斧文化*の登場する時期であり、これとケルト諸語の出現とを結びつける見方もあるが、イギリスの考古学者オッペンハイマー（Stephen Oppenheimer 一九四七―現在）は、むしろこの時期にすでに交易言語となっていて、その言語圏が形成されていたと主張する。[10] となると、有名なストーン・ヘンジの建設（前二五〇〇年から前二〇〇〇年とされる）などの巨石文化はこうした人々と関係するということになる。

鉄器時代*は遺伝子研究では、まったく移動の情報がない。すなわち、これまで言われたように、欧州最初の鉄器時代人といわれるケルト人の移動は、遺伝子学的にはまったく追認されないということである。[11] 紀元前一〇〇〇年紀にあったのは、人の移動ではなく文化の移転だったのである。

二節　ローマ帝国の言語

ローマ帝国では、ラテン語とギリシャ語が共存していたわけだが、ギリシャ語の権威はラテン語よりはるかに高かった[12]。したがって、ラテン語の権威は、ローマ帝国ではなく、もっぱらキリスト教の進展に結びつくといっていいのだが、後一〇〇年の段階で、ローマ帝国の総人口約六〇〇〇万人中、キリスト教徒は一万人以下、二世紀では二〇万人、キリスト教がコンスタンティヌス一世（在位：三〇六―三三七年）によって公認される三一三年の時点でも全人口の一〇%にはとどかない五五〇万人に過ぎなかったという[13]。

公認されても、ラテン語がすぐにキリスト教的権威と結びつくわけではなかった。ユリアヌス帝（在位：三六一―三六三年）の時代のように、ギリシャ的多神教が復活することもあったが、ローマ教会の典礼では、ローマ教皇ダマスス一世（在位：三六六―三八四年）の時代になって、三八〇年、キリスト教がローマ帝国の国教となり、また三八二年、聖ヒエロニムス（Eusebius Hieronymus 三四七―四二〇年）にラテン語訳聖書が正式に依頼されて、ラテン語が権威をもつようになった[14]。

同時代で興味深いのは、ゴート人主教のウルフィラ（Ulfilas 三一〇年ころ―三八三年）による、現存する唯一のゴート語史料であるゴート語訳聖書である[15]。このゴート語訳聖書は、キリスト教においてラテン語が絶対的権威を獲得する前の布教の産物であり、この点は、後述のアングロ・サクソン語についても同様なことがいえるのである。

三節　ローマ帝国周辺の諸言語

ローマ帝国の周辺的言語について、ガリア（現フランス）とイベリア半島、ブリテン諸島のケルト語を取り上げる。

三―一　ガリアとローマ

紀元前五二年、カエサルの率いるローマ軍が、ウェルキンゲトリクスを首領とするガリア人の部族連合を、アレシア（現フランス、コート・ドール県）の包囲戦で破り、ガリア（現フランス）の支配を決定的なものにした。カエサルの「ガリア戦記」によれば、この時、アレシアの砦に集結したガリア人は騎兵一万五〇〇〇人と歩兵八万人、加勢のガリア人騎兵八〇〇〇人と歩兵二五万人に対し、ローマ軍は六万人ほどで、規律の整ったローマ軍が数で圧倒するガリア軍を破ったのである[16]。当時のガリアの人口は、カエサルの記述をもとにした研究者の推定では、五〇〇万人から六〇〇万人[17]、中世フランスの人口に匹敵する二〇〇〇万人という推計もあるが、こうした住民全体の言語が、わずか数万の軍勢によって征服されるや、三―四世紀ののちには、大陸ケルト語であるガリア語からローマの言語ラテン語に代わったのである。

アレシアの戦いの年、ないしはその少し後、ガリアの南部でカエサルは、「住民」に、交易権やローマ法市民との結婚の権利など、さまざまな特権を付与した[18]。町の執政官にはローマ市民権を与えた。また、論功行賞という形で、以前からカエサル軍と同盟関係にあった首領たちにも、ローマ市民権を付与した[19]。カエサル軍の「ガリアの戦い」での民間人を含む戦死者は、六〇万人―七〇万人、ほぼ同数が捕虜となるか、奴隷となって売られたともいう。またガリア北部や西部の、カエサル軍と敵対した部族では、その被害は甚大だったはずだが、住民全体が虐殺されたり、居住地から追放されたわけではない。こうした敵対部族に対しても、カエサルは寛大だったという[20]。

書記言語による証左でみると、ガリア南部のマッサリア（現マルセイユ）は、前六〇〇年頃からギリシャの植民地だったので、この周辺ではギリシャ文字によるガリア語碑文が前三世紀末から前一世紀まで、少し離れたガリア中部東部では後一世紀半ばまで確認される[21]。ラテン文字によるガリア語碑文は前一世紀以降、大半は後一世紀までである。おそいものは、四世紀のものもあるが、この時代は、おそらく一般では用いられなくなったと考えられる。おそらくカエサルの時代には、公的な記録での使用がなくなり、続いて貴族層など都市の上層階層、もっとも遅くまで残ったのは、祈祷師という特殊な職業人による呪文や祈祷文での使用だったようだ[22]。

ナルボ（現ナルボンヌ）やアレラテ（現アルル）など退役軍人によるローマ人入植植民市もローマ化を促進した[23]。紀元三五年、南仏ヴィエナ（ヴィエンヌ）出身者が、ローマの元老院議員として最高の名誉であるコンスルの地位につくまでになった。こうしてガリアの民は、アレシアの戦いから八〇年余、三—四世代を経過して、上層階層の住民のなかでローマ文化が定着したのである。とはいえ、後藤篤子の述べるように、社会的上昇をめざさない庶民にとってローマ化は無意味であり、ガリアに限らず属州各地におけるローマ化には限界があり、ガリア語は話し言葉として、古代末期まで広く残存したはずである[24]。

ブリテン島についてみると、ガリア語とブリテン島のケルト諸語は古くから交流があり、ガリア語がブリトン語派に属することは、カエサルがすでに指摘している。すなわち、

> ドゥルイデス［ドルイド］の教義は、まずブリタンニアで発見され、そしてそこからガリアに移入されたと考えられている。それで今日でも、この教義をいっそう深く研究しようと志す者は、大抵ブリタンニアに

渡って、修業を積むのである。（カエサル『ガリア戦記』第六巻）

この指摘は、前三世紀にはガリアとブリテン島とで交流があり、それはガリア語とブリトン語の類似性を証明するものでもあるが、これをもとに、従来は、前六世紀ころ、ないしそれ以前にガリアからブリテン諸島に移住があったと考えられてきた。現在では、すでに述べたように考古学的にも遺伝子学的にも前一〇〇〇年紀にガリアからブリテン島への移動を証明するものがないので、前二〇〇〇年紀ないしそれ以前からの、移住を伴わない交流の結果とされる[25]。

三―二　ガリアとフランク

ゲルマン人は、二世紀後半からガリアの国境を脅かす存在だったが、ゲルマン人の防衛にあたったガリアの総督が反乱を引き起こす「三世紀の危機」ののち、四世紀末には、ゲルマン人の一派西ゴートを「同盟者（フォエデラティ）」として、帝国内への定住と独自の王を頂いたままでの軍事力の提供を認めた[26]。

フランク人という部族は、ライン川下流域に住んでいたシャマヴィ、ブリュクテリ、アムスヴァリなどのゲルマン諸部族が、離散集合した結果うまれた二次的部族のようだが[27]、ローマ帝国内に、最初は戦争捕虜として、その後は同盟軍となって、アウクシリウム（補助軍）とよばれる帝国の正規の軍隊としてガリアの各地域に駐屯し、これが定住・植民の契機となったという[28]。

こうしてローマ帝国の領土内に足場を築いたフランク人は、一門の始祖とされるメロヴィクスの名前をとって、メロヴィング朝とよばれるフランク王国の最初の王朝を打ちたてることになる。その最初の王として名を刻むのが、キルデリクスである。一六五三年にベルギーの古都トゥルネで、その墓が発見され、「王キルデリクスの」とラテン語で刻まれた銘文と、ローマ風の軍服に身を包んだ肖像をもつ、金製の印章用指輪が見つかった。この印章の存在は、ラテン語で書かれた文書の日常的使用と、軍服はローマ風の生活習慣を推測させる[29]が、一九八三年の発掘からは、軍馬の供犠というきわめてゲルマン的な習俗の名残も見られる[30]。したがって、言語から考えると、少なくとも公的な面でのラテン語化と、私的な面でのゲルマン語の継続が推測される。

四八二年ころ、キルデリクスの死のあとをうけて、「フランク人の王」としての地位を継いだのがクロヴィスだが、この五世紀末の時代の「フランク王国」での使用言語は、クロヴィスなど外来の支配者がフランク語、地元住民はすでにローマ人に同化していたのでラテン語だったはずである。

言語史家ワルトブルクなどによる、この当時のフランク人とガリア人の人口比率は、九五対五、ないし八五対一五で[31]、ガリア人が圧倒していた。この構図はカエサルの時代のガリアとそれほど大差なかったと考えられる。だがガリア戦記の時代のように支配者の言語への同化は進まなかったと考えられる。なぜかといえば、被支配者が支配者の言語を学ぶモチベーション、例えば論功行賞による数々の権利の付与、またその文化に同化すれば生活が向上するといった文化的プレスティージュがなかったからである。この文化的権威からいえば、逆のことが起こった。つまり、支配者の言語が被支配者の言語に同化したのである。

とはいえ、クロヴィスの孫の世代、またそれ以降でもフランク起源の名前が見られるなど、相当長期間（数世代）にわたって、フランク語とラテン語の両言語使用が継続されたと考えられる。その証左は、フランス語のなかの、この時代に入ったと思われる借用語（外来語）の多さである。少なくとも六〇〇語がこの時代の流入語と推定され、これはたとえばガリア語のラテン語への流入が二〇〇語程度だということを考えれば、その期間の長さを想像させるのである[32]。

四九九年ころ、クロヴィスは、ブルグンド王グンドバドの姪でキリスト教徒のクロティルドと結婚し、ランス大司教レミギウスにより従士三〇〇〇人とともにキリスト教の洗礼を受けたとされる[33]。文化的権威を考えるのであれば、この事実は非常に重要だと考えられるが、クロヴィスの孫の世代、またそれ以降のすでに指摘した「異教的」名前を考えると、のちの時代ほど権威は持たなかったともいえる[34]。キリスト教自体が宗教的に絶大な権威を持たなかったこともあるが、すでに見たように、この時代はまだキリスト教イコールラテン語ではなかった。

この時代について興味深いのは、「上部痕跡層（superstrata）」についてである。これは方言学などで大変強い影響を残したワルトブルクが提唱したもので、フランク人の侵入によって、すでにラテン語化されていたガリアの北半分にその痕跡が「上部痕跡層」として残り、これがフランス北部の「オイル語諸方言」の特徴となって、南部の「オック語諸方言」との相違を形作ることになったとされたが[35]、近年に言語史の研究ではこうした事実が否定され、フランク語の影響は弱いながらもガリア全域で確認され、その一部の強い影響は、現在までゲルマン系言語（復興運動では「フランク語」と呼ばれる）の残ったフランス北東部に限られる。

こうして、フランク王国の現在のフランスにあたる地域においては、大多数の住民の言語であるラテン語が、征服者の言語であるフランク語に取って代わることがなかった。ローマ時代のガリアとは正反対の結果となったのである。かつてはこの原因を、ローマ人が家族を伴って侵入・入植したので、その言語が維持され、フランク人は兵士として単身でやってきたので、定着する場合には地元民と結婚し、多数の側に同化せざるを得なかった、といった単純な説明がされたが、事態はそれほど簡単ではなかった。ローマ文明とキリスト教という二つの文化的権威が存在し、にもかかわらず、フランク王国自体が「アウストラシア」というゲルマン語圏地域を含む王国だったため、現フランス語圏全体の「フランス語化」もそれほど急速には進まなかったのである。とはいえ、北東部の一部地域を除き、一〇世紀には、支配者たるフランク人の言語は、現フランスの地から消え失せることになった[36]。

三―三　ゲール語派

ヒベルニア（アイルランド）島へのケルト語の到来は、イベリア半島からというのがもっとも有力であり、従来は紀元前一〇〇〇年以前と考えられてきた。これには起源神話と言語的な傍証がある。

起源神話は、『エール来寇の書（レボル・ガバーラ・エールン）』であり、一二世紀の聖職者たちによって書記化された、この島への神々の来歴の記録である。最初は「大洪水時代」と聖書の世界ではじまるので、歴史的照合は不可能だが、四派にわたる神々の来寇のあと、人間集団「ミールの息子たち」がイベリア半島から渡来する。彼らが「ガエル人」すなわちエール（アイルランド）のすべての人々の祖先なのであり、イベリア半島起源に言及しているのである[37]。

オッペンハイマーによれば、最終氷河期、欧州新石器時代（前五五〇〇年以降）以前についてはイベリア半島の影響力が大きく、とりわけヒベルニア（アイルランド）とブリテン島西部では六〇―七五％の男性の先祖はこの時期、この地方からであり、新石器時代以降の遺伝子的証拠は少ない。南部海岸部は新石器時代、一五―二五％の遺伝子の流入があったが、青銅器・鉄器時代からローマ帝国以前は三％のみである[38]。

したがって、オッペンハイマーは、ゲール語が鉄器時代に人の移動を経ずにブリテン島に渡っていたと推測する[39]。しかしながら、ヒベルニア（アイルランド）島ではなく、ブリテン島へのゲール語の到来を鉄器時代とするのは、言語学的にはかなり無理がある。

言語学的な傍証としては、二〇〇九年、ジョン・コッホ（John Koch）による、紀元前八世紀頃のタルテッソス語がケルト語と実証したことが挙げられる[40]。ただし、これはケルト学者の多くが認定するものではなく、パリのケルト学者ピエール・イヴ・ランベール（Pierre-Yves Lambert）もむしろ否定的である[41]。とはいえこの説は、農耕と印欧語の欧州への到来を同一視するコリン・レンフリューの説、すなわち、ケルト諸語が、地中海と大西洋岸域との交流のなかで、紀元前五〇〇〇年紀から前三〇〇〇年紀にかけて誕生したとする説の傍証になる[42]。

印欧語学者イシドール・ディアン（Isidore Dyen 一九一三―二〇〇八年）によると、ロマンス諸語とゲルマン諸語は、個別言語で比較しても、四七％から六七％の同類語彙があるが、ケルト語のブリトン語派とゲール語派では、三〇％から三六％の同類語彙しかなく、この両者の分岐はロマンス語とゲルマン語の分岐以前にさかのぼる可能性があり、前二五〇〇年ころと考えられる[43]。

語彙統計学者のグレイ、アトキンソンによると、ゲール語とブリトン語の分岐は、青銅器時代の前九〇〇年であり、ロマンス諸語とゲルマン諸語の個別言語への分岐は、それぞれ紀元後三〇〇年と後二五〇年にすぎないという[44]。

方法論的に全く異なるケンブリッジ大学の遺伝子学者ピーター・フォールスターも、大陸ケルト語と島嶼ケルト語との分岐を前一二〇〇年として、ディアンの推論にほぼ合致する[45]。ただし、フォールスターは、大陸ケルト語と島嶼ケルト語ではなく、ケルト諸語全体の最初の分岐（ガリア語、ゲール語、ブリトン語）を前三二〇〇年としており、これはケルト語のブリテン諸島への到達時期と考えるべきだという[46]。

これまでの議論を総合すると、ケルト諸語がブリテン諸島に到来したのは、前三〇〇〇年ころの新石器時代とするのが有力ということになる[47]。

ヒベルニアでのケルト語についての最初の書かれた証拠は、三世紀末から八世紀にかけてのオガム文字である。ヒベルニアのゴイデル族が最初に使用したと思われ、それは初期エール（アイルランド）語である。なぜそれが言えるかというと、5×4（＝20）の数え方に基づいて、その文字が規則的に決められており、それが、初期エール（アイルランド）語の音韻に基づいているからである。

オガム文字については、四〇〇点の石碑があり、主に墓標、記念碑で、ほとんどが人名、うち三五〇点がエール（アイルランド）、特に西南部ケリー州にある。ラテン語とのバイリンガル版もあるが、これはブリタニア島に限られ、エールで作成された文字が、ブリタニアではあまり理解されなかったので、ローマ字とのバイリンガル版にしたものと想定される[48]。

おそらく七〇〇年頃に最初に書かれ、一四世紀にまとめられた解説書が現存する。「バリモールの書」に含まれる「アウライケプト・ナ・ネゲース（識者の指南書）」がそれで、これ自体がエール語で書かれている[49]。神聖な木であるイチイの木に、ドルイドが占卜《せんぼく》を行うためにオガム文字を用いた、とあるので、文字自体に神聖性、魔力があり、秘匿されるべき暗号として使用された。したがって、キリスト教文化の流入に対する抵抗としての意味合いがあったと考えられる。

三—四　ガリアとアルモリカ

フランク人のガリア侵入とほぼ時を同じくして、アルモリカ（現ブルターニュ）には、ブリタニアからブリトン人が侵入しつつあった。この原因となったのが、ブリタニア島における混乱状況である。三世紀末以降、ブリタニア北部の先住民ピクト人が、同島南部のローマ帝国支配地域をたびたび襲い、また、ヒベルニア（アイルランド）島のスコット人が、やはり三世紀末からブリタニア島西海岸部への侵入を繰り返していた。伝説によれば、五世紀前半のブリトン人の「王」ウォルティゲルンが、こうした襲来の防衛のため、ローマに二度援軍を求めたが、三度目の援軍は叶えられず、この代わりに要請したのが、アングル人、サクソン人の招来だった。これがアングロ・サクソン人渡来の端緒となり、以降、ブリトン人との抗争、ブリトン人の西方への退却、さらにはアルモリカへの移住の遠因となったという。考古学的にはアングロ・サクソン人とブリトン人の抗争は実証されている[50]。

ブリトン人のアルモリカへの移住は四世紀後半にはじまっていたが、大規模化するのは五世紀である。ゲルマン人の大移動がガリアの地で本格化するのが、この世紀であり、まさに混乱に乗じた移住だったということもできる。五世紀後半のローマ皇帝アンテミウスの求めに応じて、一万二〇〇〇の兵を引き連れ、西ゴート軍と戦ったという記録（というより伝承）もある。

ブリトン人の渡来は、アングロ・サクソン人に追われた結果というのがこれまでの有力な説だったが、近年では、渡来聖人を中心とした集団移住という説が説得力をもって語られる。というのも、ブレイス（ブルターニュ）には、八世紀から一一世紀にかけて書かれた、渡来聖人の「聖人伝」が七〇点あまりも存在するからである。また、地名からもそれが確認できる。つまり、ブリトン語で「ラン」（「聖地」、ランニリス、ランデヴェネックなど）、「トレ」（「居住地」、トレブルデン、トレゴールなど）、「ロク」（「所」、ロコルン、ロクテュディなど）は、ブリタニアとアルモリカで共通し、アルモリカでは北西部と南西部に集中しているので、こうした地域が移住拠点だったことがわかるのである。[51]さらには、アルモリカ西部は、三世紀以降荒廃が進んで人口はせいぜい二〇万人から三〇万人であり、移住者たちが新たに入る余地が十分にあったともいう。[52]

移住者総数の推計は、五万人から一五万人、ガリアに侵入したゲルマン人とほぼ同程度だった。[53]同程度だったが、ゲルマン人の言語は消失し、ブリトン人の言語は残った。

これはまず、人口比から説明可能だろう。つまり、すでに述べたように、ガリアとゲルマンは人口比で九対一、ないし七対三程度でガリア人が圧倒していたが、アルモリカでは、六対一から四対三で、場合によっては、移住者が地元民と数的に拮抗する規模だった。

四〇〇年頃の地元民の言語についてみると、ナントやレンヌなど、現在フランス語方言圏の町はすでにラテン語化されていたが、農村部はガリア語とのバイリンガルだったと考えられる。また、現在のブレイス語圏では、南部の塩交易の街道沿い、また中部の鉱山への街道沿いなどにはラテン語の集落が点在していたが、大半はガリア語圏であった。ガリア語はおそらく五世紀後半でも消滅していなかった[54]。こうした状況では、移住者たちのブリトン語は世代的に集団として継承されたと考えられる。

ブリトン人の一部は、アルモリカのさらに南、現在のスペイン、ガリシア地方にも移住を試みたことがわかっている。六世紀後半のガリシアで開かれた宗教会議には「ブリトン人の教区」が記され、「ブリトン人の教会の司教」として署名した人物も存在した。だが、七世紀後半には「ブリトン人」の存在が見えなくなる。ここでのブリトン語は八世紀まで存在したと考えられるが、その後は地元のロマンス語（スペイン語）に同化することになった[55]。この場合は、ガリアのフランク人の場合と同様、数的な劣勢が決定的だったといえるだろう。

キリスト教の文化的権威もそれのバックアップをしただろう。渡来聖人は当然ながらキリスト教布教を使命としていた。アルモリカは、東部レンヌやナントでは四世紀はじめに大陸の宣教師が入ったという伝承があり、五世紀後半には、東部（ナント、レンヌ）と南部（グウェネト〔ヴァンヌ〕）に司教がいたという確実な証拠があるが、西部と海岸部は五―六世紀でもまだ「未開の地」だったようだ[56]。したがって、最初の布教がブリトン人によるものだったのである。ブリトン人宣教師にとってアルモリカ人は親しみの持てる人々だった。四世紀のウルフィラがゴート語で布教を行ったように、ブリトン語で布教を行ったと考えられる。

このあたりは、キリスト教が文化的権威をもつ「文明開化」の思想を持っているか否かにかかわると私は考えている[57]。すなわち、ブリトン人聖職者にはブリタニアのサクソン人や大陸ガリアに伝導に乗り出すという事例がほとんどない。つまり、文明開化の思想は持っていなかった。これに対し、ヒベルニアの聖コルムキル（コルンバ）などは、異文化圏のサクソン人や西ヨーロッパの布教に赴き、ローマの宣教師たちも同様である。こちらはまさにキリスト教が本来もつ「普遍性（カトリシテ）」につながる文明開化の思想をもっていたのである。

もう一つは文字文化の権威である。ケルト語の一つ、エール（アイルランド）語は三世紀からオガム文字という書き言葉を持っていたし、おそらく六世紀にはローマ字による書記伝統が確立していた。またブリトン語は二―三世紀にさかのぼる碑文があるし、六世紀には書記伝統をもっていた[58]。したがって、この当時のブリトン語は、書きことばとしては少数の碑文しかもたないガリア語より権威をもっていたのである[59]。

こうして当時のアルモリカの住民は、ブリトン人の布教と移住を受けいれ、文化的権威をもつブリトン語文化に同化することになった。

とはいえ、こうした状況は、一二世紀には変わり始める。ブレイス語がもはや権威をもつ言語ではなくなり、ブレイス（ブルターニュ）公など貴族層の言語がフランス語化し始めるからである

四節　アングロ・サクソン語と古英語

四―一　アングロ・サクソン語

ローマ帝国期のブリテン島とガリアの関係については、すでに紹介したが、書きことばについてみると、ブリテン島南東部の碑文はすべてラテン語であり、ケルト語碑文はローマ支配期、またそれ以後でもまったくない。テムズ川沿いでは、前一世紀からベルガエ人系のコインが見つかるので、このころから大陸とブリテン島との交流があったという証拠になるが、北ガリアのケルト語地名は、ベルガエ南部のレミ族、スエシオネス族、トレヴェリ族地域を除き、ケルト語は少なく、多くがゲルマン語話者だったと考えられる。ガリアのベルガエ人の一部がゲルマ

ン語話者、おそらくはオランダ語かフリジア語の祖先で、ブリテン島へのローマ人侵入以前に、その一部が到来していたのである[60]。

カエサルの「ガリア戦記」にも「ベルガエ人の多くはゲルマン人に由来する」という記述がある。マルヌ川とライン川の間は、現在でも低地ドイツ語地域であり、この時代から継続的であったと推測可能である。さらに、イングランドにおけるベルガエ・コインの分布が、五世紀のサクソン人の侵入地域と重なり、今日のケルト語圏にはないことも、ブリテン島に到来したベルガエ人の多くがゲルマン系で、ローマ帝国期のイングランドでは、すでにゲルマン語話者が定住していたと考えられるのである[61]。

フェナマンによれば、ルーン文字は、これまでいわれてきたように、ローマ字やギリシャ文字から作成されたのではなく、紀元前六世紀から前三世紀（第二ポエニ戦争）ころまでに、フェニキア文字から作成された。この時代はまだ「ゲルマン祖語」の時代である。さらに、ウェセックスやミッドランド西部ではルーン文字碑文はないので、ルーン文字で記録されたのは、アングロ・サクソン語というよりも、アングロ・ジュート語である。五世紀から六世紀にかけてのアングロ・サクソン語の記録文書はルーン文字のみだが、六五〇年以前のルーン文字とそれ以降では字体に差があり、初期のスカンジナビア・ルーン書体は、アングル人とジュート人の居住地でしか見られない。スカンジナビアの古い書体はHの横棒が単線だが、新書体は二重線である。大陸でもサクソン人の出身地域ではルーン文字の使用はなかった[62]。

すなわち、欧州大陸北西部、とりわけアングル人、ジュート人の故郷であるユトランド半島とブリテン島との交渉は紀元前後から継続され、これが五世紀から七世紀にかけて、ユトランド半島の南、ニーダーザクセン地方からのサクソン人を中心とする人々との関係に徐々に移行した[63]。

三世紀にローマ軍正規軍の一部はゲルマン系であった。この時期の「フェデラーティー（foederati）」がこれだった。三世紀末にガリア皇帝を自称したカラウシウス（Carausius 在位：二八六―二九三年）は、ガリアのベルガエの最北部のゲルマン部族出身と思われ、ブリテン島にこの時代建設された「サクソン人の海岸（Saxon shore）」と呼ばれる砦群は、これまで言われてきたように、サクソン人から守るための砦ではなく、サクソン人によって建設された砦であり、すでにサクソン人のブリテン島への定住を物語るのである[64]。

ゲルマン人侵入期のブリテン島の人口はせいぜい八〇万人で（一一世紀の「ドゥームズデイ・ブック」のころと同様、二〇〇万人ほどという推定もある）、これに対して侵入者は一〇万人規模だったという[65]。この規模は、ローマに征服されるガリアの時代とほぼ同程度である。ガリアの場合は、ローマの文化的圧倒的な権威と数々の優遇策によって、比較的短期間にガリア語からラテン語への転換が進んだと考えられるが、侵入したゲルマン人にローマに匹敵するような文化的権威があったとは考えられない。その代わりに存在したのが、ゲルマン系の人々の長期的な居住であり、地方によっては紀元前から継続されていた。征服されたケルト人は少なくとも、イングランドではすでにこの紀元前後のゲルマン人の侵入時点でマイノリティーだったと考えられる。

四―二　古英語

伝統的な見方によると、英語は五世紀に侵入したアングロ・サクソン語の後裔であり、西ゲルマン語派（ドイツ語、フリジア語、オランダ語）のひとつである。フリジア語に構造的にはもっとも近い。

オッペンハイマーによれば、語彙論からみると、英語は西ゲルマン語派ではなく、ゲルマン諸語の四番目の語派を形成する。スカンジナビア諸語にもっとも近く、構造的に近接するはずの古フリジア語とは、語彙的には、古英語よりドイツ語に五倍近接するという[66]。

古英語の三方言をなすアングリア語、西サクソン語、ケント語は、侵入時の、アングル人、西サクソン人、ジュート人の違いに結びつけられてきたが、短期に（二―三〇〇年で）分岐したとは考えられない。アングリア語の「ベオウルフ」（八世紀）と西サクソン語であるウェセックスの「アルフレッド大王」（「エールフリッジ〔Ælfred〕」九世紀）とは語彙的に距離がありすぎ、アングロ・サクソン人の侵入後に分岐したとは考えられないのである。したがって、サクソン人の侵入以前に、古英語はスカンジナビア語から大きな影響を受けていたと考えられる[67]。

語彙統計学者のグレイ、アトキンソンによると、ゲルマン諸語のなかで、英語は初期の分岐である。英語は構造的にはフリジア語に類似するが、語彙は、「初期」の段階でスカンジナビア諸語に影響を受けている。その影響はアングロ・サクソン侵入以前であり、一〇〇〇年前の英語諸方言の状況は、現在のスカンジナビア諸語、またドイツ語とオランダ語との関係に類似するのである[68]。

遺伝子研究の成果によると、アングロ・サクソン人の侵入期を含む紀元一〇〇〇年紀の「移動」は五％にすぎない。フリジア語との類似は、新石器時代以降の歴史を共有していることによると考えられる[69]。

五節　北方の民（バイキング）とノルマン人

八世紀末から北方の民の侵略が始まるが、最初はいわゆるケルト諸語文化圏であり、イングランドではない。これは、六世紀以降、イングランドのアングル人の王たちとデンマークの王たちとの間で協定があったためと考えられる。イングランドでは九世紀後半からデーン人バイキングとの戦いが始まるが、その大半はアングル人との戦いであり、サクソン人とは少なかった。デーン人のブリテン島全体への影響は四・四％に上り、アングロ・サクソン人の影響より大きい[70]。

興味深いのはブリテン島北方のシェトランド諸島である。おそらく中石器時代から、すなわちノルウェーに人類が居住をはじめた時期から、ここととシェトランドなどブリテン島北方域との交流が続いていたと考えられるが、遺伝子研究ではシェトランドの男性の七二％は「土着的」であり、ここが北方の民の出航の基地でもあったと考えられる。さらにいえば、アイスランドは遺伝子的にはブリテン諸島からの移住が二五％を占め、その多くもこのブリテン島北方域諸島からの移住者と考えられる[71]。

同時代の「ドゥームズデイ・ブック」を元にすると、ノルマン王朝成立（一〇六六年）期のイングランドの人口は一一〇万人から二六〇万人で、ローマ時代のイングランドの半分、またアングロ・サクソン期の四―六倍とされるが、ノルマン人の移住の規模は、レディング大のヘルケによれば、一万人程度であり、人口の一・二％に過ぎなかった[72]。いずれにしても、ノルマン人、バイキング、アングロ・サクソン人は欧州大陸北方の民ということで共通し、その意味では、ブリテン島の北海を挟んだ文化的共有度の高さを示している。

北方の民全体のブリテン島への影響についてまとめれば、スカンジナビア、北西部ドイツからブリテン島東部、南東部への、新石器時代の移動は、遺伝子情報では一〇―一九％に上る。ケルト諸語地域同様、大陸南部からの移動もあったが、ケルト語がこちらでも話されたかは情報がない。

遺伝子情報から考えると、六世紀のギルダスが述べるような、アングロ・サクソン人の侵入による大虐殺はなかったと考えるのが自然である。つまり、九五％は継続的居住であり、文化的な変化はあったとしても人口的な変動は少なかったといえるのである。サクソン人はおそらくローマ時代からブリテン島の居住しており、アングル人はスカンジナビアとの関係がより深かったとはいえ、同類であり、それほどのカルチャーショックはなかったと考えられる[73]。

六　まとめ

西欧では、ギリシャ文字、ラテン文字以外は滅びた。これに対し、東欧から中東にかけては多文字的である。文字創出は基本的には文化移転であり、西欧において、紀元前ではギリシャ語が（また東ローマでは紀元後もその権威が継続されるが）、紀元後四世紀以降はラテン語が圧倒的権威を発揮して、そのほかの文字を駆逐していったのである。オガム文字では、その創出がキリスト教に対抗する、という意図があり、したがって、ローマ字が意図的に回避された。本稿で紹介したルーン文字についての新説では、その起源はフェニキア文字であり、ケルト語の最古の文字言語とされるタルテッソス語と同様の事例ということになる。ゴート文字ではキリスト教布教のための聖書翻訳だったが、ラテン語に権威がなかったための新たな文字創出であった。

以降、言語の自立化に伴う文字化、たとえばそれは八世紀のアングロ・サクソン語、オガム文字以降の（おそらく八世紀以降）のケルト諸語、九世紀のフランス語、ドイツ語でもその文字による規範化は、ラテン語の権威を背景としてローマ字を用いたのである。規範化においても、西欧では以降一貫して、ラテン語に倣う規範化、文法書の作成が行われ続けることになったのである。

注

1 本稿のとりわけ三―一「ガリアとローマ」、三―二「ガリアとフランク」、三―四「ガリアとアルモリカ」については、拙稿「言語接触と文化移転、西欧前近代の事例から」『東北史を開く』(史学会リレーシンポジウム、第二巻、山川出版社、二〇一五年、一三九―一五四頁)がもとになっていることをあらかじめお断りしておく。

2 拙著『ケルトの水脈』講談社、二〇〇七年、一六七―一六八頁。

3 Oppenheimer, Stephen, *The Origins of the British*. London, Robinson, 2006, p. 122.

4 Ibid., pp. 307-308.

5 ギンブタス『古ヨーロッパの神々』鶴岡真弓訳、言叢社、一九八九年参照。

6 Renfrew, Colin, *Archaeology and Language*, London, 1987（橋本槙矩訳『ことばの考古学』青土社、一九九三年参照）.

7 Anthony, David, W., *The Horse, the Wheel and Language*. Princeton U. P., 2007.

8 Oppenheimer, *op. cit.*, p. 151; cf.: Venneman, Theo. *Europa Vasconica*, 2003.

9 Oppenheimer, *op. cit.*, p. 268. Cf.: Barry Cunliffe and John T. Koch, *Celtic from the West. Alternative Perspectives from Archaeology, Genetics, Language and Literature*. Oxford, Oxbow Books, 2010.

10 Ibid., pp. 268-269.

11 Ibid., p. 280.

12 cf. Ostler, Nicolas, *Ad Infinitum*, London, Harper Press, 2006, pp. 94-95.

13 Ostler, *op. cit.*, p. 108.

14 Ibid., p. 112.

15 Ibid., pp. 113-114.

16 Deyber, Alain, "L'armée de Vercingétorix", in: Deyber, A. et al., *Vercingétorix et Alésia*, Paris, Editions de la Réunion des Musées nationaux, 1994, p. 215.

17 Lot, Ferdinand, *La Gaule*, 1947, p. 61. Fleuriot, Léon, *Les origines de la Bretagne*, Paris, Payot, 1980, p. 23.

18 後藤篤子「ローマ属州ガリア」柴田三千雄ほか編『フランス史』1（先史—一五世紀）、山川出版社、一九九五年、八七頁。

19 Goudineau, Christian, "La Gaule après la défaite", in: Deyber, A. et al. *op. cit.*, pp. 316-317.

20 Ibid., p. 318. 後藤篤子、前掲書九三頁によれば、「プルタルコスによれば、カエサルはガリアで三〇〇万人の戦士と戦い、そのうち一〇〇万人を殺し同数を捕虜にした、つまり奴隷として売ったという」。

21 Lambert, Pierre-Yves, *La langue gauloise*, Paris, Errance, 1995, p. 81.

22 Ibid., p. 10.

23 後藤篤子、前掲書、九六—九七頁。

24 同、一一五頁。

25 前掲拙著『ケルトの水脈』一五二頁。

26 後藤篤子、前掲書、一一六—一二三頁。

27 佐藤彰一「フランク王国」柴田三千雄ほか編『フランス史』1、山川出版社、一九九五年、一三四頁。

28 同、一三六頁。

29 同、一三六—一三七頁。

30 同。

31 Warburg, *Évolution et structure de la langue française*, 1947, p. 138. Flobert, Pierre, "Latin-Frankish Bilingualism in Sixth-Century Gaul: The Latin of Clovis", in: J. N. Adams et al. (eds.), *Bilingualism in Ancient Society. Language Contact and the Written Text*, Oxford U.P., 2002, p. 422.

32 Flobert, *op.cit.*, p. 428.

33 通常、四九六年とされ、この洗礼がフランス建国の重要なメルクマールとして一九世紀以来のフランス史で宣伝されてきたが、佐藤彰一前掲書（一三七頁）はその見解をとらず、トゥール司教グレゴリウスによる伝承とする。

34 クロヴィスの孫の一人カリベルト（クロタール一世の息子）は、ラテン語よりフランク語が堪能だったという。Flobert, *op.cit.*, p. 426.

35 ヴァルトブルク『フランス語の進化と構造』白水社、一九七六年、六五頁。

36 Flobert, *op.cit.*, pp. 429-430.

37 前掲拙著『ケルトの水脈』二〇二―二〇三頁。

38 Oppenheimer, *op. cit.*, p.12.

39 Ibid., p. 86.

40 Koch, John T. *Tartessian. Celtic in the South-West at the Dawn of History.* Celtic Studies Publications, Aberystwyth, 2009.

41 二〇一五年八月二九日、筆者のランベール氏へのインタビューによる。

42 Oppenheimerm *op. cit.*, p. 104.

43 Ibid., p. 96; Dyen, Isidore et al., *An Indoeuropean Classification, A Lexicostatistical Experiment.* American Philosophical Society, 1992.

44 Oppenheimer, *op. cit.*, p. 97.

45 Ibid., p. 98; cf.: Forster, Peter, Toth, Alfred. *Toward a phylogenetic chronology of ancient Gaulish, Celtic and Indo-European.* Proceedings of the National Academy of Sciences of the United States of America, vol. 100 (2003), no. 15: 9079-9084.

46 Oppenheimer, *op. cit.*, pp. 98-99.

47 Ibid., p. 6.

48 Cf.: Macalister, R.A.S., *Corpus Inscriptionum Insularum Celticarum*, Dublin, Four Courts Press, 1996.

49 Cf.: Calder, George (ed.), *Auraicept na n-Éces. The Scholars' Primer.* Edinburgh, John Grant, 1917.

50 拙著『〈民族起源〉の精神史』岩波書店、二〇〇三年、一六―一七頁。

51 拙著『ケルトの水脈』講談社、二〇〇六年、一七六―一七七頁。

52 Fleuriot, *op. cit.*, pp. 87-88.

53 『ケルトの水脈』前掲書、一七九頁。Fleuriot, *op. cit.*, p. 24.

54 『民族起源の精神史』前掲書、二二―二三頁。

55 『ケルトの水脈』前掲書、二〇一頁。

56 『ケルトの水脈』前掲書、一八一―一八二頁。

57 同、二〇〇頁。

58 Lambert, *op. cit.*,

59 六世紀のブリトン語は、カムリー語、ケルノウ語、ブレイス語がまだ未分化の状態と考えることができる。カムリー語とブレイス語（およびケルノウ語）の分岐は一二世紀、ブレイス語とケルノウ語の分岐は一五世紀ころである。Lambert, *op. cit.*, 二〇一三年一〇月に来日したケルト学者エルヴェ・アルビアン氏は、ブレイス語初期書記言語に関する東京での講演で、この文化的権威に言及した。Cf.: Ar Bihan, Herve, "Perspectives anciennes et nouvelles sur les langues celtiques et leur histoire – Le cas de la langue bretonne",『ケルティック・フォーラム』第17号（二〇一四年、日本ケルト学会）: pp. 2-11.

60 Oppenheimer, *op. cit.*, pp. 75-79, 322-323.

61 Ibid., pp. 12-13.

62 Ibid., pp. 369-371, 374-375.

63 Ibid., pp. 399-403.

64 Ibid., pp. 357, 359-360.

65 Ostler, *op. cit.*, p. 140.

66 Oppenheimer, *op. cit.*, pp. 346, 347-348.

67 Ibid., pp. 353, 348.

68 Ibid., p. 13.

69 Ibid., p. 15.

70 Ibid., pp. 448-451.

71 Ibid., pp. 457-459.

72 Ibid., p. 463.

73 Ibid., pp. 477-479.

基本語彙の解説

縄目文土器文化（Corded Ware Culture）

戦斧文化（Battle Axe Culture）、単葬墓文化（Single Grave Culture）ともいわれ、ドイツからロシアにかけての欧州北部に晩期新石器時代から青銅器時代（前二九〇〇年—前二四〇〇年）に出現した。印欧語族のゲルマン語、バルト語、スラブ語の起源をなす言語集団と推定されている。

アフロ・アジア語族（Afroasiatic Languages）

以前はセム・ハム語族（Hamito-Semitic）と呼ばれていたが、中東から北アフリカにかけての三〇〇言語ほどがこれに含まれる。セム語派のアラビア語、ヘブライ語、エジプト語派の古エジプト語、コプト語、チャド語派のハウサ語など。

遺伝子研究（Genetic Studies）

人類の系統図を作成するうえで、一九九〇年代以降さかんになった遺伝子研究では、男性のみが継承するY染色体（Y-chromosome）と、母系継承のミトコンドリアＤＮＡ(mitochondrial DNA）の二種類が主に研究される。ミトコンドリアＤＮＡ研究によって、特定の地域への人類の移動の時代がほぼ想定可能になった。Y染色体研究では、地理的分布をより詳細に特定できる。とはいえ、その特定時代区分は千年単位であり、現在までのところそれ以上の特定化は難しい。

印欧諸語（Indo-European Languages）

欧州、中東、南アジアを覆う言語族であり、ゲルマン諸語（英語、ドイツ語、北欧諸語など）、ロマンス諸語（フランス語、イタリア語など）、ケルト諸語、スラブ諸語、ギリシャ語、サンスクリット語、ペルシャ語などからなる。一八世紀後半、ギリシャ語、ラテン語とサンスクリット語の類似性が指摘され、以降その音韻変化の法則性が一九世紀に比較言語学（Comparative Linguistics）として学問的に確立する。この学問の目指すところは印欧諸語の起源をなる印欧祖語（Proto-Indo-European）の復元であるが、現在までのところ、完全なる復元には至っていない。

鐘状ビーカー文化（Bell-Beaker Culture）

晩期新石器時代から初期青銅器時代にかけて（前二八〇〇年―前一八〇〇年）、すなわち縄目文土器文化とほぼ同時期に北アフリカから欧州西部一体に出現した文化。印欧諸語の欧州での出現と関係するといわれ、とりわけ海洋 Maritime 鐘状ビーカー文化は、ケルト諸語と関係すると推定されている。

形質人類学（Physical Anthropology）

自然人類学（Biological Anthropology）ともいい、霊長類や人類の化石を対象に人類の系統を研究する学問。

ケルト諸語（Celtic Languages）

印欧語族の一語派で、大きくは大陸ケルト語（タルテッソス語、レポント語、イベリア・ケルト語、ルシタニア語、ガリア語など）と島嶼ケルト語に二分される。島嶼ケルト語はゲール語派（Qケルト語派とも）とブリトン語派（Ｐケルト語派とも）に分類され、前者にはエール（アイルランド）語、アルバ（スコットランド・ゲール）語、マン（マン島）語が、後者にはカムリー（ウェールズ）語、ケルノウ（コーンウォール）語、ブレイス（ブルターニュ）語が含まれる。ガリア語はブリトン語派に分類されることがある。大陸ケルト語はローマ帝国時代前後に死滅し、島嶼ケルト語も、現在の六言語に分岐するのはローマ帝国（西ローマ）滅亡以後であり、それまではゲール語、ブリトン語である。

巨石文化（Megalithic Culture）

欧州では紀元前四〇〇〇年–前三五〇〇年から前二〇〇〇年にかけて、農耕をもたらした民族によって、太陽崇拝、農耕儀礼のために建築されたと推定される。立石（menhir〔単独の石柱〕）、環状列石（stone circle〔太陽信仰にかかわる。ストーン・ヘンジなど〕）、支石墓（dolmen〔羨道墳［passage grave］、玄室に向かって狭い通路のある墳墓、アイルランドのニューグレンジなど〕）などがある。

石器時代（Stone Age）

石器の出現から農耕の開始にいたる時代（二六〇万年前から紀元前一万年）を旧石器時代（Paleolithic）といい、前期（三〇万年前以前）、中期（三〇–三万年前）、後期（三–一万年前）に分けられる。欧州での旧石器時代は五〇万年前以降である。磨製石器と農耕・土器で特徴化される新石器時代（Neolithic）は、中東では紀元前八五〇〇年頃はじまるとされる。欧州では前六〇〇〇年頃が画期であり、ブリテン島では前四〇〇〇年頃にはじまる。欧州では旧石器から新石器への過渡期をなす中石器時代（Mesolithic）が設定され、ブリテン島では前一万年から前五五〇〇年頃をさす。

先史時代（Prehistory）

歴史的史料（archive）、すなわち文字史料（document）のない時代をさす。欧州では紀元前一〇〇〇年紀のギリシャ・ローマ時代以降、史料の存在する歴史時代（〔written/recorded〕history）をさすが、前四〇〇〇年紀後半からエジプト、メソポタミア文明では文字が使用され、欧州についての多少の言及もあることから、こうした間接的な文字史料の時代を原史時代（protohistory）と呼ぶことがある。

鉄器時代（Iron Age）

青銅器時代（Bronze Age〔欧州では前三〇〇〇年紀から前一〇〇〇年頃〕）に続く時代であり、ブリテン島では、前一〇〇〇年からローマ帝国による征服（前一世紀）までをさす。

終　章

言語をめぐる歴史研究
——西欧近代の言語社会史

原　聖

はじめに

ピーター・バーク（一九三七―）は、『近世ヨーロッパの言語と社会』の序章で、言語に関する歴史的研究を次のように簡潔にまとめている。「ここ二〇〇年間の言語研究を簡単に要約すれば、〈中略〉一九世紀は歴史学的研究、二〇世紀半ばは構造主義的・社会学的研究、一九八〇年代―九〇年代は社会史的研究ということになる」[1]。バークは現代の英国を代表する歴史家であり、この著作は近世欧州言語社会史の記念碑的作品だが、それは著者の稀有の多言語能力の賜物である。もともとラテン系欧州近世史（とりわけイタリア）の専門家であり、中世ラテン語はもちろん、ロマンス語系五言語、さらにはゲルマン系五言語の史料渉猟が可能だという。これほどの多言語能力を身につけるのは並大抵の努力では不可能だが、言語社会史研究には多言語能力が必要である。といってもこの場合の多言語能力は、会話ではなく読解力なので、歴史家にとっては数言語の習得は、それほど困難なこととはいえない。

とりわけ現代のネット社会では、大学では学習し得ないような少数言語についても学ぶ手段が提供されており、以前に比べるとその環境ははるかに良くなっている。

一節　比較言語学

一九世紀は、言語学者の研究がむしろ歴史学的であった。

文献学と訳されるPhilologyは、中世からの伝統を持つ学問であり、さまざまな形の古文書を比較検討することを基本的な使命としていた。比較言語学Comparative Linguisticsはこうした比較文献学の王道的学問として一九世紀に確立したのであり、文献史料をもとにした言語の歴史的変遷を扱う学問である。したがってまさに歴史学的である。

比較言語学の祖といわれるのが、英国のウィリアム・ジョーンズ（一七四六―九四）である。ロンドン生まれで、オックスフォードで古典語を学び、インドで判事を職業としつつ、サンスクリット語などにも触れ、一七八六年、サンスクリット語と、ラテン語、ギリシア語などの欧州の古典語が共通起源である可能性を指摘した[2]。それは研究上の示唆ではあるが、彼自身は本格的な実証研究をしたわけではなかった。

比較言語学の研究上の基礎を作ったのは、フランツ・ボップ（一七九一―一八六七）、ラスムス・ラスク（一七八七―一八三二）、ヤーコプ・グリム（一七八五―一八六三）の三人だといわれている。ボップは、一八一六年にドイツ語で『ギリシア語、ラテン語、ペルシャ語、ゲルマン語の動詞活用と比較して考えるサンスクリット語の動詞活用の体系について』を出版し[3]、これが比較言語学研究の出発点になった。ボップは、一八一二年から四年間、サンスクリット語の学習のためパリに滞在したが、それはちょうどナポレオンの失脚から百日天下、さらに王政復古という激動の時代だった（一八一四―一五年）。こうした政治的な激動には惑わされず、勉学に励んだのである。

ラスクはデンマーク人で、一八一八年に『古ノルド語すなわちアイスランド語の起源に関する研究』を著し[4]、ゲルマン語、ギリシア語、ラテン語の子音変化に法則性があることを指摘した。かれもまた様々な言語に挑戦しており、北欧諸語ばかりでなく、エウスカル・エリア（バスク）語やケルト諸語、さらにペルシャ語やサンスクリット語は現地を訪ねて直接勉強している。

ヤーコプ・グリムは、一八一九年に『ドイツ語文法』を刊行し[5]、ゲルマン諸語の子音交替の法則を述べ、これが後年「グリムの法則（Grimm's law）」と呼ばれることになるが、これはラスクの研究がヒントになっている。グリムは弟ヴィルヘルムと一緒の編集した『グリム童話』（初版第一巻、一八一二年）で有名だが、法制史家であり、ナポレオン戦争の後始末のウィーン会議（一八一四―一五年）にも公設秘書として出席している。

グリムの法則とは、印欧諸語の起源語として措定される印欧祖語 Proto-Indo-European には帯気を伴う有気音があり、これが印欧諸語では有声破裂音になる（たとえば bʰ→b）、さらに有声破裂音は無声破裂音に（b→p）、無声破裂音は無声摩擦音になる（p→f）といった変化である。こうした音声変化は規則的に起こり、この法則性が比較言語学の学問的生命線なのであった。法則自体にはその後も改定が行われたが、その手法そのものは基本的には現在も変わっていない[6]。

言語の証拠は文献をあたるしかないが、言語は何よりもまず音の体型として認識され、音の変化こそ比較言語学のターゲットとされたのである。

こうして比較言語学は、紀元前から文献が存在するペルシャ語（ペルシャ楔形文字）、サンスクリット語、ギリシア語、ラテン語といった言語史料の比較からはじまり、そのいずれもが中世から現代まで長期間にわたって文献を残しているので、そうした古代から現代までの同族言語の発音推移から、文献の存在しない時代の言語音を推定していくことで、学問として確立したのである。

第二次大戦後、アメリカの言語学者モリス・スワデシュ（一九〇九―六七）によって言語年代学（Glottochronology）が開発された[7]。「基礎的語彙は比較的一定の速度で変化する」という前提で、基礎的語彙の「半減期」を文献的に判明している言語を基にして算定し、そこから起源語の生成期を推定しようとした。さらにそれを他の言語族に応用しようとしたのであり、その意味では印欧諸語の分析にとどまっている比較言語学を超える研究だった。

とはいえこの場合にも、その基にするのは印欧諸語という古代から現代まで長期間にわたって文献が存在する言語である。スワデシュは代名詞や日常的単語二〇〇語を基礎的語彙としたが（最初は二二五語で、最終的には一〇〇語となった）、これが基礎語彙といえるかどうかについて批判があり、また一定の速度での変化についても批判的見方は強いが（たとえば、標準的書き言葉を持つ言語の音声変化の速度は遅いという意見）、文献を基にした歴史的調査を前提として、文献のない時代に関して推計するという方法は比較言語学とまったく同じである[8]。

比較言語学は、一八七〇年代以降、ライプチヒ大学に集う「青年文法学派（Junggrammatiker / Neogrammarian）」により精緻な学問としての最盛期を迎える。その中心的研究者、カール・ブルークマン（Karl Brugmann 一八四九―一九一九）とヘルマン・オストホーフ（Hermann Osthoff 一八四八―一九〇九）が発行した雑誌の創刊号の序文で「青年文法学派」が使われたので、これがトレードマークとなったが、この学派は「音法則に例外なし」という標語で有名になった。つまり、通常はどのような歴史的音変化の法則にも例外があるのが当然なのだが、そうした例外はすべて論理的に説明されなければならない、とされたのである。これによって、比較言語学は学問として精緻化され、その権威は飛躍的に高まったのである。

実はここには次世代の言語学の旗手を務めるフェルディナン・ド・ソシュール（一八五七―一九一三）も留学しており、ソシュールも最初は比較言語学から言語研究に入ったのだった[9]。

一九世紀では、ほかの分野にも言語との関わりで興味深い先駆的研究がある。たとえば、地理学者のアドリアノ・バルビ（一七八二―一八四八）である。イタリアのベネチア生まれで、王政復古期にフランスで仕事をした人だが、『世界民族地図序説』（一八二六年）で知られている[10]。彼は民族を言語に基づいて分類したのである。草創期の人類学でも言語は重視されたが、一八三九年に「パリ民族学会（Société ethnologique de Paris）」を設立するエドワール（一七七七―一八四二）はむしろ言語ではなく身体的特徴を重視した[11]。一九世紀の人類学は、総じて「人種（race）」という身体的特徴を重視する概念によって主導されたのである[12]。

二節　構造主義、社会学的研究

二〇世紀前半の言語学で注目すべきはやはりソシュールである。彼は歴史的言語学（比較言語学）から出発したが、言語研究を通時的（diachronique）すなわち歴史的研究と共時的（synchronique）すなわち非歴史的研究に分け、後者の非歴史的同時代的研究を重視したのである。ただしそのため言語内的研究、すなわち言語それ自体の研究にもっぱら関心が注がれ、社会的関係は二の次に置かれた。音声学に由来する音韻の弁別的特徴（音韻体系）、最小対立項（二項対立）の分類の体系化が言語研究の中心におかれ、これをもって構造主義研究と呼ばれるようになる。したがって、言語研究は何よりもまず共時的研究となった。歴史研究は言語研究ともみなされなくなったのである。

こうした共時的構造主義を受け継いだのがローマン・ヤーコブソン（一八九六―一九八二）であり[13]、クロード・レビストロース（一九〇八―二〇〇九）である[14]。とはいえ、ヤーコブソンは、共時的言語学ばかりでなく詩学や文化史的研究でも構造分析を行った。この意味では、必ずしも、歴史研究を無視したわけではなく、それにコミットしていたともいえる。

レビストロースは、無文字社会での親族構造や神話の構造的分析を得意とした。歴史研究をめぐるサルトルとの論争は有名であり、サルトルの歴史重視の姿勢は実は西欧中心主義の裏返しにすぎないと批判したのである。これにより、実存主義から構造主義へと中心的思想潮流が変わり、歴史研究はさらに周辺に追いやられることにもなった。

そうはいってもヤーコブソンやレビストロースの構造分析の主目標は言語・人類の普遍性と個別性をめぐる比較研究であり、社会的研究という側面はソシュール言語学よりもはるかに広がったが、歴史的変化の側面はどちらかというと背後に押しやられた。

フランツ・ボアズ（一八五八―一九四二）[15]やエドワード・サピア（一八八四―一九三九）[16]といったアメリカ人類学・言語学草創期の研究者は、いずれもネイティブ・アメリカン（アメリカ先住民）の言語研究を主なフィールドとしたため、音韻論的な言語の記述を重視することになるが、サピアは、弟子のベンジャミン・リー・ウォーフ（Benjamin Lee Whorf 一八九七―一九四一）と合わせた「サピア・ウォーフの仮説」[17]で有名であり、言語の歴史的側面（歴史的変遷）にも注目していることは指摘しておかなければならない[18]。とはいえアメリカでの言語学研究の主流は、レナード・ブルームフィールド（一八八七―一九四九）[19]など、精緻化した個別言語の音韻記述を基本とする記述文法（descriptive grammar）であり、歴史研究はやはり二次的なものにとどまった。

この時期の欧州に目を転じると、言語学者による言語史に関する、現在でも有用な研究がいくつか存在する。フランスの言語学者フェルディナン・ブリュノ（一八六〇―一九三八）は音声学研究でもよく知られているが、一九〇五年から出版されはじめた『フランス言語史』[20]は重要である。彼の手になる最終巻、第一一巻の革命期帝政期についてが、死の翌年の一九三九年と一九七九年（その後原稿が見つかったため）に出され、結局は未完に終わったが、一七世紀についての第五巻と革命期の第九巻の「言語外的研究」は、現在でも参考とすべき言語社会史の基本文献である。言語内的研究は、もちろんソシュール的な音韻構造分析を基本とする言語史研究なのだが、この言語外的研究は実は当時のフランス史の大家ルシアン・フェーブル（Lucien Febvre 一八七八―一九五六）が、まさに歴史学的実証研究としてたいへん評価していた[21]。ちなみに第一二巻、第一三巻は、弟子のシャルル・ブリュノ（Charles Bruneau 一八八三―一九六九）によって、一九四八年と一九七二年に出版されたが、こちらは内容的には文学史にとどまり、フェルディナン・ブリュノの研究の個別実証研究としての重要性が逆に証明されることになった。

二つ目はフランスの少数言語オクシタン語の社会史的研究、オーギュスト・ブラン（一八八一―一九六一）の『フランス南部諸地域へのフランス語進出についての歴史研究』（一九二三年）[22]である。南仏出身のブランは、ブリュノの研究におそらく刺激されてこうした少数言語の側から見た歴史的研究を試みたはずである。

もう一人はカール・フォスラー（一八七二―一九四九）だが、こちらはダンテ研究者、ロマニスト（ロマンス諸語研究者）であり、歴史比較社会学を自認する。私にとっては言語社会史研究の先駆者の一人であり、『言語の変遷に沿って考えるフランス文化』（一九二一年）[23]という研究は、まさに言語社会史であり、言語から考えるフランス文化史なのである。

比較言語学者としてすでに名を成していたアントワーヌ・メイエ（一八六六―一九三六）による『新生ヨーロッパの諸言語』[24]も、民族主義が渦巻く時代の欧州諸言語の社会史的記述の嚆矢として指摘しておく必要があろう。もちろんメイエの主要な研究領域は比較言語学であり、こちらは、ブリュノの研究などと比べると、実証的歴史研究とはいえない二番煎じのレベルにとどまる。

三節　社会言語学、言語社会史研究

第二次世界大戦後、同時代的言語研究のなかでも、社会との関係を二次的問題と考える言語学の主流とは一線を画す、社会言語学が台頭する。社会性を重視するグループである。その後の社会言語学派でよく指摘される出発点は、スイスの研究者ユリエル・ワインライヒの『言語間の接触』[25]である。比較言語学で言語変化は音韻法則に基づく内部的変化がその対象だったが、隣接する言語間の接触が言語変化にもたらす要因としても大きいことを、まさに多言語地域であるスイスをフィールドに実証したのである。内容的に言語変化を対象としているので、共時言語学というよりも比較言語学的な歴史性を重視する研究である。

これに続くのが社会階層的な言語の違い、その歴史性の解明であり、これに導入された「ダイグロシア(diglossia)」という概念である。ギリシア語で「二言語」を意味する学術用語だが、その提案者はアメリカの言語学者ファーガソン（一九二二―一九八）であり、その発表は一九五九年であった[26]。ファーガソンはこの論文のなかで、同一系統の言語における社会階層的な違いをダイグロシアと呼び、事例としてスイス・ドイツ語と標準ドイツ語、正則アラビア語（フスハー）とエジプト・アラビア語、民衆ギリシア語（ディモーティキー）と古典ギリシア語（カタレブサ）、ハイチ・クレオール語とフランス語の四つを挙げた。いずれの場合もその歴史が重要であり、個人のレベルでの二言語使用（バイリンガル）なのか、どちらかの社会階層ではどちらかの言語の一言語使用（モノリンガル）

なのかどうかが話題となった。とりわけギリシア語は、言語としての歴史的特徴を考えると、紀元前の言語と現代の言語が同一言語として認識されるという稀有な事例であり、言語史研究においては、その理由についての研究がなされるべきであったが、残念ながらその意味が研究史的に解明されるようになったのは最近である。これにはソシュール以降の言語学ではその対象外とされた文字の言語史に関わる問題が関係しているのである。最後に述べるように、比較言語学また言語社会史における文字研究は最近になって進展しているにすぎない。

ダイグロシア概念を同一系統言語だけではなく、その他の事例にも拡張したのが、フィッシュマン（一九二六―二〇一五）である。たとえば、アルザス・ドイツ語とフランス標準語の関係がこれに相当するが、こうした少数言語の場合はまさに「ダイグロシア」がキー概念となった。一九六七年の彼の論文[27]でこれが発表されると、その後、少数言語の復興運動でとりわけ注目を集める概念となったのである。

フィッシュマンはこのほか、言語計画（language planning）という、主に新興独立国の国語・標準語をいかに形成していくかという問題にも取り組み、さらに言語と民族主義との関係についても、言語忠誠心（language loyalty）という概念で、自身の母語であるイディッシュ語の再建運動など少数言語の復興運動を後押しすることになった[28]。かれは基本的には社会学者であり、社会言語学というよりも、言語社会学の領域を開拓した人物といってよく、かれが一九七四年に創刊した雑誌『言語社会学国際雑誌（The International Journal of the Sociology of Language）』はいまでもこの分野で世界的にもっとも権威のある雑誌である。

一九九〇年代以降、グローバリゼーションと情報の世界的なネットワーク化によって、コミュニケーション・ツールとしての英語が重要視されると同時に問題視されるようになった。最初に危機感を抱いたのは英米の研究者であり、日本では英語学者であった。フィリプソンの『英語帝国主義』はイギリスにおける代表的研究であり、日本では大石俊一、津田幸雄などの著作であった[29]。

こうした思潮に少数言語研究の側からも新たな流れが加わることになった。それがユネスコの「危機に瀕した言語」の救済活動である。

一九九六年にユネスコが発表した『世界の消滅の危機にある言語リスト』[30]が発端となって、世界中の言語学者によるこうした「危機言語」の救済プロジェクトがさまざまな形で開始された。日本言語学会でも、一九九九年―二〇〇三年に「環太平洋の〈消滅の危機に瀕した言語〉に関する緊急調査研究」というタイトルで科研費特定領域研究が行われた。

こうした時代背景のなかで一九九九年、私が呼びかけ人となっておもに少数言語研究者たちの研究会として立ち上がったのが多言語社会研究会であり、その連携研究誌『ことばと社会』である[31]。ユネスコが「文化的多様性条約」を可決したのは二〇〇五年だが、二〇〇〇年代はまさにこの多様性こそ最重要の文化的事項であるという認識のもと、少数言語・危機言語の擁護・復権運動が多様性の核を形作るものとして認識されはじめ、その研究も新たな形でスタートを切ることになった。

フィッシュマンなどの言語計画研究を言語政策（language policy）研究として、さらに拡張したのが、スポルスキー（一九三二―）などの研究者たちだったが[32]、フィッシュマンはその後、「逆行的言語シフト（reversing language shift）」という概念を一九九〇年代になって提唱し、通常は弱者の言語が強者の言語に飲み込まれる「言語シフト」の過程を、逆にすることは可能かという問題に取り組み、これは実際に、とくに西欧の少数言語の復興運動に大きな影響を与えることになった[33]。

社会言語学は日本ではその後もアメリカの影響が強いが、欧州の研究を幾つか紹介しておく。一つは、シュリーベン＝ランゲ（一九四三―二〇〇〇）の研究である。彼女には社会言語学の概説書の邦訳があるが[34]、もともとはロマニストでなおかつフランス革命期の言語思想史家でもある。革命期の思想家たち、とりわけ言語の意義について考察を深めた「イデオローグ」を中心的に扱う『一八〇〇年頃の欧州における言語学』[35]はその代表的研究である。

もう一人、こちらもドイツ人のロマニストで、オクシタン語が専門のクレムニッツである（一九四三—）。彼とカタルーニャの社会言語学者たちは、「バイリンガル」という概念では不十分で、少数言語のバイリンガルについては、その状況のなかにすでに「言語紛争（language conflict）」があることを認識すべきだと説いた。『オクシタン語、言語史と社会学』（一九八一年）[36]でよく知られているが、最近、彼が編集した『フランス諸言語社会史』（二〇一二年）[37]という大著（九一二頁）は、ブリュノの『フランス語史』に対抗する、フランスにおける「諸言語」の社会史として特質すべき著作である。

言語社会史では、ダニエル・バッジオーニ（一九四五—一九九八）『ヨーロッパの言語と国民』（一九九七年）[38]があるが、これは一九九三年の欧州連合発足という新時代を意識した言語学者による社会史的記述であり、第一次大戦後のメイエの書が意識されている。

とはいえ言語学者・社会言語学者による歴史書には残念ながらやはりどこか物足りないところがある[39]。そうはいっても、歴史家による本格的な言語問題への取り組みというのは実はあまり事例がない。数少ない先駆的研究がピーター・バークによるものであり、トマシュ・カムセラ（一九六七—）『近代中欧の言語政策と民族主義』（二〇〇九年）[40]である。ポルスカ（ポーランド）、チェコ、スロバキア、オーストリアといった、中世以来ドイツの文化的影響下にある地域は中欧（Middle Europe）というが、この地域における民族主義の興亡を言語を中心に歴史的に丹念にあとづけたのがこの研究であり、言語社会史の記念碑的大著というべき作品である[41]。

まとめ

一九世紀において、言語研究は文献学として、いわば歴史学の一部をなす研究分野が主流だったが、二〇世紀になると、言語学が歴史学とは全く別の学問領域として確立し、その中心が共時言語学、それも音韻論など言語内的研究が中心になり、言語外的すなわち社会とのかかわりについては副次的レベルに追いやられることになったので、言語学と歴史学の距離が広がった。わずかに言語史のなかに、歴史学的に評価される研究が存在した。

第二次大戦後、社会言語学が台頭し、言語研究の社会との関わりが縮まり、それとともに歴史的研究も現れるようになったが、歴史学者による本格的な言語研究は、二〇〇〇年代以降といっていい。

二〇一〇年の一一月号から三号にわたって、日本の歴史学を代表する雑誌『歴史学研究』が「言語というポリティックス」という大特集を組んだ。この特集で研究の焦点としてあげられたのが、①言語の規範化、国語の形成、②帝国の言語、多文化主義的な国家統合手段としての言語、③境界線上、越境する集団の「言語共同体の使い分け」の問題の三点である。実はこのまったく同じ時期に、私が研究代表者となった科研費研究「言語政策史の国際比較に関する総合的研究」(二〇〇九―二〇一一年度)が立ち上がり、研究の論点として次の三点、すなわち①国語標準語の形成、②帝国の言語、交易言語、③少数言語をあげた[42]。両者の関心は驚くほど類似している。歴史学的研究として言語問題が本格的に論じられはじめた証拠といってもいいだろう。

これに平行して、日本でも大黒俊二『声と文字』(岩波書店、二〇一〇年)のような歴史学者による言語に関する実証的研究も現れはじめた。冒頭に引用したピーター・バークの翻訳書の刊行も合わせて考えると、歴史学における言語研究は新たな段階に入ったといっていいだろう。

最後に文字の役割の重要性について、ここ一〇年ほどのあいだに、認識されはじめたということも指摘しておかなければならない。一九世紀以来の比較言語学は、文献資料に依拠しつつも、そこから類推される音の重要性、音の変化こそ研究対象だった。ところが、文字自体がじつは重要だったということがこのところ主張されているのである。これを端的に示すのが、「書写的文字化（Verschrifting）」に対する「韻律的文字化（Verschriftlichung）」という概念である。欧州での文字はすべてが外部からの導入によるのであり、その際に借用した文字を引き写し的に使用するというのが前者の概念であり、後者は、詩歌などすでに口頭伝承として存在する韻律的要素を書きことばに反映する形で文字化するという過程を表現するものであり、ここにはすでに書きことばの標準語的考え方が反映されているると考えるのである[43]。

この研究は二〇一〇年代の研究だが、同時期、私は書きことばの標準化をめぐる東西比較の科研プロジェクトを立ち上げていた。この研究はまさに欧州での研究と軌を一にするものだった。言語学がこれまで主張してきたように、歴史的な言語変化は、話しことばのレベルを対象としているばかりでは不十分で、書きことばもその視野に含めるべきだということが分かったのである[44]。

註

1 Peter Burke, *Languages and Communities in Early Modern Europe*, 2004.（邦訳　岩波書店、二〇〇九年、二頁）

2 William Jones: "The Third Anniversary Discourse, On The Hindus", delivered 2 February. Works I, pp. 19-34, 1786. In: Winfred P. Lehmann (ed.), *A Reader in Nineteenth Century Historical Indo-European Linguistics*, Indiana U. P., 1968. がある。

3 Franz Bopp, *Über das Conjugationssystem der Sanskritsprache in Vergleichung mit jenem der griechischen, lateinischen, persischen und germanischen Sprache*, 1816.

4 Rasmus Rask, *Undersøgelse om det gamle Nordiske eller Islandske Sprogs Oprindelse*, 1818.

5 Jacob Grimm, *Deutsche Grammatik*, 1819.

6 比較言語学と文献学、ボップ、ラスク、グリム、またグリムの法則などについては、風間喜代三『言語学の誕生』岩波新書、一九七八年参照。

7 彼の代表的研究は、Morris Swadesh, "Lexicostatistic dating of prehistoric ethnic contacts". *Proceedings American Philosophical Society*, 96 (1952), pp. 452-463.

8 言語年代学は、日本で服部四郎が日本語の年代測定に応用し、日本語と琉球語の分岐を五世紀頃と推定した。スワデシュの言語年代学、またその日本諸語への応用については、服部四郎『日本語の系統』岩波書店、一九五九年参照。

9 主著はもちろん Ferdinand de Saussure, *Cours de linguistique générale*, 1916.（邦訳『一般言語学講義』岩波書店、一九七二年）だが、これは、ジュネーブ大学での講義であり、弟子である Chales Bally（シャルル・バイイ）、Albert Sechehaye（アルベール・セシュエ）が筆記したものである。

10 Adriano Balbi, *Introduction à l'atlas ethnographique du globe*, 1826.

11 William Edwards, *Des caractères physiologiques des races humaines*, 1829. で有名。

12 一九世紀の人類学と言語、人種については、拙稿「民俗学・民族学・人類学と国民国家」松本彰、立石博高（編）『国民国家と帝国』山川出版社、二〇〇五年、九六―一二四頁参照。

13 代表的研究は、Roman Jakobson, *Selected Writings*, 6vols., 1962-85.（邦訳、大修館書店、三巻、一九七八―八六年）

14 代表的研究は、Claude Lévi-Straus, *Anthropologie structural*, Paris, Plon, 1958.（邦訳『構造人類学』みすず書房、一九七二年）

15 Franz Boas, *Primitive Art*, 1927.（邦訳、言叢社、二〇一一年）

16 David Mandelbaum (ed.), *Sapir, Edward. Selected writings in language, culture and personality*, Berkley, U. of California P., 1949.

17 Sapir-Whorf hypothesis、世界観が言語の特徴により異なるという理論で、現在では言語的相対論（Theory of linguistic relativity）と言われる場合が多い。

18 サピア『言語―ことばの研究序説』(安藤貞夫訳、岩波文庫、一九九八年）がこの点についてはもっともわかりやすい。

19 Leonard Bloomfield, *Language*, 1933.（邦訳『言語』大修館書店、一九六二年）

20 Ferdinand Brunot, *Histoire de la langue française*, 1905-1939, 1979.

21 これについては、拙稿「「言語社会史のなかの少数言語」『一橋研究』第一二巻第二号（一九八七年）、九七―一一一頁がある。

22 Auguste Brun, *Recherches historiques sur l'introduction du français dans les provinces du Midi*, 1923.

23 Karl Vossler, *Frankreichs Kultur im Spiegel seiner Sprachentwicklung*, 1921.

24 Antoine Meillet, *Les langues dans l'Europe nouvelle*, 1918.

25 Uriel Weinreich (1926-67), *Language in Contact* (1953).（邦訳、一九七六年）

26 Charles A. Ferguson, "Diglossia", *Word*, 15, pp. 325-340.

27 Joshua Fishman, "Bilgualism With and Without Diglossia; Diglossia With and Without Bilingualism", *Journal of Social Issues*, vol. 23 (1967), n. 2: 29-38.

28 Joshua A. Fishman, *Language loyalty in the United States*. 1966. Idem, *Advances in language planning*. 1974.

29 大石俊一『英語帝国主義論』近代文芸社、一九九七年、津田幸雄『英語支配とは何か』明石書店、二〇〇三年。

30 *Unesco's Atlas of the World's Languages in Danger*, first edition, 1996, second edition, 2001, third edition, 2010. Online edition: http://www.unesco.org/languages-atlas/

31 『ことばと社会』は一九九九年五月に創刊され、二〇一六年一〇月に一八号が刊行されている。

32 Bernard Spolsky, *Language Policy*, 2004. がある。

33 フィッシュマンのこれらの業績については、拙稿「解題：フィッシュマンと危機言語研究」『ことばと社会』第七号（二〇〇三年）、三一―三二頁参照。

34 Brigitte Schlieben-Lange, *Soziolinguistik*, 1973.（邦訳『社会言語学の方法』三元社、一九八九年）

35 Idem, *Europäische Sprachwissenschaft um 1800*, 4 vols. 1989-94.

36 Georg Kremnitz, *Das Okzitanische: Sprachgeschichte und Soziologie*, 1981.

37 Idem, *Histoire sociale des langues de France*, 2012.

38 Daniel Baggioni, *Langues et nations en Europe*, 1997.（邦訳『ヨーロッパの言語と国民』筑摩書房、二〇〇六年）

39 たとえば、Joshua A. Fishman, *European Vernacular Literacy. A Sociolinguistic and Historical Introduction*, 2010. はタイトルとしてたいへん興味深いが、残念ながら実証的レベルがまったくない研究である。

40 Tomasz Kamusella, *The Politics of Language and Nationalism in Modern Central Europe*, 2009.

41 この著書の書評が興味深い。木村護郎クリストフ「ヨーロッパにおける言語の政治性を考える」『歴史学研究』二〇一〇年、一二月、一二―一三頁、Patrick Heinrich, in *the International Journal of the Sociology of Language*, n. 200, 2009: 209-211. である。

42 原聖（編）『言語政策史の国際比較に関する総合的研究』研究成果報告書、女子美術大学、二〇一二年参照。

43 これらの概念については、次の書物参照。Esther-Miriam Wagner, Ben Outhwaite, Bettina Beinhoff, "Scribes and Language Change", in: Esther-Miriam Wagner et al. (eds.), *Scribes as agents of language change*, Walter de Gruyter, 2013.

44 この科研の報告書は、次のように三言語で刊行された。原聖（編）『書記伝統のなかの標準規範に関する歴史的東西比較研究』（日本語版）、女子美術大学、三一七頁。Hara Kiyoshi, Heinrich, Patrick(eds.), *Standard Norms in Written Languages – Historical and Comparative Studies between East and West –*, English version, Joshibi University of Art and Design, March 2016, 297pp. 原聖、包聯群（編）《書写伝統之標準規範的歴史性東西方比較研究》、漢文版、女子美術大学、二〇一六年、一七一頁。

あとがき

社会言語学者のフィリプソンは社会科学者が言語学に関心を持つことはごくまれだが、言語学者は必要とあれば社会科学に果敢に切り込むといった趣旨のことを述べた。自分はその一人だとして社会科学の知見を取り込んだ言語帝国主義を論じた（ロバート・フィリプソン、平田雅博・信澤淳・原聖・浜井祐三子・細川道久・石部尚登訳『言語帝国主義——英語支配と英語教育』、三元社、二〇一三年）。

たしかに言語学に関心に寄せる社会科学者は「ごくまれ」かもしれない。しかし、言語学を含む人文科学の一つでもある歴史学は、社会科学者よりも関心を持ってきたといえるし、言語や言語学との接点をめぐる研究蓄積もある。ただし、それほど多くもないので、ほぼ全員が歴史学畑の出身である本書への寄稿者は言語や言語学に関心をよせる「まれ」な歴史家ということになる。

歴史家が関心を寄せた契機の一つとして、近代の「帝国」や「国民国家」の成立期と言語について、かつて読まれた文明批評家のイリイチが『シャドウ・ワーク』でいっていた「コロンブスよりネブリッハの方が重要ではないか」との問題提起がある。本書の安村論文が扱うネブリッハの『カスティーリャ語文法』の序文にある「言語は帝国の朋友」との文言から、カスティーリャ語が「帝国の言語」として意図されたことは明らかである。コロンブスとネブリッハは、ともに「帝国」の建設に貢献したが、イリイチによると、コロンブスの提案は「ヌエバ・エスパニアにおける王権拡大」のために、帆船を限界まで使用することにとどまったが、「まったく新しい女王の権力を増大させるための文法書」の使用と「人々が毎日いとなんでいる生存のあり方を国家が管理することを論じた」点で、ネブリッハの方がはるかに根本的であった。

カスティーリャ語は、「帝国」に行く以前に、カスティーリャとレオンからアラゴン、ナバラまで広がり、統一体をとる王国の言語となった。民衆の「ヴァナキュラーな」言葉とそれが印刷された書物は禁止され、女王が話す言葉への統一が請願され、国家とその追求目標にふさわしい道具をつくる方法が女王に進言されたのである。ネブリッハの提案は「帝国」の柱石とともに「国民国家」の柱石を作ること、あるいは「国民国家」であれ「帝国」であれ、「ヴァナキュラーな」言葉を「教えられた」言葉に置き換えることであり、これこそ「普遍的教育の最初の発明物」であった（I・イリイチ『シャドウ・ワーク』、玉野井芳郎・栗原彬訳、一九八二年）。歴史家よ、「コロンブス」の実証的な研究ばかりではなく言語の問題にも関心を持て、というのがイリイチのメッセージであった。

言語学や言語論からの批判で歴史学の基盤をゆるがしたとまでいわれたのがいわゆる「言語論的転回」である。その発信元はいくつかあるが、ポストモダンの言語哲学者がその一つであることははっきりしている。歴史学がその批判対象の一つとなったのも明白であった。「言語論的転回」者は、テキストはその外部を反映しない、テキストの外部は存在しない（デリダ）といって、史料を読み重ねていけば、何かしらの「真実」にたどり着くと信じていた歴史家の「素朴実在論」を突いた。言語論的転回論者は「史料の背後にある事実を認識する」という歴史家が行う「考証」ないし「実証」の仕事を疑問視した。

歴史家はこれに対して、どこ吹く風の無視を決め込むことも可能だったが、人によっては深刻に受け止め、歴史学研究者としての基盤を揺るがし、歴史家という職業すら危うくするものと考えたりする者も出た。その中で、遅塚忠躬（原と平田は都立大で、安村と西山は東大で氏の演習に出席していた）の『史学概論』は、「言語論的転回」を歴史学を危うくするものと捉えるより「歴史学の立脚する事実というものの性質を根源的に吟味してくれた」と歴史学のあり方を考え直す材料とした。

遅塚によると、言語論的転回論者は、史料も歴史家も言語表現から免れ得ないこと、したがって事実に「揺らぎ」が生じることを教えてくれた。しかし、事実は、「構造史」の揺らぎがない事実、「事件史」のやや揺らぐ事実、「文化史」のかなり揺らぐ事実と分けられ、転回が適用されるのはせいぜい文化史の領域である。そうなると転回論の妥当性は狭く限られる。また、テキストの「外部」とは何かについては、転回論者にしてもあいまいだが、それがリアリティだとすれば「真実」に類似した概念である。「真実」は歴史家のあずかり知らぬ芸術の領域である（遅塚忠躬『史学概論』東京大学出版会、二〇一〇年）。

遅塚が遺した注意を受け止めると、平田論文が使う言語使用の統計資料などは「構造史」の代表的な史料ではあるが、アイルランド人にとってアイルランド語を知っていること自体が恥辱になった時代では、よく知っておりまだ話せるのに、調査票が来ると知らない、話さないと書いて出したことも十分考えられる。そうすると、これはたちまちかなり揺らぐ「文化史」の史料になりかねないことを十分意識して扱う必要がある。

母語を隠すアイルランド人の心の中の「真実」にはたどり着けない。日本の東北の言葉を隠したり、それを捨てた友への屈折した感情を抱えて都会生活を送ったりしている者の心中は、たとえば寺山修司の「ふるさとの訛りなくせし友といてモカ珈琲はかくまで苦し」によくあらわれているところがある。「真実」は芸術の一つである短歌が表現するということであろうか。

本書は、共同研究（二〇〇三～二〇〇五年度、日本学術振興会科学研究費補助金基盤研究（B）「西洋近代における帝国・

国民国家・地域」、研究代表、伊藤定良）の成果とした刊行本、伊藤定良・平田雅博編著『近代ヨーロッパを読み解く——帝国・国民国家・地域』、ミネルヴァ書房、二〇〇八年、の後継となる共同研究（二〇一一〜二〇一三年度、日本学術振興会科学研究費補助金基盤研究（B）「帝国・国民国家の辺境と言語」、研究代表、平田雅博）の成果として刊行するものである。前者の科研テーマに類似した問題関心を継続させて後者の科研にも参加したメンバーもいる。

定期的に開催したメンバー間の研究会ともに国内外から招聘したりこちらから訪問したりした研究者を囲んでの研究会からは、とりわけ多くの示唆や刺激をいただいた。初年度の二〇一一年七月には札幌にいたトマス・カムセラ（Tomasz Kamusella、セント・アンドリューズ大学）氏に、二〇一二年二月にはジャン＝フランソワ・シャネ（Jean-François Chanet、パリ政治学院）氏をパリから招聘し、研究会での報告をお願いした。ついで、翌年度の二〇一二年一〇月にはピーター・バーク（Peter Burke、ケンブリッジ大学名誉教授）氏の講演会、二〇一三年二月には台湾を訪問し、陳培豊（国立中央研究院台湾史研究所）氏らとワークショップを持った。最終年度の二〇一四年二月末から三月にはジョン・M・マッケンジー（John M. MacKenzie、ランカスター大学名誉教授）氏を招聘し、東京および長崎において三回の研究会および講演会を開催した。

以下は、カムセラ論文を除けばこれらの招聘研究者による講演ペーパーおよびその翻訳である。トマシュ・カムセラ、割田聖史訳「中央ヨーロッパの歴史と政治における言語」『青山史学』第三一号、二〇一三年。ジャン＝フランソワ・シャネ、西山暁義訳「一七八九年革命から現在までのフランスにおける言語、学校、国民」『青山史学』第三一号、二〇一三年。ピーター・バーク「近世ヨーロッパ支配階層の多言語性」、原聖訳『思想』第一九七四号、特集「ピーター・バークの仕事、文化史研究の現在」、二〇一三年、第一〇号（本号に収録された他のバーク論文も参照されたい）。John M. MacKenzie, 'The Four Nations: England, Ireland, Scotland, Wales and the British Empire,' in *Newsletter of the Japan Society for Celtic Studies*, vol. 21, no. 1-2 ,May-July 2014（ジョン・M・マッケンジー、平田雅博訳「四つのネーション」、青山学院大学文学部『紀要』第五六号、二〇一五年）．ジョン・M・マッケンジー、平田雅博・細口泰宏訳「ブリテン帝国史革命」、『青山史学』第三三号、二〇一五年。ジョン・M・マッケンジー、平田雅博・信澤淳・大野道衛訳「二都物語」、『史友』第四七号、二〇一五年。

以上の講演会等を実現するにはメンバー以外の多くの方にも世話になった。バーク氏講演会を共催していただいた岡本充弘（東洋大学）氏、台南をご案内いただいたばかりか台北で陳氏のワークショップをお膳立てしていただいた岡本真希子（津田塾大学）氏、さらにその岡本氏を紹介していただいた飯島渉（青山学院大学）氏、マッケンジー氏の長崎訪問を受け入れていただいた長崎大学の正本忍氏や姫野順一氏にもこの場を借りて感謝したい。

最後にむずかしい出版状況の最中に本書の出版を引き受けていただき、さらには原稿提出の遅延にもかかわらず寛大にお待ちいただいた三元社の石田俊二社長に深謝したい。

二〇一六年一一月九日

平田雅博

編著者紹介

編者

平田雅博（ひらた・まさひろ）

現職　青山学院大学文学部史学科教授。

専門分野　ブリテン近現代史。

主要業績　『イギリス帝国と世界システム』（晃洋書房、二〇〇〇年）、『内なる帝国・内なる他者——在英黒人の歴史』（晃洋書房、二〇〇四年）、『ウェールズの教育・言語・歴史——哀れな民、したたかな民』（晃洋書房、二〇一六年）、『英語の帝国——ある島国の言語の一五〇〇年史』（講談社選書メチエ、二〇一六年）など。

原聖（はら・きよし）

現職　女子美術大学芸術学部教授。

専門分野　西欧少数言語、とりわけケルト諸語圏の言語復興運動、ならびに書きことばの社会史的研究。西欧の民衆版画などの民衆文化史研究。東アジアとの比較研究。

主要業績　『周縁的文化の変貌』（三元社、一九九〇年）、『〈民族起源〉の精神史』（岩波書店、二〇〇三年）、『ケルトの水脈』（講談社、二〇〇六年）、編著『書記伝統のなかの標準規範に関する歴史的東西比較研究』（女子美術大学、二〇一六年）など。

執筆者（掲載順）

安村直己（やすむら・なおき）

現職　青山学院大学文学部史学科教授。

専門分野　ラテンアメリカ社会史、スペイン帝国史。

主要業績　『コルテスとピサロ――遍歴と定住のはざまで生きた征服者』(山川出版社、二〇一六年)。共著に、「スペイン領アメリカ植民地から見た一八世紀――繁栄の光と影」(七章)　網野徹哉・橋川健竜編『南北アメリカの歴史』(放送大学教育振興会、二〇一四年)、「スペイン帝国とネイション形成――植民地期メキシコ先住民の経験を中心に」(七章)　渡辺節夫編『近代国家の形成とエスニシティ』(勁草書房、二〇一四年)、小名康之編『近世・近代における文書行政』(有志舎、二〇一二年)。単著論文に、「植民地支配・共同性・ジェンダー――一八世紀メキシコの訴訟文書をめぐって」『歴史学研究』no. 912 (二〇一三年)、「フンボルトからアラモまで――ラテンアメリカをめぐる歴史実践と新自由主義」『青山史学』27号 (二〇〇九年) など。

佐々木洋子 (ささき・ようこ)

現職　帯広畜産大学畜産学部准教授。

専門分野　オーストリア近現代史。

主要業績　『ハプスブルク帝国の鉄道と汽船』(刀水書房、二〇一三年)。共著に、「鉄道政策と地域――ハプスブルク帝国・ルドルフ皇太子鉄道の建設と沿線地域」(第二章)、伊藤定良・平田雅博編『近代ヨーロッパを読み解く――帝国・国民国家・地域』(ミネルヴァ書房、二〇〇八年)、「トリエステにおける民族分化――超民族都市から民族対立の舞台へ」(第一一章)、弘末雅士編『越境者の社会史――奴隷・移住者・混血者』(春風社、二〇一三年)。単著論文に「コスモポリタニズムの終焉――トリエステにおける民俗文化とイレデンティズム」『青山史学』31号 (二〇一三年) など。

西山暁義 (にしやま・あきよし)

現職　共立女子大学国際学部教授。

専門分野　ドイツ近現代史、独仏関係史。

主要業績　共編著に、『ドイツ史研究入門』(山川出版社、二〇一四年)、"Erziehungsstadt statt Erziehungsstaat. Die liberale Reform des Schulwesens der Stadt Straßburg vor 1914", in: *Detlef Lehnert (Hg.), Kommunaler Liberalismus in Europa. Großstadtprofile um 1900*, (Böhlau,

Köln u.a. 2014)、「『アルザス・ロレーヌ人』とは誰か」近藤和彦編『ヨーロッパ史講義』(山川出版社、二〇一五年)、「ヨーロッパ国境地域における歴史意識と博物館――アルザス・モーゼル記念館の事例」『共立女子大学・共立女子短期大学総合文化研究所紀要』20(二〇一四年)など。訳書に、ジャン＝ジャック・ベケール、ゲルト・クルマイヒ『仏独共同通史 第一次世界大戦』上下巻、共訳(岩波書店、二〇一二年)、ミヒャエル・ヤイスマン『国民とその敵』共訳(山川出版社、二〇〇七年)など。

川﨑亜紀子(かわさき・あきこ)

現職　東海大学文学部准教授。

専門分野　近代フランス史、ユダヤ史。

主要業績　「アンシアン・レジーム期におけるアルザス・ユダヤ人と王権――セール・ベールと王権の対立を中心に」田村愛理・川名隆史・内田日出海編『国家の周縁――特権・ネットワーク・共生の比較社会史』(刀水書房、二〇一五年)、「アルザスユダヤ人再考――セール・ベールの活動を中心に」内田日出海・谷澤毅・松村岳志編『地域と越境――「共生」の社会経済史』(春風社、二〇一四年)。ジェラール・ノワリエル『フランスという坩堝――一九世紀から二〇世紀の移民史』共訳(法政大学出版局、二〇一五年)など。

割田聖史(わりた・さとし)

現職　青山学院大学文学部史学科准教授。

専門分野　ドイツ・ポーランド近代史。

主要業績　『プロイセンの国家・国民・地域　一九世紀前半のポーゼン州・ドイツ・ポーランド』(有志舍、二〇一二年)、「異化と同化のはざまで　帝都ベルリンのポーランド人」久留島浩・趙景達編『国民国家の比較史』(有志舍、二〇一〇年)、「失われた地域　一九世紀ポズナン(ポーゼン)市のバンベル(バンベルガー)をめぐって」伊藤定良・平田雅博編『近代ヨーロッパを読み解く――帝国・国民国家・地域』(ミネルヴァ書房、二〇〇八年)など。

川手圭一（かわて・けいいち）
現職　東京学芸大学教育学部教授。
専門分野　ドイツ近現代史。
主要業績　共著に、「フォルク（Volk）と青年――マイノリティ問題とドイツ青年運動」田村栄子・星乃治彦編『ヴァイマル共和国の光芒――ナチズムと近代の相克』(昭和堂、二〇〇七年)、「マイノリティ問題とフォルクの思想」伊藤定良・平田雅博編『近代ヨーロッパを読み解く――帝国・国民国家・地域』(ミネルヴァ書房、二〇〇八年)、"Historical reconciliation between Germany and Poland as seen from a Japanese perspective", Gotelind Müller (ed.), *Designing History in East Asian Textbooks: Identity politics and transnational aspirations*（Routledge, London/New York, 2011）など。

帝国・国民・言語
——辺境の視点から

発行日　二〇一七年三月一五日　初版第一刷発行
二〇一九年三月二九日　初版第二刷発行

編　者　平田雅博＋原聖

装　幀　臼井新太郎

発行所　株式会社 三元社
〒一一三-〇〇三三
東京都文京区本郷一-二八-三六 鳳明ビル
電話／〇三-五八〇三-四一五五
ファックス／〇三-五八〇三-四一五六

印　刷　モリモト印刷 株式会社

製　本　鶴亀製本 株式会社

ISBN978-4-88303-418-5
Printed in Japan
http://www.sangensha.co.jp